# Derecho de la contratación empresarial, de los títulos-valor y de la insolvencia

**Eduardo Valpuesta Gastaminza**
Catedrático de Derecho Mercantil de la Universidad de Navarra.
Magistrado suplente de la Audiencia Provincial de Navarra (1996-2013)

**Pablo Castillo Rovira**
Profesor Ayudante Doctor de Derecho Mercantil de la Universidad de Navarra

EDICIONES UNIVERSIDAD DE NAVARRA, S.A.
PAMPLONA

© 2026. Eduardo Valpuesta Gastaminza - Pablo Castillo Rovira
Ediciones Universidad de Navarra, S.A. (EUNSA)
Campus Universitario · Universidad de Navarra · 31009 Pamplona · España
+34 948 25 68 50 · www.eunsa.es · eunsa@eunsa.es

ISBN 978-84-313-4094-0
DL NA 14-2026

Imprime: Podiprint

Printed in Spain – Impreso en España

# Cupón para la Biblioteca Virtual

Accede a la versión eBook de este título por solo **1,99 €**. Con la compra de este libro puedes utilizar el siguiente cupón para la lectura en *streaming*\* desde la Biblioteca Virtual. **Sigue estas instrucciones** para visualizar tu libro:

1. Dirígete a la web de la Biblioteca Virtual **https://ebooks.eunsa.es/library**.

2. En la web ve a **Iniciar sesión** e introduce tu email y contraseña. Si no estás registrado, deberás completar el proceso en **Registrarse**.

3. Tras registrarte, accede a la página del libro o lee el QR de esta página. Bajo el precio podrás **insertar el código oculto en el siguiente cupón** para activar la promoción.

Despegue para visualizar

Acceso directo al eBook

No se admitirá la devolución del libro si el código promocional ha sido manipulado

## Canjéalo en ebooks.eunsa.es

\*Con acceso a internet desde cualquier navegador.

Colección: Apuntes

# Índice

# Abreviaturas

| | |
|---|---|
| CC | Código Civil |
| CCom | Código de Comercio |
| CNMV | Comisión Nacional del Mercado de Valores |
| eIDAS | Reglamento comunitario de identificación electrónica y los servicios de confianza para las transacciones electrónicas en el mercado interior |
| ESI | Empresa de Servicios de Inversión |
| LCAg | Ley de Contrato de Agencia |
| LCC | Ley de Crédito al Consumo |
| LCGC | Ley de Condiciones Generales de la Contratación |
| LCCh | Ley Cambiaria y del Cheque |
| LCon | Ley Concursal |
| LCS | Ley de Contrato de Seguro |
| LCTTM | Ley de Contrato de Transporte Terrestre de Mercancías |
| LGDCU | Ley General de Defensa de Consumidores y Usuarios |
| LIS | Ley del Impuesto de Sociedades |
| LMVSI | Ley de los Mercados de Valores y de los Servicios de Inversión |
| LOCM | Ley de Ordenación del Comercio Minorista |
| LOSEAR | Ley de Ordenación y Supervisión de Entidades Aseguradoras y Reaseguradoras |
| LOSSEC | Ley de Ordenación, Supervisión y Solvencia de Entidades de Crédito |
| LOTT | Ley de Ordenación del Transporte Terrestre |
| LPI | Ley de Propiedad Intelectual |
| LSC | Ley de Sociedades de Capital |

LSSICE    Ley de Servicios de la Sociedad de la Información y del Comercio Electrónico
LVPBM     Ley Venta a Plazos de Bienes Muebles
OPA       Oferta Pública de Adquisición
OPV       Oferta Pública de Venta
RD        Real Decreto
RDL       Real Decreto Ley
RDLtvo    Real Decreto Legislativo
STC       Sentencia del Tribunal Constitucional
STS       Sentencia del Tribunal Supremo
TAE       Tasa Anual Equivalente
LVPBM     Ley de Venta a Plazos de Bienes Muebles

# Parte I

# Derecho de la contratación empresarial

# Teoría general de obligaciones y contratos mercantiles

## 1. Teoría general de obligaciones y contratos mercantiles

### 1.1. Inexistencia de un concepto legal de obligación o contrato «mercantil»

Nuestro Código de comercio dedica una buena parte de su articulado a los «contratos de comercio», fijando tanto normas relativas a lo que podríamos denominar una «teoría general de obligaciones y contratos mercantiles» (arts. 50 a 63), cuanto a la regulación específica de los «contratos especiales del comercio» (arts. 116 a 572, incluyendo la regulación de las compañías mercantiles y los títulos-valor, y con muchos de los preceptos derogados). Esto indica que en la mentalidad del legislador decimonónico la «contratación mercantil» era una categoría diferente, o al menos especial, respecto de la «contratación civil», incluso con normas generales distintas (las «Disposiciones generales sobre los contratos de comercio», de los arts. 50 a 63 CCom). Esto, por supuesto, en paralelo con la existencia de un Código de Comercio como contrapuesto al Código Civil.

Partiendo de esto (sobre lo que volveremos después, para defender la unificación del Derecho privado), es lógico buscar cuál sea el concepto o la caracterización de la «obligación mercantil» o del «contrato mercantil», como contrapuestos a la obligación y contrato civiles. Sin embargo, el Código no establece un criterio general de mercantilidad, sino que simplemente va determinando, respecto de cada contrato específico, cuándo es mercantil y se rige por el Código de comercio. Es más, el art. 2.2 CCom expresamente establece que «Serán reputados actos de comercio los comprendidos en este Código y cualesquiera otros de naturaleza análoga». Por lo tanto, renuncia a una categorización general: contratos y obligaciones mercantiles son los comprendidos en el Código, y los de naturaleza análoga. Nótese que incluso la analogía se predica para asimilar una obligación o contratos a los regulados en el Código, renunciando por ello a establecer una categoría general de contrato mercantil por analogía.

Lógicamente la doctrina y la jurisprudencia han intentado colmar esta laguna buscando las características comunes a la caracterización como mercantil de cada contrato, para así inducir el criterio general de mercantilidad. Pero en esta labor no se pueden alcanzar resultados seguros, pues por ejemplo en la mayoría de contratos se exige la intervención de un comerciante, pero no en todos (art. 325 CCom, que no requiere expresamente la cualidad de comerciante de las partes). Por esto las posturas que se han formulado a este respecto son simples propuestas doctrinales, sin un asidero seguro, o al menos expreso, en las normas legales. Posiblemente la postura mayoritaria sea la que defiende que es contrato mercantil el «contrato de empresa», el realizado por empresarios en el marco de su actividad (en paralelo con la caracterización del Derecho mercantil como Derecho de la empresa o del empresario). Pero esa propuesta no aclara, entonces, la caracterización de los «contratos mixtos», celebrados entre empresarios y consumidores, que esa misma doctrina suele considerar mercantiles porque interviene un empresario.

En esta materia, por lo tanto, se reproducen los mismos problemas que se plantean al conceptuar el Derecho mercantil frente al Derecho civil. Por nuestra parte, defendemos que no existe una materia mercantil que pueda encontrarse en la vida social de cualquier etapa. Baste por ahora con señalar que, legalmente, no existen «obligaciones y contratos mercantiles», sino «mandatos mercantiles» (art. 244 CCom), «depósitos mercantiles» (art. 304 CCom), «compraventas mercantiles» (art. 325 CCom), etc. Y fuera de esta legalidad, cualquier propuesta que busque instaurar una caracterización general no deja de ser más que eso, una propuesta doctrinal más o menos fundamentada, pero sin asidero legal expreso.

## 1.2. Diferencias legales en el régimen de obligaciones mercantiles y civiles

### A. *Reglas especiales en materia de obligaciones mercantiles*

El Código de comercio va estableciendo una serie de reglas generales sobre las obligaciones mercantiles, que al menos formalmente aparecen como contrapuestas con las reglas que en la misma materia fija el Código civil. Las más relevantes son las siguientes. En primer lugar, conforme al art. 61 CCom «No se reconocerán términos de gracia, cortesía u otros, que, bajo cualquier denominación, difieran el cumplimiento de las obligaciones mercantiles, sino los que las partes hubieren prefijado en el contrato, o se apoyaren en una disposición terminante de Derecho».

> Este mandato se contrapone al del art. 1124.3 CC, conforme al cual los Tribunales decretarán la resolución de los contratos por incumplimiento de una de las partes «a no haber causas justificadas que le autoricen para señalar plazo»; y también al del 1128 del mismo cuerpo legal, que

determina que los Tribunales pueden fijar plazo a las obligaciones que no lo señalen si de su naturaleza y circunstancias se dedujere que ha querido concederse al deudor. En Derecho mercantil, se suele argumentar, el cumplimiento a tiempo es esencial («el tiempo es oro»), y por eso no pueden los Tribunales conceder más plazos de los expresamente pactados.

En segundo lugar, el art. 62 CCom establece que: «Las obligaciones que no tuvieren término prefijado por las partes o por las disposiciones de este Código, serán exigibles a los diez días después de contraídas, si sólo produjeren acción ordinaria, y al día inmediato, si llevaren aparejada ejecución». Por lo tanto, para conocer el plazo de exigibilidad de las obligaciones sin término prefijado deben tenerse en cuenta las normas procesales. En la actualidad, esta norma debe entenderse rectificada, o al menos complementada, por lo establecido en la Ley 3/2004, de 29 diciembre, que establece medidas de lucha contra la morosidad en las operaciones comerciales (LOMC), trasponiendo la Directiva 2000/35/CE. Es una norma aplicable sólo a deudas en las que ambas partes sean comerciantes (contratos B2B, *business to business*), y según su art. 4, el plazo para pagar una deuda será, con carácter general, de 30 días naturales después de la fecha de recepción de las mercancías o prestación de los servicios. Este plazo podrá ser ampliado mediante pacto de las partes sin que, en ningún caso, se pueda acordar un plazo superior a 60 días naturales.

> Estas reglas se diferencian del régimen civil, establecido en el art. 1113 CC, conforme al cual las obligaciones puras serán exigibles «desde luego». La diferencia suele justificarse por la doctrina con base en que la regla civil resultaría inconciliable con las conveniencias del tráfico mercantil, donde generalmente se opera a base de crédito.

En tercer lugar, la mora en las obligaciones mercantiles se regula en el art. 63 CCom, a cuyo tenor los efectos de la morosidad comenzarán en los contratos con día señalado para su cumplimiento al día siguiente de su vencimiento; y en los demás, desde el día en que el acreedor interpelare judicialmente al deudor, o le intimare la protesta de daños y perjuicios hecha contra él ante un Juez, Notario u otro oficial público autorizado para admitirla. Fácilmente se aprecian dos tipos de diferencias respecto de la regulación civil del art. 1100 CC: no es precisa la interpelación cuando existe fecha fija de cumplimiento, a diferencia del régimen civil de necesidad generalizada de tal interpelación; y varía la forma en que se entiende correctamente realizada tal interpelación. Este régimen de la mora, más exigente con el deudor (no hay que «recordarle» que debe cumplir, ni exigirle el cumplimiento, para que exista mora), se suele justificar por el mayor rigor del tráfico mercantil. En esta materia, de nuevo, la Ley 3/2004 ha fijado una normativa especial para la mora en obligaciones entre empresarios, en este caso relativa al interés de demora: el interés de demora a pagar será el pactado, y en defecto de pacto se aplicará el interés legal de demora, que será el aplicado por el Banco Central Europeo incrementado en ocho puntos porcentuales. El pacto de las partes no puede establecer un interés abusivo en perjuicio del acreedor, entendiendo que será abusivo cuando el interés pactado sea un 70 por ciento inferior al interés legal de demora, salvo que atendiendo a las circunstancias previstas en la norma, pueda probarse que el interés aplicado no resulta abusivo (véanse arts. 8 y 9 LMOC). En consecuencia, el legislador protege al comerciante acreedor bajo la premisa de que puede estar en una posición de desventaja respecto al deudor, quien puede pretender financiarse de forma gratuita o a un coste inferior al de mercado.

Por último, existe igualmente una especialidad en cuanto a la interrupción de la prescripción. En esta materia el art. 944.I CCom ordena que «La prescripción se interrumpirá por la demanda o cualquier otro género de interpelación judicial hecha al deudor; por el reconocimiento de las obligaciones, o por la renovación del documento en que se funde el derecho del acreedor». Por lo tanto, a diferencia del Código civil (art. 1973), la simple reclamación extrajudicial (por carta, fax, vía notarial, etc.) no interrumpe la prescripción. Sin embargo el TS ha modificado de hecho este criterio, y ha señalado en varias Sentencias (04.12.1995, 14.04.2003, o 20.10.2004) que no tiene sentido la diferencia del Código de comercio en este punto, y que la reclamación extrajudicial debe entenderse que también interrumpe la prescripción de acciones mercantiles.

### B. Reglas especiales en materia de contratos mercantiles

En los arts. 50 a 60 CCom se establecen también una serie de reglas específicas para contratos de comercio, en su mayor parte distintas de las de Derecho civil. La aplicación real de estas normas ha sido escasísima, por lo que nos limitaremos a señalar los aspectos más relevantes.

Los contratos mercantiles se regirán por lo establecido en el Código de comercio o en leyes especiales, y en defecto de ellas por las reglas generales del Derecho común (art. 50 CCom). Aunque según esto parecería que en materia de contratos no serían aplicables los usos mercantiles (véase art. 2 CCom), en general se admite que la costumbre será igualmente fuente del Derecho en esta materia, más siempre en defecto de Ley.

El art. 54 CCom establece el momento de perfección del contrato cuando se hallen en lugares distintos el que hizo la oferta y el que la aceptó (contratos a distancia;

por ejemplo, por medios telemáticos, por teléfono, por correo, por catálogo, etc.). En tales casos existe consentimiento «desde que el oferente conoce la aceptación o desde que, habiéndosela remitido el aceptante, no pueda ignorarla sin faltar a la buena fe». El contrato se presupone celebrado en el lugar en el que se hizo la oferta.

## 1.3. La tendencia a la unificación del derecho privado

Una contemplación literal de la regulación de los arts. 50 a 63 CCom frente a los correlativos del Código civil parece indicar que, ciertamente, la contratación mercantil es diferente en sus principios respecto de la civil: mayor rigor con el cumplimento (no hay términos de gracia, la mora es automática, la interrupción de la obligación exige demanda), operación a crédito (las obligaciones no se cumplen «desde luego»), literalidad de los contratos *versus* intencionalidad, etc. Sin embargo, desde mediados del siglo XX se viene observando una tendencia legal y doctrinal a atemperar las diferencias, y a considerar la conveniencia de una unificación, o regulación única, de la contratación privada.

Las razones para esto son diversas. En primer lugar, ciertamente cuando surgió el Derecho mercantil, e incluso en el siglo XIX, podía existir una «mentalidad especulativa» en el ámbito comercial que justificara la existencia de un Derecho mercantil acomodado a la misma, a diferencia del Derecho civil del ciudadano particular que carecía de tal mentalidad. Pero hoy en día en que ese afán especulativo se ha generalizado a todos los ciudadanos, que nunca dejan improductivo su dinero y normalmente calculan qué alternativa de financiación o consumo puede ser más provechosa, resulta ilógico mantener la distinción. Este fenómeno de la llamada «generalización del Derecho mercantil» exige que ya no se mantenga esa dicotomía de dos Derechos diferenciados. Por otro lado, no está claro que las especificidades «mercantiles» se deban siempre a una diferencia «querida» y deseada por el legislador, sino que pueden ser fruto de una regulación del Código de comercio que por ser previa al Código civil no conocía qué criterio iba a seguir éste en determinadas materias. No podemos estar seguros de que el legislador mercantil realmente quisiera separarse del criterio civil que aún le era desconocido. En tercer lugar, esas supuestas «especialidades» no siempre son tales (ya se ha expuesto que se realizan interpretaciones que acercan las soluciones mercantil y civil, la jurisprudencia elimina diferencias importantes como las existentes en materia de interrupción de la prescripción, y la diferencia en la contratación a distancia ya no existe, etc.), y las que realmente se mantienen no justifican un mantenimiento de dos regulaciones distintas. Por último, la existencia de dos regulaciones separadas plantea un problema de distinción de las ramas que no se halla bien resuelto en nuestro Derecho, como ya se ha señalado, lo cual aumenta enormemente la inseguridad jurídica a la hora de plantear una reclamación al no tener segura la normativa aplicable, inseguridad acrecentada por una jurisprudencia titubeante que no siempre establece criterios claros.

Por eso hoy en día la nueva legislación española rara vez sigue distinguiendo entre contratos civiles o mercantiles, y suele regular instituciones jurídicas de forma unitaria, sin diferenciar sin son civiles ni mercantiles (Ley de contrato de seguro, Ley de contrato de transporte terrestre, Ley de los mercados de valores, etc.). En el Derecho europeo proyectado se sigue también esta tendencia, y durante un tiempo se trabajó en la elaboración de un «Marco Común de Referencia» en el que para nada se diferenciaba entre lo civil y lo mercantil. Esta unificación nos parece no sólo conveniente, para evitar los eternos problemas de calificación de si un contrato es civil o mercantil, sino además necesaria. No existe una «razón ontológica» de existencia de lo mercantil como contrapuesto frente a lo civil.

> Pese a esta propuesta, compartida por amplios sectores de la doctrina, siguen existiendo de hecho dos Códigos con regulaciones separadas, secciones separadas en la Comisión de Codificación, y una compartimentación en la docencia universitaria entre el Derecho civil y el mercantil. Estos arrastres históricos suponen un verdadero lastre para la unificación, y de hecho existen anteproyectos legislativos que siguen proponiendo una regulación separada de los contratos mercantiles *versus* los contratos civiles.

## 2. Regulaciones especiales con incidencia en la contratación privada

El Código de comercio, desde luego, no agota la regulación de la teoría general de obligaciones y contratos. Muchas Leyes especiales establecen reglas específicas para ciertas instituciones o incluso para sectores enteros de la contratación, además con una aplicación mucho más relevante en la realidad que la de los obsoletos (e inaplicados) preceptos del Código mercantil. Estas Leyes especiales no son civiles ni mercantiles, como ya hemos puesto de manifiesto, y su reflejo en la docencia debería realizarse al estudiarse la regulación general de obligaciones y contratos. Pese a ello, y dada su enorme importancia para toda la contratación, realizaremos una referencia básica a las mismas.

### 2.1. La contratación mediante condiciones generales

#### A. *Justificación de la contratación mediante condiciones generales y régimen legal*

En una economía masificada, en la que continuamente se realizan negocios de los más diversos tipos y condiciones, es fundamental que la contratación se realice mediante cláusulas predispuestas por el empresario que ofrece el bien o servicio. No puede discutirse individualmente cada uno de los millones de contratos a realizar. Por ello estas cláusulas no sólo están prerredactadas, sino que el cliente las toma o las deja; no son un punto de partida para la discusión, sino un punto de llegada, un «todo o nada». Las condiciones generales de la contratación ahorran así todo el tiempo de negociación, y permiten la concertación de millones de contratos al día con rapidez (al comprar bienes de consumo, al adquirir billetes de transporte, etc.). Además, hacen que el empresario normalice o estandarice sus prestaciones, lo cual permite una importante reducción de los costes de producción.

Ahora bien, si la prerredacción de condiciones de contratación es hoy en día indispensable en muchos sectores, los peligros de esta práctica son evidentes. Porque siendo el empresario que ofrece el producto o servicio quien realiza esa redacción, existe la posibilidad de que refuerce su posición contractual (incluso por muy equilibrado y justo que quiera ser al fijar los derechos y deberes de las partes). Por eso el Derecho siempre ha exigido una serie de requisitos a estas condiciones, fijados en la claridad, conocimiento previo por el adherente y legalidad. La actual regulación legal de esta materia se realiza en la Ley 7/1998, de 13 de abril, de condiciones generales de la contratación (LCGC), que supone parcialmente una trasposición de la Directiva 93/13/CEE (la Directiva se refiere exclusivamente a las condiciones generales acordadas con consumidores). La norma se aplica a todo tipo de condiciones generales, y cualquiera que sea la cualidad del adherente (consumidor o empresario), y su aplicación por los tribunales ha tenido una crucial relevancia en la contratación bancaria, entre otros ámbitos. Por lo tanto constituye una pieza clave del régimen de la contratación privada.

### B. Concepto y requisitos para su vinculación

Conforme al art. 1 LCGC «Son condiciones generales de la contratación las cláusulas predispuestas cuya incorporación al contrato sea impuesta por una de las partes, con independencia de la autoría material de las mismas, de su apariencia externa, de su extensión y de cualesquiera otras circunstancias, habiendo sido redactadas con la finalidad de ser incorporadas a una pluralidad de contratos».

> Por lo tanto, existen cuatro elementos (tres de ellos obligatorios): predisposición o prerredacción; imposición; y redacción para una pluralidad de contratos (esto es lo que las hace condiciones «generales»). El elemento indiferente es que da igual la extensión o forma (pueden ser largos párrafos de letra pequeña, o un cartel de letras enormes). La imposición implica, entre otros aspectos, que el adherente no puede negociar modificaciones del contenido de las cláusulas; no son un punto de

partida, sino de llegada. Si el adherente pudiera incluir modificaciones (aunque finalmente no lo haga) en una negociación con el predisponente, no se trataría de condiciones generales. También falta negociación individual aunque haya posibilidad real de escoger entre una pluralidad de ofertas de contrato sometidas todas ellas a condiciones generales de contratación, del mismo oferente o de distintos (SSTS 29.11.2017, 16.07.2019 u 11.11.2025). La jurisprudencia ha señalado que resulta aplicable para todas las condiciones generales la regla del art. 82.2.2 LGDCU, el empresario que afirme que una determinada cláusula ha sido negociada asumirá la carga de la prueba de tal negociación (véase, entre otras, STS 09.05.2013).

Para que las condiciones generales vinculen a las partes, y sean exigibles, la Ley viene a exigir el cumplimiento de dos tipos de controles. En primer lugar, el normalmente llamado «control de inclusión». Este control busca garantizar que el adherente ha tenido ocasión de conocer el contenido de las condiciones (aunque finalmente no las haya leído, por ejemplo), y a su vez que éstas sean claras (pues, en caso contrario, por mucho que se hayan conocido antes, no se habrán podido comprender). Concretamente la Ley exige:

a) Información previa al adherente de su existencia y contenido, y entrega de ejemplar (art. 5.1 LCGC). Corresponde al empresario probar que ha cumplido tal control (normalmente, guardando un ejemplar del contrato, en el cual el cliente reconoce y firma que ha recibido un ejemplar de las condiciones).

b) No se incorporan las que no se tuvo oportunidad de conocer al tiempo de la celebración del contrato [art. 7.a) LCGC. Por ejemplo, cartel que está ya dentro del aparcamiento, cuando se ha tomado el resguardo en la entrada].

c) Redacción ajustada a los criterios de transparencia, claridad, concreción y sencillez [arts. 5.5 y 7.b) LCGC].

Existe un problema de contradicción: en materia de interpretación, la Ley establece que las cláusulas oscuras se interpretarán a favor del adherente (art. 6.2), mientras que en sede de «control de incorporación» determina que son nulas. Se suele entender que si caben varias interpretaciones lógicas, se interpreta a favor del deudor; y si no cabe interpretación alguna porque son cláusulas totalmente incomprensibles, ilegibles o ininteligibles, no estarán incorporadas y son nulas.

Una vez que las condiciones están «incorporadas», se aplica un segundo control, el de legalidad. Como regla general, el control de legalidad es el mismo que se aplica a toda cláusula contractual: serán nulas de pleno derecho las condiciones generales que contradigan en perjuicio del adherente lo dispuesto en cualquier norma imperativa o prohibitiva, salvo que en ellas se establezca un efecto distinto para el caso de contravención (art. 8.1 LCGC). Ahora bien, si el adherente es un consumidor el control de legalidad es más riguroso, pues ya no sólo se exige que no se contravengan normas imperativas. Por la importancia de esta cuestión será estudiada más adelante (régimen de las cláusulas abusivas, epígrafe 2.2.A).

La «no incorporación» de las condiciones generales, o la nulidad (por ilegalidad) no determinará la ineficacia total del contrato, si éste puede subsistir sin tales cláusulas (art. 10 LCGC). Es la regla de la «nulidad parcial», pues lo contrario favorecería al predisponente, que se vería liberado de sus obligaciones (obligaciones cuyo cumplimiento interesa al adherente). La parte del contrato afectada por la no incorporación o por la nulidad se integrará con arreglo a lo dispuesto en el art. 1258 CC y disposiciones en materia de interpretación en él contenidas (art. 10.2 LCGC. Sin embargo, si el adherente es un consumidor, no cabe tal integración. Así lo establece el art. 82 LGDCU, al ordenar al juez que simplemente declare la nulidad de las cláusulas abusivas y la subsistencia –como regla– del resto del contrato.

Por último, el control de las condiciones generales de la contratación es principalmente judicial y, por tanto, *ex post*. Al fin y al cabo, el control *ex ante* que realice el adherente va a tener un carácter limitado, ya que, si está en desacuerdo, su única alternativa real será la de no firmar el contrato. Esta circunstancia conlleva una gran litigiosidad de estas cláusulas, ya que su uso masivo supone también su reclamación masiva cuando existe un incumplimiento de los controles de inclusión e incorporación (véanse supuestos en la Lección 4, epígrafe 2.2).

### C. Régimen de las cláusulas abusivas

En la Ley General de Defensa de Consumidores y Usuarios el régimen de las condiciones generales celebradas con consumidores se recoge en los arts. 80 a 91, y supone la trasposición de la Directiva sobre cláusulas abusivas con consumidores 93/13/CEE. En esta regulación no se utiliza la expresión «condiciones generales de la contratación», sino «cláusulas no negociadas individualmente». El concepto es básicamente el mismo, si bien desaparece la exigencia de que la prerredacción se realice para todos los contratos del empresario (bastaría con la prerredacción y la imposición).

Lo más importante de este régimen es que se añade un control de legalidad especial, mucho más riguroso que el propio de toda condición general. Como se expone en otras asignaturas y tratamos en este mismo tema (epígrafe 2.2), en algunas normas el legislador español considera que debe protegerse especialmente al consumidor porque tiene menos información y formación técnica sobre la materia del contrato, y además puede ser objeto de técnicas agresivas de contratación por parte del empresario. Por eso si en el régimen general basta con que la condición no sea contraria a norma imperativa, cuando el adherente es un consumidor la exigencia es mucho mayor. En concreto, se consideran cláusulas abusivas «aquellas estipulaciones no negociadas individualmente y todas aquellas prácticas no consentidas expresamente que, en contra de las exigencias de la buena fe causen, en perjuicio del consumidor y usuario, un desequilibrio importante de los derechos y obligaciones de las partes que se deriven del contrato». Como se aprecia, se trata de cláusulas en principio «legales» (no contrarían ley imperativa), pero que resultan «abusivas» porque perjudican gravemente al consumidor. Estas cláusulas serían, por lo tanto, nulas de pleno derecho, y se tendrán por no puestas (art. 83 LGDCU).

> La doctrina, en general, ha defendido que el concepto de «cláusula abusiva», aun cuando limitado por la Ley a la contratación con consumidores, también será útil para valorar la validez de cláusulas impuestas a pequeños empresarios que se hallen de hecho en una situación de debilidad frente al que impone las condiciones generales. El Tribunal Supremo, sin embargo, no ha asumido este criterio.

> Cuestión relevante es si cabe un «control de abusividad» sobre las cláusulas que se refieren al precio y al objeto del contrato. La STJUE 03.06.2010, TJCE 2010/162 resolvió que los Estados podían establecerlo así en su normativa. La legislación española nada expresa en este sentido, lo que dio lugar a interpretaciones jurisprudenciales diversas, si bien finalmente se ha consolidado la doctrina jurisprudencial de que no cabe control sobre el equilibrio de las prestaciones en tales elementos esenciales (SSTS 18.06.2012 y 09.05.2013). Sin embargo, el TS también ha determinado que es preciso que la información suministrada permita al consumidor percibir que se trata de una cláusula que define el objeto principal del contrato, que incide o puede incidir en el contenido de su obligación de pago y tener un conocimiento real y razonablemente completo de cómo juega o puede jugar en la economía del contrato. De esta forma, la jurisprudencia ha añadido ese «segundo control de transparencia» en cláusulas impuestas a consumidores aun cuando versen sobre elementos esenciales del negocio (STS 09.05.2013).

Como este concepto puede resultar un tanto abstracto, la Ley española establece una lista de cláusulas que «en todo caso» se consideran abusivas (sigue en esto parcialmente a la Directiva comunitaria, que también establece un elenco de cláusulas que pueden ser abusivas). La lista se recoge en los arts. 85 a 91 LGDCU. Se trata de una lista ejemplificativa, de forma que no agota la posibilidad de cláusulas abusivas.

## 2.2. Contratación con consumidores. Contratos celebrados fuera del establecimiento

### A. *La contratación con consumidores*

Como ya se ha expuesto en otras asignaturas, nuestro Derecho presupone que cuando una de las partes del contrato es consumidor puede estar en una situación de inferioridad económica y de asimetría de información que exigen una protección especial. Por esta razón, en muchas materias existe una regulación especial cuando el contratante es consumidor (contratos B2C, *business to consumer*. La normativa no resulta aplicable en negocios C2C, entre consumidores). Además, la normativa comunitaria en este punto es sumamente relevante, pues la Unión Europea tiene competencia para regular la protección de consumidores. No está de más recordar que el concepto de consumidor español es un concepto estricto, derivado del Derecho comunitario, y caracteriza al consumidor como la persona física que actúe «con un propósito ajeno a su actividad comercial, empresarial, oficio o profesión» (art. 3.1.1 LGDCU. El apartado 2 de este precepto añade que también son consumidores «las personas jurídicas y las entidades sin personalidad jurídica que actúen sin ánimo de lucro en un ámbito ajeno a una actividad comercial o empresarial»).

> En este punto el RDL 1/2021 ha «añadido» el concepto de «consumidor especialmente vulnerable», con un alcance normativo por ahora desconocido e impreciso. Por ahora, y a salvo de alguna normativa sectorial, este concepto especial no tiene alcance normativo, porque no existe un régimen general propio del consumidor especialmente vulnerable, tratándose así de una norma con un tinte más «político» que estrictamente jurídico.

Los arts. 59 a 67 LGDCU contienen algunas normas generales aplicables a toda la contratación con consumidores, que se añaden por lo tanto a esa regulación específica a la que hacemos referencia en el apartado anterior. De estas normas interesa destacar varios aspectos. En primer lugar, antes de que el consumidor y usuario quede vinculado por un contrato u oferta correspondiente, el empresario deberá facilitarle de forma clara y comprensible, salvo que resulte manifiesta por el contexto, la información relevante, veraz y suficiente sobre las características principales del contrato, en particular sobre sus condiciones jurídicas y económicas (art. 60 LGDCU. Si se omite información relevante, esta omisión se integrará en beneficio del consumidor conforme al principio de buena fe objetiva, art. 65 LGDCU). En segundo lugar, la oferta, promoción y publicidad de los bienes y servicios se ajustarán a su naturaleza, características, utilidad o finalidad, y el contenido de tal oferta, promoción o publicidad serán exigibles por los consumidores y usuarios aun cuando no figuren expresamente en el contrato celebrado (art. 61 LGDCU. Si bien, lógicamente, si existen cláusulas más beneficiosas prevalecerán éstas. En aplicación de esta vinculación de la publicidad véanse, entre otras, SsTS 30.05.2011, y 28.02.2013). Por último, en la contratación con consumidores y usuarios debe constar de forma inequívoca la voluntad de contratar (art. 62.1 LGDCU). Si se envía un bien o suministran ciertos servicios no solicitados por el consumidor, no estará obligado a la devolución ni a pago alguno (art. 66 quáter LGDCU), y además el consumidor tiene derecho a recibir la factura en papel (art. 63 LGDCU). De esta forma queda constancia de la existencia del acuerdo y de las condiciones del mismo.

Pero la parte más protectora del régimen de protección de los consumidores es, como se ha apuntado antes, la institución de las «cláusulas abusivas» (véase epígrafe 2.1.C). Ciertos contenidos contractuales que pueden ser lícitos en contratos B2B (*business to business*) resultan abusivos en contratos B2C. Especial interés tiene la jurisprudencia que ha creado el «control de transparencia» en cláusulas no negociadas individualmente con consumidores referidas al objeto principal del contrato (como un límite al tipo de interés, o la forma de variación del tipo de interés). Según esta doctrina, aparte del control de inclusión general de toda condición general de la contratación debe comprobarse que la información suministrada permita al consumidor percibir que esa cláusula incide o puede incidir en el contenido de su obligación de pago y tener un conocimiento real y razonablemente completo de cómo juega o puede jugar en la economía del contrato (y no sucede así cuando, por ejemplo, cláusulas relativas a esos elementos esenciales se «enmascaran» dentro del contrato, incluyéndolas dentro de un conjunto heterogéneo de disposiciones. Véanse aplicaciones de esta doctrina en las cláusulas suelo, los préstamos *revolving* o los intereses variables referenciados al IRPH, lección 4, epígrafe 2.2).

### B. *Contratos celebrados fuera del establecimiento*

Dentro de la normativa específica aplicable a los consumidores cabe destacar el régimen de los contratos celebrados fuera del establecimiento. Esta materia inicialmente se reguló de forma específica, pero tras las últimas reformas del Derecho comunitario y del español, se disciplinan de forma unitaria los contratos celebrados fuera del establecimiento y los contratos a distancia (que se exponen en el subepígrafe siguiente).

Las reglas se aplican sólo a contratos con consumidores, y que tengan lugar fuera del establecimiento (art. 92.2 LGDCU). Se consideran como tales los celebrados en lugar distinto al establecimiento mercantil, aunque haya mediado antes una oferta del consumidor, o incluso en el establecimiento o a distancia si antes existió contacto personal e individual con el consumidor y usuario en un lugar que no sea el establecimiento. Existe una serie de contratos excluidos (art. 93 LGDCU). Esta regulación se explica porque en este tipo de negocios el empresario «sorprende» al consumidor, ofreciéndole una contratación en un lugar distinto al establecimiento comercial.

En estos casos, la Ley establece toda una serie de medidas defensivas el interés del consumidor. Así, exige una información precontractual específica y más completa que la general (art. 97 LGDCU. La contravención de esta última regla hace anulable el contrato a instancias del consumidor, art. 100 LGDCU). El consentimiento debe ser expreso, y si se entrega un bien o suministra un servicio sin aceptación del consumidor, podrá retenerlo sin pagar (arts. 101 y 66 quáter LGDCU). La ejecución deberá realizarse sin ninguna demora indebida y a más tardar en el plazo de 30 días naturales a partir de la celebración del contrato (art. 110.1 LGDCU).

Sin duda, la institución más característica de estos negocios es el derecho de desistimiento que se concede al consumidor y usuario, basado en esa posible actuación sorpresiva del empresario. Se tiene derecho a desistir en un periodo de 14 días naturales sin indicar el motivo y sin incurrir en ningún coste (art. 102 LGDCU). El consumidor y usuario sólo soportará los costes directos de devolución de los bienes, salvo si el empresario ha aceptado asumirlos o no le ha informado de que le corresponde asumir tales costes; pero si los bienes ya se entregaron en el domicilio del consumidor, el empresario los recogerá a su propio cargo cuando, por su propia naturaleza, no puedan devolverse por correo (art. 108.1 LGDCU). Además, el consumidor y usuario sólo será responsable de la disminución de valor de los bienes resultante de una manipulación distinta a la necesaria para establecer su naturaleza, características o funcionamiento (art. 108.2 LGDCU). Por último, el empresario debe informar al consumidor y usuario de que tiene derecho a desistir, pues en otro caso, el periodo de desistimiento finalizará doce meses después de la fecha de expiración del periodo de desistimiento inicial (art. 105 LGDCU).

## 2.3. Contratación a distancia. Comercio electrónico

### A. Problemas que plantea la contratación a distancia. Régimen legal

Aunque hoy en día sigue siendo mayoritaria la contratación «entre presentes», cada vez tiene mayor importancia la contratación a distancia, sobre todo la realizado por medios electrónicos. Los contratos a distancia son aquellos celebrados sin presencia física simultánea de las partes, utilizando exclusivamente una o más técnicas de comunicación a distancia hasta el momento de la celebración del contrato y en la propia celebración del mismo (véase esta definición en el art. 92.1 LGDCU, que expresamente incluye contratos celebrados por correo postal, internet, teléfono o fax).

Esta contratación a distancia siempre plantea una serie de «problemas añadidos» a los propios de cualquier contratación. Si los contratantes se hallan presentes al pactar ambos conocen al mismo tiempo que se emite la aceptación, y normalmente se ha comprobado cual es la apariencia material del bien objeto del contrato e, incluso, se ha probado el mismo si su naturaleza se presta a ello. Pero cuando no se produce esa «simultaneidad» física surgen una serie de problemas añadidos, aunque no todos ellos concurren en cualquier caso (en la contratación telefónica, por ejemplo, sí es simultánea la emisión de la aceptación y el conocimiento de la misma). En primer lugar, y siguiendo un orden cronológico, se plantean cuestiones relativas a la procedencia y carácter de los mensajes publicitarios que se reciben. No se puede tener la seguridad de que ese mensaje ha sido emitido por la persona que, supuestamente, lo suscribe, ni tampoco existe constancia de su identidad e, incluso, existencia. También puede darse una cierta equivocidad en el mensaje, no identificado exactamente como oferta, de manera que quizás pueda ser una simple *invitatio ad offerendum*. En segundo lugar, y ya en cuanto a la perfección del contrato, se presenta el problema relativo al momento de la perfección y al lugar (a efectos de la competencia judicial, por ejemplo). En tercer lugar, y en lo referente a la ejecución, surgen cuestiones relativas a la adecuación de lo ejecutado respecto de lo ofrecido, al cumplimiento de la contraprestación (pago mediante tarjetas, por ejemplo) y a las posibilidades de reclamación. Unido a ello, y a lo largo de todo el proceso, se plantea el problema de la confidencialidad de los mensajes y del posible aprovechamiento de los mismos por personas ajenas al proceso de contratación.

Por todo ello, existe una tendencia a regular estos temas, solucionando la mayoría de los problemas apuntados. En el ámbito del Derecho comunitario se dictaron tres Directivas, relativas a contratos a distancia con consumidores, a firma electrónica, y a determinados aspectos jurídicos de los servicios de la sociedad de la información. Estas Directivas se han traspuesto en el Derecho español mediante las Leyes que luego se exponen. La regulación general de los contratos a distancia sólo se realizó, en Derecho comunitario, y por razones de competencia del legislador comunitario, respecto de la contratación con consumidores (y así se ha mantenido en Derecho español). En cambio la regulación de aspectos del comercio electrónico tiene carácter general, independiente del carácter de los sujetos que actúen. Aparte de las normas generales existen también leyes con un ámbito de regulación sectorial.

Dentro de las normas españolas, la Ley 34/2002, de 11 de julio, de servicios de la sociedad de la información y del comercio electrónico (LSSICE), constituye una regulación de la actuación en Internet, pero sólo muy parcialmente del «comercio electrónico». La parte más relevante de la Ley establece el principio de libre prestación de servicios, indicando en su art. 8 una serie de restricciones, relativas a servicios que puedan atentar contra principios como la salvaguarda del orden público, el respeto a la dignidad de la persona y al principio de no discriminación por motivos de raza, sexo, religión u opinión, entre otros. A continuación se establecen las obligaciones y régimen de responsabilidad de los prestadores de servicios de la sociedad de la información (esto es, los titulares de webs). De especial relevancia para el ámbito jurídico, sobre todo en materia de prueba, es la regla conforme a la cual los operadores de redes y otros intermediarios están obligados a retener los datos de conexión y tráfico generados por las comunicaciones establecidas durante un plazo máximo de doce meses (regla que inicialmente se formuló en la LSSICE, y que actualmente se establece y desarrolla en la Ley 25/2007), pues de esta forma podría probarse, en ese período, que existió una comunicación electrónica entre las partes. Esta normativa debe complementarse con la contenida en los Reglamentos comunitarios «Ley de Servicios Digitales» (Reglamento 2022/2065, de 19 de octubre de 2022, relativo a un mercado único de servicios digitales, en abreviatura DSA) y «Ley de Mercados Digitales» (Reglamento 2022/1925, de 14 de septiembre de 2022, sobre mercados disputables y equitativos en el sector digital, en abreviatura DMA), que realizan una regulación detallada de algunos aspectos de cómo pueden actuar las plataformas digitales, con especiales obligaciones para las plataformas que son de grandes dimensiones (por el inmenso número de clientes que tienen en su sector).

> Las normativas comunitaria y española establecen y diferencian el régimen y la responsabilidad de los diferentes prestadores de servicios en Internet, tanto los titulares de las páginas web que ofrezcan a través de ellas bienes, servicios, información o datos de cualquier tipo; como de los intermediarios que actúan como operadores de redes, proveedores de acceso, prestadores de servicios de alojamiento o almacenamiento de datos, o prestadores de servicios que faciliten enlaces a contenidos o instrumentos de búsqueda (arts. 13 a 17 LSSICE y 1 y ss. DSA). Estos intermediarios, en principio, no responden de la licitud de los contenidos que transmiten, almacenan o a los que enlazan, pues no son sus «creadores», pero sí se les podrá ordenar por la autoridad competente que suspendan la transmisión, el alojamiento de datos, el acceso a las redes de telecomunicaciones o la prestación de cualquier otro servicio equivalente de intermediación (arts. 11 LSSICE y 6 y ss. DSA).

Hay que hacer constar que el «comercio electrónico» ha evolucionado mucho desde sus inicios. En un comienzo se trataba de que las empresas ofertaban sus bienes y servicios a través de la web, de forma que simplemente se realizaban «a distancia» todas las operaciones (consentimiento por medios electrónicos, envío de la mercancía, etc.). Pero actualmente los operadores de internet ya no son sólo vendedores de bienes o servicios (aunque se mantiene este formato «clásico»), sino fundamentalmente grandes plataformas que operan de diversas maneras, y que crean nuevas formas de negocio. Algunas de ellas operan como *marketplaces,* grandes centros de compra y venta o de reunión de compradores y vendedores (por ejemplo, Amazon, que no sólo vende productos propios en su web, sino también productos de otros muchos operadores); y otras no ofertan bienes ni servicios, sino que facilitan la realización de esas operaciones o crean nuevas formas de operativa (por ejemplo, buscadores de internet, comparadores de precios, webs de intercambio de ficheros o de puesta en común de información, páginas web de *crowdfunding* o de economía colaborativa –como *Blablacar,* o *Airbnb*–). Además, hay webs y formas de negocio que lo que buscan es obtener «datos personales» para conocer las necesidades y gustos del cliente y poder ofertarle más bienes o servicios acordes a los mismos: por eso, incluso, entregar un bien o servicio a un consumidor «a cambio de datos» está sometido actualmente a la normativa de compraventa de consumo (véase lección 2, epígrafe 1.1.B).

### B. *Aspectos previos a la contratación. Información previa. Firma electrónica*

En esta materia, una de las reglas más relevantes es la relativa a la identidad del oferente de productos o servicios. Para el destinatario de la información es fundamental saber que el oferente realmente existe, y contra quién y dónde puede reclamar en caso de cumplimiento defectuoso. Por eso, cuando la oferta se realiza mediante medios electrónicos el art. 10 LSSICE exige que se pueda acceder con facilidad y de forma directa y permanente a una serie de datos del prestador de servicios. Desde otro punto de vista, cuando el oferente se halla amparado por una firma electrónica, las entidades de certificación ya han controlado su existencia real y su identidad (véase más adelante regulación del Reglamento eIDAS).

Junto a esta identificación del oferente, las normas exigen igualmente una serie de requisitos de información tanto acerca de las comunicaciones comerciales cuanto sobre las características del producto. Por lo que respecta a las primeras, en el comercio electrónico deben ser claramente identificables como tales comunicaciones comerciales; debe identificarse la persona física o jurídica en cuyo nombre se realizan; y las posibles ofertas promocionales y/o concursos deben presentarse de forma clara y sencilla (art. 20 LSSICE). En sentido parecido, cuando los contratos se realicen con consumidores y usuarios se requiere una información precontractual específica sobre la identidad del empresario y las características de los bienes y servicios (art. 97 LGDCU).

Un aspecto bien diferente a los anteriores lo constituye el relativo a la firma electrónica, y a los medios existentes para garantizar la autenticidad y confidencialidad de los mensajes, sobre todo en el ámbito de la contratación electrónica. Es una problemática general, no ceñida sólo a la fase de preparación o promoción de contratos, sino también a la de contratación y, en general, a cualquier intercambio o formulación de mensajes por vía electrónica. Técnicamente los mensajes que se envían por este medio de comunicación son interceptables y manipulables por terceros con fines espurios, por lo que el intercambio de información no resulta seguro. Para remediar este problema existen diversos mecanismos técnicos que buscan precisamente asegurar la autenticidad y la inmodificabilidad de los mensajes, creando la llamada «firma electrónica cualificada». Esta materia se regula en el Reglamento comunitario 910/2014, de identificación electrónica y los servicios de confianza para las transacciones electrónicas en el mercado interior (Reglamento eIDAS, modificado recientemente en junio de 2024), y en España por la Ley 6/2020, de 11 de noviembre, de regulación de determinados aspectos de los servicios electrónicos de confianza.

> Para lograr esto, existen unas entidades especiales que prestan los «servicios de confianza cualificados». A estos efectos emiten «Certificados cualificados de firma electrónica» en los cuales se garantiza que el titular de la «firma electrónica cualificada» ha creado una firma de esa clase y es el único que puede emitir mensajes bajo la misma. De esta manera los potenciales destinatarios de mensajes emitidos bajo firma electrónica cualificada tienen la completa seguridad de la autenticidad de los mismos, tanto en cuanto que emitidos por el firmante como en cuanto a su posterior no modificación.
>
> Según el art. 25 Reglamento eIDAS «No se denegarán efectos jurídicos ni admisibilidad como prueba en procedimientos judiciales a una firma electrónica por el mero hecho de ser una firma electrónica o porque no cumpla los requisitos de la firma electrónica cualificada» (apartado 1) y «Una firma electrónica cualificada tendrá un efecto jurídico equivalente al de una firma manuscrita» (apartado 2). La nueva redacción de eIDAS en 2024 prevé la implantación de la «identidad digital soberana», sistemas por los cuales cada persona física disponga de certificados sobre su identidad, datos personales y estudios, y pueda compartirlos con garantías con otras personas.

## C. Perfección del contrato

Como ya se expuso, actualmente ambos Códigos establecen una solución igual respecto de cuándo se perfecciona el contrato a distancia: desde que el oferente conoce la aceptación o desde que, habiéndosela remitido el aceptante, no pueda ignorarla sin faltar a la buena fe (arts. 1262 CC y 54 CCom). Con carácter general, el contrato se entiende celebrado en el lugar en que se hizo la oferta.

De forma específica para los contratos celebrados por vía electrónica, si interviene un consumidor se presumirán celebrados en el lugar en que éste tenga su residencia habitual; y si son entre empresarios o profesionales, en defecto de pacto entre las partes, se presumirán celebrados en el lugar en que esté establecido el prestador de servicios (art. 29 LSSICE).

Existen también preceptos en las normas sobre contratos a distancia con consumidores o en el comercio minorista relativos al valor del silencio. Los arts. 99 TRLGDCU y 41 LOCM expresan que la falta de respuesta a la oferta de venta a distancia no puede considerarse como aceptación; en consonancia con ello, si el vendedor envía el producto sin aceptación explícita del destinatario, el receptor no está obligado a su devolución ni a pagar su precio (arts. 100 TRLGDCU y 42 LOCM).

Una vez celebrado el contrato, en el contrato electrónico la Ley exige que se realice por el oferente una confirmación escrita de la recepción de la aceptación (art. 28 LSSICE. Para los contratos con consumidores existe una regulación especial, arts. 98 y 100 LGDCU).

## D. *Ejecución del contrato*

Cuando el contrato a distancia se celebra con consumidores es obligado concederles un derecho de desistimiento, con base en la idea de que el adquirente o contratante debe conocer concretamente las características del producto o servicio para ver si es acorde con sus gustos y necesidades. Al contratarse «a distancia» no se conoce el bien concreto, si de una adquisición se trata, hasta el momento de su recepción. Por eso se concede, como regla general, un plazo de catorce días naturales para desistir, sin indicar el motivo y sin incurrir en coste alguno (véanse arts. 102 a 113 LGDCU, y la exposición de algunas características de este derecho de desistimiento que se ha realizado en el epígrafe 2.2). Muchos empresarios conceden este mismo derecho a desistir en contratos a distancia B2B, pero entonces el derecho tendrá los límites que se establezcan en el contrato.

La cuestión relativa al uso fraudulento de tarjetas de crédito para el pago se regula tanto en el ámbito comunitario como en el español. Como es sabido, resulta uno de los aspectos cruciales para el desarrollo del comercio a distancia el infundir la seguridad a los adquirentes de que el uso inconsentido de tarjetas de crédito no perjudicará a los titulares. La regla se aplica a contratos con consumidores, estableciendo el art. 112 LGDCU, fundamentalmente, que cuando el importe de una compra o servicio hubiese sido cargado fraudulenta o indebidamente utilizando el número de una tarjeta de pago, el consumidor y usuario titular de ella podrá exigir la inmediata anulación del cargo.

Por último, en cuanto al plazo de ejecución existe también una regulación cuando la contraparte del empresario es un consumidor. Salvo que las partes hayan acordado otra cosa, el empresario deberá ejecutar el pedido sin ninguna demora indebida, y a más tardar en el plazo de 30 días naturales a partir de la celebración del contrato (art. 109 LGDCU). Si el contrato no se ejecuta porque el bien o servicio no se encuentra disponible, el consumidor y usuario deberá ser informado de ello y deberá poder recuperar sin ninguna demora indebida las sumas que haya abonado (arts. 110 y 111 LGDCU).

## 3. Sistemática de exposición de los contratos

En las lecciones siguientes se expondrán las características principales del régimen jurídico de los contratos mercantiles o civiles más relevantes dentro de la actividad económica realizada con destino al mercado. Para esta exposición se agruparán los contratos según los «mercados» ideales a los que se dirige cada uno, en los cuales existen oferentes y demandantes de esos bienes, derechos o prestaciones. Así, podríamos distinguir entre el mercado de bienes y derechos (tema 2), el mercado de servicios (tema 3), el mercado financiero (que incluye los mercados de crédito y de valores, temas 4 a 6), y el mercado de seguros (tema 7). Esta división sólo busca una mayor claridad expositiva, de forma que no tiene consecuencias en el régimen jurídico la adscripción en uno u otro mercado, que resulta así puramente convencional. De todas formas, consideramos que desde un punto de vista teórico es importante tener en cuenta que todos los contratos se desarrollan en el mercado, o si se quiere, en mercados concretos en los que existen profesionales que ofrecen este tipo de prestaciones (compradores y vendedores de bienes, autores de propiedad intelectual, prestadores de servicios y clientes, etc.).

También es importante destacar que el estudio de los contratos constituye, simplemente, el estudio de la actividad desarrollada por empresarios y consumidores. Normalmente un empresario que, por ejemplo, fabrica bienes y los destina a la venta en el mercado realizará: contratos de compra de materias primas, y de venta de los bienes elaborados (tema 2); de distribución de tales bienes a través de agentes o distribuidores (tema 3); de publicitación de sus características por medio de contratos publicitarios (materia expuesta en Derecho mercantil I); de transporte para recibir las materias o para enviar los bienes (tema 3); de financiación bancaria o mediante la emisión de valores para obtener fondos suficientes para la actividad (temas 4 a 6); o de seguros para su responsabilidad civil, y para posibles daños por incendio, robo, etc. (tema 7). Por lo tanto, aunque los contratos se estudien de forma individual no hay que perder de vista que constituyen la actividad multiforme de empresas y clientes, de esas empresas que a menudo son sociedades mercantiles (materia expuesta en Derecho Mercantil II), y que actúan todos en el mercado y con sujeción a las reglas de institucionalización de tal mercado (reglas expuestas en Derecho Mercantil I).

# Contratos del mercado de bienes y derechos

## 1. Contratos relativos a bienes materiales: la compraventa

### 1.1. La compraventa mercantil en el Código de comercio

#### A. Mercantilidad de la compraventa

La compraventa es aquel contrato por el cual una de las partes se obliga a transmitir la propiedad de una cosa, y la otra a satisfacer un precio cierto a cambio de la misma. Este es el concepto genérico de compraventa, que se aplica tanto en Derecho civil como mercantil. Como en muchos otros contratos, este contrato aparece regulado por partida doble tanto en el Código civil como en el Código de comercio, y por eso la primera cuestión relevante es determinar cuándo una compraventa es mercantil, y se rige por el Código de comercio. Se trata de un problema relevante, pues, entre otros ejemplos de diferencias, si el bien tiene algún tipo de vicios ocultos, y han pasado treinta días desde la entrega pero menos de seis meses, la posibilidad de reclamación dependerá de que el negocio sea civil o mercantil.

El art. 325 CCom establece que «Será mercantil la compraventa de cosas muebles para revenderlas, bien en la misma forma que se compraron o bien en otra diferente, con ánimo de lucrarse en la reventa». Por lo tanto, se fijan cuatro requisitos:

a) Que verse sobre bienes muebles.
    Esta precisión obedece a razones históricas, pues tradicionalmente se consideraba que sobre los bienes inmuebles recae la regulación del Derecho civil, y la del mercantil sobre los muebles. Hoy en día, sin embargo, a menudo se adquieren inmuebles para luego revenderlos (bien en la misma forma en que se adquirieron, bien transformados, por ejemplo, solar que se adquiere y luego se venden las edificaciones). Aunque cabría defender que esa venta es mercantil, de hecho la regulación del Código de comercio está pensaba básicamente para bienes muebles.

b) Que la compra se realice para revender. Lo relevante, por lo tanto, es la intencionalidad del comprador, no la del vendedor. Será mercantil la compra del intermediario, que adquiere al fabricante o al mayorista para luego revender; y será civil la compra de quien consuma el bien o utilice el derecho de forma ajena a su actividad profesional.

c) Que la compra se realice con ánimo de lucro en la reventa (sólo se exige el ánimo inicial, no que efectivamente se obtenga el lucro).

d) Es irrelevante que el bien se revenda en la misma forma en que se compró o transformado (por ejemplo, la compra de pienso para alimento de gallinas ponedoras, STS 24.02.1992, la de piel para fabricar calzado, STS 05.11.1993, o la de pienso para engordar cerdos, STS 23.01.2009).

Como se advierte, el legislador consideró mercantil la compra del intermediario, del comerciante dedicado a comprar a productores, fabricantes o mayoristas, para luego revender a minoristas o a consumidores. Pero la mercantilidad de la compra no siempre supondrá mercantilidad de la «reventa» (la compra del minorista al mayorista es mercantil, pero la reventa del minorista al consumidor –esto es, la compra del consumidor– es civil).

Esta regla general de mercantilidad se matiza en el art. 326 CCom, que añade una serie de precisiones/excepciones. Conforme a ese precepto no serán mercantiles: a) la compra de efectos destinados al consumo del comprador (esto no es una excepción, sino una consecuencia directa de la regla del art. 325 CCom); b) las ventas que hicieron los propietarios, labradores, ganaderos y artesanos de los frutos o productos de sus cosechas o ganados o de los productos artesanalmente elaborados; c) la reventa que haga cualquier no comerciante del resto de acopios que hizo para su consumo.

La regla expuesta *sub* b) obedece, igualmente, a razones históricas. Tradicionalmente la labor agrícola, ganadera y artesanal se consideraba extraña al Derecho mercantil, por no existir una mentalidad especulativa tan marcada. Por eso hoy en día se suele defender que en estos casos también procedería calificar la venta de mercantil, pese a la dicción del art. 326 CCom. De acuerdo con esta regla, por ejemplo, la compra que haga el fabricante de conservas de verduras al agricultor sería mercantil *ex* art. 325 CCom (pues el comprador compra para revender), pero es civil por la excepción que introduce este art. 326 CCom. Así, la STS 31.12.1999 califica de civil la compra de patatas a agricultores para luego congelarlas y revenderlas el comprador.

Existen dos supuestos concretos que han provocado gran discusión acerca de su mercantilidad. En primer lugar, la venta de productos al consumidor. Es claro que por aplicación de los arts. 325 y 326 tal venta no es mercantil (pues el comprador no compra para revender). Pese a ello buena parte de la doctrina mercantilista defendió su calificación como mercantil (por constituir el último eslabón de la cadena empresarial, o por hallarse regulada como «acto de comercio» en el art. 85 CCom, entre otras razones). Hoy en día es mayoritaria la doctrina que no duda del carácter civil de estas ventas. En segundo lugar, mayores problemas plantea la posible mercantilidad de la compra para uso empresarial. En general, se suele considerar civil la compra de bienes de equipo (por ejemplo, la compra de máquinas que se destinan a la fabricación. Aunque económicamente esa máquina se va «depreciando» o «amortizando» al fabricar cada bien, no se revende, ni se revende transformada), y mercantil la compra de mercaderías destinadas a su transformación y reventa (ejemplos anteriores de pienso para gallinas o cerdos, o piel para fabricar zapatos).

### B. Entrega del bien. Saneamiento por evicción y vicios ocultos; «conformidad» del bien en las compraventas con consumidores

El vendedor está obligado a la entrega del bien, esto es, a transmitir su propiedad al comprador. La compraventa, por sí misma, no transmite la propiedad del bien, sino que obliga a esa transmisión, es el título de la misma. Para que el comprador adquiera se precisa, según el principio general, título y modo; en este caso, contrato de compraventa y entrega efectiva de la cosa. Antes de la entrega existe un derecho personal a que la cosa sea entregada; después de ella, un derecho real sobre el bien mismo. El comprador debe «colaborar» en esta entrega, de forma que si el bien se pone por el vendedor a disposición del comprador en el lugar y tiempo pactado, la entrega se entiende realizada aunque el comprador no tome físicamente el bien (arts. 333 y 339 CCom).

El vendedor, al entregar, responde del «saneamiento» del bien, esto es, de que el bien es suyo y no tiene defecto alguno. Este saneamiento comprende dos aspectos: el saneamiento por evicción y por vicios. El primero de ellos significa que si el vendedor no era propietario, y el verdadero propietario reclama la cosa al comprador venciéndole en juicio, el vendedor deberá devolver al comprador vencido el precio satisfecho e indemnizarle por los perjuicios causados (art. 1475 CC).

Hay que señalar que el art. 85 CCom excluye la responsabilidad por evicción en el caso de adquisiciones realizadas en tiendas abiertas al público, pues el comprador adquiere la cosa de forma irreivindicable. El verdadero propietario, si fuera distinto del vendedor, deja de serlo y sólo podrá reclamar contra el vendedor por haber enajenado un bien que no era suyo. Aunque esta regla se recoge en el Código de comercio, no es aplicable únicamente a ventas mercantiles, sino a las ventas realizadas en tiendas abiertas al público (que son civiles si el adquirente no va a revender).

El saneamiento por vicios significa que si la cosa tiene algún vicio o defecto debe responder de ellos el vendedor. Si tales defectos son aparentes, esto es, apreciables a simple vista, el comprador deberá rechazar la mercancía en el acto de la entrega, pues si no ya no podrá reclamar posteriormente. El Código de comercio admite que si la mercancía está embalada y no la examina el comprador al recibirla, tiene un plazo de cuatro días para realizar la reclamación (art. 336.2 CCom). Si los vicios son ocultos, no apreciables a simple vista, el plazo de reclamación es de tan sólo treinta días en la compraventa mercantil (art. 342 CCom) y de seis meses en la compraventa civil (art. 1490 CC).

> En el supuesto de vicios aparentes el comprador puede optar entre exigir el cumplimiento correcto o resolver, con indemnización en ambos casos de daños y perjuicios. En el caso de vicios ocultos, el comprador puede resolver o rebajar una cantidad proporcional del precio en compensación al vicio existente (art. 1486 CC).

> Distinto del supuesto de vicios es el de entrega de cosa «distinta a la pactada». Esto es, cuando los defectos son tan graves o hacen que la cosa sea totalmente inadecuada para el fin al que se destina, no existe vicio oculto, sino entrega de cosa distinta. En tales casos no se aplica el régimen de los vicios, y se postula por la jurisprudencia que el comprador deberá ejercer acciones por incumplimiento de la prestación cuando aprecie esa inadecuación del bien. En estos supuestos, cuando la compraventa sea mercantil sería aplicable el plazo de prescripción de 5 años del art. 1964 CC, por la remisión del art. 964 CCom (véase STS 09.07.2008).

En todo caso, en esta materia de responsabilidad por vicios existe una regulación especial cuando el adquirente es un consumidor, pues se considera que la especial defensa del interés de los consumidores exige normas que le protejan por encima del estándar general fijado en la Ley general (véase tema 1, epígrafe 2.2). Los arts. 114 y ss. LGDCU (reformados mediante el RDL 7/2021) establecen estas normas especiales, imponiendo que los bienes vendidos a un consumidor deben ser conformes con el contrato de compraventa. Esta «conformidad» abarca no sólo que el bien se corresponda con la descripción o características del comprado, sino que además sea apto para el uso ordinario propio del mismo y presente la calidad y prestaciones habituales de los bienes de ese tipo [«Presentar la cantidad y poseer las cualidades y otras características [...] que presenten normalmente los bienes y los contenidos o servicios digitales del mismo tipo y que el consumidor o usuario pueda razonablemente esperar [...]», art. 115 ter.d) LGDCU]. Como se aprecia, la idea de «conformidad» excede, con mucho, de la idea de vicios aparentes y/u ocultos, pues alude a las prestaciones que cabe fundadamente esperar en el bien adquirido. Si el bien no cumple tal «conformidad» el comprador puede optar por repararlo o sustituirlo de forma gratuita; y si la reparación o sustitución no es satisfactoria o no se realiza en un plazo razonable, podrá pedir una rebaja del precio o la resolución del contrato (arts. 118 a 119 quáter LGDCU). Esta protección se otorga respecto de faltas de conformidad aparecidas en los tres años siguientes al contrato (dos años, en el caso de bienes o servicios digitales), y por eso suele decirse que existe una «garantía del bien por tres (o dos) años». Aparecida la falta de conformidad en esos tres o dos años, a partir de ahí el plazo para ejercer la acción es de cinco años. Además, se presume que la falta de conformidad ya existía en el momento de entrega si se manifiesta en los dos años siguientes a la entrega (o un año, en el caso de contenidos y servicios digitales). A esta «garantía legal» cabe añadir, por pacto, un régimen más beneficioso, de forma que se convierte en un mínimo.

> La normativa se aplica tanto a la compraventa de bienes muebles, como a la de productos y servicios en formato digital (por ejemplo, una canción en formato digital, o un curso de enseñanza a distancia), y a la de bienes que incorporan también elementos digitales; y además se considera sometida a esta regulación la entrega de bienes o servicios «a cambio» de datos personales (que, por lo tanto, no se considera un negocio gratuito, ya que el consumidor comunica sus datos, y eso interesa sobremanera al vendedor). Esos negocios, por lo tanto, pasan a regirse por las reglas de la compraventa de bienes muebles.

Por supuesto, cuestión distinta a la de los vicios en los bienes adquiridos es la relativa al régimen especial de los «productos defectuosos». «Producto defectuoso» no es el que tiene «defectos», sino el «inseguro», «aquel que no ofrezca la seguridad que cabría legítimamente esperar teniendo en cuenta todas las circunstancias y, especialmente, su presentación, el uso razonablemente previsible del mismo y el momento de su puesta en circulación» (art. 137.1 LGDCU). Este régimen se recoge en los arts. 128 a 149 LGDCU, que deberán reformarse para adecuarse a la nueva Directiva 2024/2853, de 23 de octubre de 2024, la cual −entre otros aspectos− incluye los archivos de fabricación digital y los programas informáticos como «productos» (de esta forma, los daños causados por programas de inteligencia artificial inseguros se someterán a esta normativa).

### C. Régimen del paso del riesgo

El «paso del riesgo» es una cuestión general para todo contrato que especifica qué contratante deberá soportar las consecuencias negativas de la pérdida del objeto del contrato por caso fortuito o fuerza mayor. Si el bien se pierde por culpa o dolo de una de las partes, será ésta la que deba soportar los perjuicios; pero si se pierde por caso fortuito o fuerza mayor, hay que decidir quién soporta tal daño, pues al fin y al cabo el bien ya no existe, o se ha deteriorado. Como regla general, si el riesgo lo soporta el vendedor, el comprador quedará exento de la obligación de pago (pues ya no puede recibir el bien); si el riesgo lo soporta el comprador, deberá pagar el precio aunque el bien que reciba esté dañado o, simplemente, se haya perdido.

En el régimen del Código de comercio, el riesgo es del vendedor hasta la entrega, o puesta a disposición; una vez realizada la misma, el riesgo es de comprador (art. 333 CCom). Se aplica, así, la regla *periculum est domini,* o dicho de otra forma, es el propietario del bien quien soporta el riesgo. En cambio para la compraventa civil la doctrina suele considerar que la transmisión del riesgo al comprador opera desde la perfección del contrato (que opera por el consentimiento). El comprador siempre soporta el riesgo, desde la perfección, ocurra el daño antes o después de la entrega (*periculum est emptoris*).

## 1.2. Régimen de la venta internacional

Cuando en la compraventa intervienen nacionales de diversos países será aplicable el Derecho nacional que resulte en función de las reglas de Derecho internacional privado. Este sistema suele ser insatisfactorio, pues no siempre está claro en función de tales reglas qué Derecho sea aplicable, y además ese Derecho nacional concreto puede estar basado en principios contrarios a los queridos por las partes. Por esta razón existe un Tratado internacional en esta materia, el Convenio de Viena de 1980, aplicable a las compraventas de mercaderías (véase *https://uncitral.un.org/en/texts/ salegoods/conventions/sale_of_goods/cisg*). España ratificó este Convenio, que se publicó en el BOE de 30 enero 1991.

Este Convenio constituirá la normativa aplicable si: a) ambas partes tienen su establecimiento en países que lo han ratificado; o b) si una de las partes tiene su establecimiento en un país que ratificó y la otra no, y según las reglas de Derecho Internacional Privado es aplicable el derecho de ese país que ratificó. De todas formas, aunque resulte aplicable las partes pueden excluirlo, de forma que constituye derecho dispositivo. Los empresarios establecidos en países que ratificaron no están obligados a regirse por la Convención en sus ventas internacionales: pueden pactar la exclusión de la Convención, y se regirán por las reglas que digan o las que resulten aplicables. Para evitar fundamentalmente los problemas de las normas imperativas estatales sobre consumidores, el Convenio sólo se aplica a compras para revender, no cuando compra un consumidor (si bien no se califica a esta compra para revender como civil o mercantil). La regulación fundamental es en lo relativo a cuándo se produce la entrega.

Aparte de este régimen convencional, hay que destacar que es muy común que las partes cuando contratan acepten regirse por unos modelos de cláusulas contractuales aprobados por la Cámara de Comercio Internacional que se denominan INCOTERMS (acrónimo de *Internacional Commercial Terms*). La última versión de estas cláusulas es de 2020 (véase, por ejemplo, https://www.camara.es/sites/default/files/distributiva/incoterms.pdf). Estas reglas no constituyen Derecho positivo, ni son obligatorias para las partes: simplemente, a la hora de contratar éstas pueden decidir voluntariamente que se rigen por los Incoterms, de modo que la vinculación deriva de la voluntad de las partes. Los Incoterms no constituyen verdadera costumbre internacional (aunque resulte muy usual pactar el regirse por ellos), por cuanto que no resultan obligatorios si las partes no los aceptan.

Los Incoterms no recogen una regulación completa de las obligaciones de las partes, sino que determinan, fundamentalmente, el momento a partir del cual las obligaciones son del comprador (esto es, cuándo tiene lugar la entrega). Hasta ese momento todas las obligaciones (llevar la mercancía hasta el lugar de entrega, trámites aduaneros, etc.) son del vendedor, y desde ese momento del comprador. Obviamente, el precio a pagar por el comprador es distinto en cada caso, pues el vendedor normalmente repercutirá los costes de las obligaciones que él asume. Las partes decidirán qué Incoterm pactar normalmente en función de quién quiera contratar el transporte principal.

En los Incoterms del grupo E, la mercancía se entrega en la fábrica del vendedor, de forma que es el comprador quien tiene que retirarla del almacén y correr con todos los gastos del transporte. En los Incoterms del grupo F, la mercancía se entiende entregada en el lugar de embarque en el transporte principal (por ejemplo, FOB Bilbao. El vendedor deberá transportar la mercancía hasta el puerto de Bilbao, y cargarla en el buque que haya contratado el comprador). En los Incoterms del grupo C, la mercancía igualmente se entiende entregada en el lugar de embarque en el transporte principal, pero es el vendedor quien tiene que contratar el transporte principal y pagar el seguro del mismo. En los Incoterms del grupo D la mercancía se entiende entregada cuando se deposite en el lugar de destino del país del comprador.

## 1.3. Compraventa de bienes muebles a plazos

La Ley 28/1998, de 13 julio, de venta a plazos de bienes muebles, introduce una regulación para defender al comprador a plazos para consumo, que si adquiere a plazos es porque normalmente no se encuentra en una buena situación económica y puede ser más propenso a aceptar cláusulas excesivas, dada su situación de necesidad. Por eso la ley fija un régimen imperativo a favor del comprador (art. 14 LVPBM). Aunque la norma no se dicte expresamente como imbricada dentro de las leyes de protección del consumidor, no resulta aplicable cuando el comprador adquiera para revender al público (art. 5.1 LVPBM), lo cual la reduce a adquisiciones por consumidores.

De todo el régimen de esta Ley la parte que consideramos más relevante es la regulación del Registro. Las partes pueden pactar (y es usual que lo hagan) la reserva de dominio (esto es, que el comprador no adquiera la propiedad hasta el pago total de los plazos) o la prohibición de disponer (el comprador se obliga a no vender hasta que satisfaga los plazos). Si tales pactos se inscriben en un Registro especial (el Registro de Venta a Plazos de Bienes Muebles, que se integra en el Registro de Bienes Muebles) son oponibles a terceros, con el siguiente alcance (entre otras consecuencias):

a) En caso de embargo preventivo o ejecución forzosa del bien, se sobreseerá todo procedimiento de apremio en cuanto conste la inscripción de alguna de las cláusulas citadas (art. 15.3 LVPBM).

b) Si el bien vendido con alguna de esas cláusulas se hallare en poder de persona distinta al comprador, se le requerirá para que pague el importe reclamado o desampare el bien (art. 16.3 LVPBM).

c) En caso de concurso del comprador, no se incluirán en la masa los bienes comprados a plazos mientras no esté satisfecho el crédito garantizado (art. 16.5.2 LVPBM).

La Ley no entra en el tema de si la reserva de dominio o la prohibición de disponer tienen eficacia «real» (esto es, suponen que el vendedor sigue siendo propietario, o que la venta hecha por el comprador es ineficaz), o personal. Simplemente regula qué derechos tiene el vendedor en los supuestos señalados.

## 1.4. Régimen de la venta minorista

La Ley 7/1996, de 15 de enero, de Ordenación del Comercio Minorista (LOCM) supuso una regulación del comercio minorista, que es aquella actividad desarrollada profesionalmente con ánimo de lucro consistente en ofertar la venta de cualquier clase de artículos a los destinatarios finales de los mismos, utilizando o no un establecimiento (art. 1.2 LOCM). No es una norma que suponga trasposición de Directivas comunitarias, sino un producto del legislador español que consideró preciso regular este sector del mercado. Se trata, por lo tanto, de puro intervencionismo, en algunos aspectos buscando proteger al adquirente, en otros al pequeño comerciante minorista, y en todo caso lo que el legislador consideró políticamente adecuado en aquel momento.

La Ley no regula sólo las ventas de los comerciantes minoristas, sino la actividad del comercio minorista en general. Su carácter de norma básicamente administrativa, de ordenación de este sector, se manifiesta en el hecho de que establece toda una serie de obligaciones a cargo de los comerciantes minoristas, calificando como infracciones administrativas el incumplimiento, y fijando las sanciones correspondientes (arts. 63 a 71 LOCM). Junto a estos aspectos más puramente administrativos la norma establece también normas de Derecho privado, de régimen de la venta minorista (que normalmente será venta civil, si se realiza a adquirentes que no revenden). Aparte del régimen de las ventas especiales, que se estudiará en el epígrafe siguiente, dentro de los «Principios generales» del Título I cabe destacar los siguientes aspectos:

a) Obligación de vender: la oferta pública de venta o la exposición de artículos en establecimientos comerciales constituye a su titular en la obligación de proceder a su venta a favor de los demandantes que cumplan las condiciones de adquisición (art. 9 LOCM). Por lo tanto, el comerciante no puede, por ejemplo, limitar el número de productos que adquiera el cliente.

b) Libertad de precios. La Ley reconoce los precios de venta serán libremente determinados (art. 13, que fija algunas posibles excepciones), pero añade una prohibición de la venta con pérdida, salvo en ciertos supuestos (art. 14 LOCM). La Ley de Competencia Desleal parte del principio contrario: cabe vender a pérdidas, excepto en ciertos supuestos. La doctrina considera que en el comercio minorista se aplica la LOCM (prohibición de la venta a pérdida como principio); y en el comercio no minorista, la LCD (libertad de venta a pérdida como principio).

c) Pagos a proveedores. El art. 17 LOCM establece unas reglas de plazos máximos de diferimiento en el pago a proveedores, así como una documentación de las entregas, que supone así una especialidad respecto al régimen general de diferimiento y morosidad en las operaciones comerciales de la Ley 3/2004 (véase Lección 1, epígrafe 1.2.A).

El Título II de la LOCM tiene un aspecto más puramente contractual, si bien no deja de constituir un intervencionismo administrativo en una actividad que no se deja en régimen de plena libertad de empresa. El título regula una serie de «actividades de promoción de ventas» en las que el legislador parte de que puede existir un cierto abuso del comerciante al atraer al cliente con base en cierto tipo de ventas (rebajas, liquidación, etc.). Con carácter general para todos ellos, se exige que las denominaciones se utilicen sólo para anunciar las ventas que se ajusten a la regulación respectivamente establecida en la Ley, que se informe de su duración, y que si se ofertan artículos con reducción de precio, se fije el precio anterior junto con el reducido (arts. 18 a 20 LOCM). De entre estas actividades de promoción cabe destacar las siguientes:

a) Venta en rebajas (arts. 24 a 26). Los artículos en rebajas deben haber estado puestos a la venta con anterioridad en la oferta habitual de ventas, y no pueden ser deteriorados.

b) Venta de saldos (arts. 28 y 29). Se considera tal la de productos cuyo valor de mercado aparezca manifiestamente disminuido a causa del deterioro, desperfecto, desuso u obsolescencia. Si se trata de artículos deteriorados o defectuosos, deberá constar tal circunstancia de manera precisa y ostensible.

c) Venta en liquidación (arts. 30 y 31). Es la venta con carácter excepcional y de finalidad extintiva de determinadas existencias de productos, que procede en casos de extinción de la actividad comercial, o de cambio de ramo de comercio o cambio de local. La duración máxima será de un año.

## 2. Contratos relativos a derechos de propiedad industrial

Con el nombre genérico de «propiedad industrial» se designa en España normalmente el conjunto de varios derechos: marca, nombre comercial, patente, secreto empresarial (antes conocido como *know-how,* y actualmente regulado por la Ley 1/2019, de 20 de febrero), la topografía de productos semiconductores, o el diseño industrial. Este conjunto de derechos constituye una especie de atributos propios y unidos a la empresa, que tiene la exclusiva de su explotación o uso durante un cierto tiempo, que le otorgan un valor añadido a la simple suma del valor de los bienes que la componen. Cuando la empresa se transmite, normalmente, se transmiten con ella las marcas de sus productos, las patentes para la fabricación de éstos, los secretos empresariales, etc. Pero estos derechos también se pueden transmitir de forma independiente o en relación con otros negocios (por ejemplo, puede realizarse una licencia de patente para que el licenciatario fabrique el bien patentado, o concederse una licencia de marca y de *know-how* para que el licenciatario, mediante un contrato de franquicia, venda los bienes distinguidos por esa marca con el «saber hacer» de la empresa licenciante). A la transmisión de estos derechos se suele denominar genéricamente «transferencia de tecnología».

Normalmente, estos derechos se transmiten mediante *contratos de licencia*, que permiten el uso de la marca, patente, etc. sin transmitir su titularidad (que conserva el licenciante). El licenciatario puede usar la marca, patente o el secreto empresarial por el tiempo pactado y en la zona determinada en el contrato. Se aplica la regla del «agotamiento comunitario»: la venta del bien patentado o marcado con el producto dentro del Espacio Económico Europeo agota el derecho de exclusividad del licenciante y del licenciatario. El adquirente del bien puede revenderlo dentro del espacio comunitario.

> La regla del agotamiento del derecho es fundamental para el derecho de competencia. La exclusividad del fabricante de pantalones o de sus licenciatarios sólo alcanza a la primera venta: el adquirente puede revenderlos. De esta forma si, por ejemplo, el distribuidor en exclusiva de una marca en un país concreto comunitario Z los vende muy caros, un empresario los compraría en otro país donde están baratos y los revendería en Z, más baratos que el distribuidor exclusivo (a este tipo de operaciones se les suele denominar «importación paralela»).

Los acuerdos de licencia de derechos de propiedad industrial producen normalmente efectos anticompetitivos, pues lo común es que se fije una zona exclusiva para el licenciatario, dentro de la cual sólo puede vender él (el licenciante no, y usualmente cada licenciatario se obliga a no realizar ventas activas fuera de la zona). Por eso se dictó el Reglamento Comunitario 316/2014, de 21 de marzo de 2014, relativo a la aplicación del artículo 101, apartado 3 TFUE a determinadas categorías de acuerdos de transferencia de tecnología, que al igual que el que luego veremos en materia de distribución (véase Lección 3, epígrafe 4.3), establece qué pactos concretos cabe establecer que, suponiendo una restricción a la competencia, sin embargo logran una forma más adecuada de distribución o producción de los bienes.

## 3. Contratos relativos a derechos de propiedad intelectual

### 3.1. La propiedad intelectual

La propiedad intelectual es el conjunto de derechos que corresponden al creador de una obra literaria, artística o científica por el mero hecho de su creación. El ámbito de su protección se ha extendido enormemente conforme al surgimiento de las nuevas tecnologías. La propiedad intelectual en España se halla regulada por el RDL 1/1996, de 12 de abril, por el que se aprueba el Texto Refundido de la Ley de Propiedad Intelectual (en adelante, LPI). En cuanto a la protección internacional, España es parte del Convenio de Berna para la protección de obras literarias y artísticas, y de la Convención de Ginebra sobre derecho de autor.

La propiedad intelectual surge desde el momento mismo de la creación intelectual, sin que sea precisa la inscripción en el Registro de la Propiedad Intelectual. Obviamente, para que exista tal «creación» es precisa una originalidad, característica ésta que clásicamente suele desdoblarse en dos aspectos, subjetivo y objetivo. En palabras de la STS 26.10.92, en sentido subjetivo se entiende que la obra es original cuando refleja la personalidad del autor, y en sentido objetivo cuando existe una «novedad objetiva». Esta exigencia de originalidad supone también que las «ideas» no son objeto de protección por la propiedad intelectual, la cual protege la expresión de la idea y no la idea en sí misma; el pensamiento y las ideas no pueden ser objeto de apropiación.

Tradicionalmente la propiedad intelectual se viene desdoblando en dos conjuntos de derechos de naturaleza totalmente diferente. El «derecho moral» de autor deriva de los aspectos más personales de la creación, y se traduce en la protección de la paternidad y de la integridad de la obra. Según el art. 14 LPI, incluye los derechos de divulgación, paternidad, integridad, modificación, retirada y acceso al ejemplar único o raro. Se trata de derechos irrenunciables e inalienables, siendo alguno de ellos también perpetuo (por ejemplo, el de paternidad. El de divulgación dura la vida del autor, y a su muerte los herederos podrán ejercer durante setenta años el derecho de divulgación de la obra no previamente divulgada, art. 15.2 LPI).

De naturaleza bien distinta son los derechos económicos o de explotación patrimonial, referidos a la obtención de un rendimiento económico. En éstos se integra la realización de negocios mercantiles que es la materia de este epígrafe. Estos derechos de explotación durarán toda la vida del autor y setenta años después de su muerte o declaración de fallecimiento (art. 26 LPI), tras lo cual pasan al dominio público (art. 41 LPI). Los derechos económicos engloban las siguientes facultades:

a) La «reproducción» consiste en la «fijación directa o indirecta, provisional o permanente, por cualquier medio y en cualquier forma, de toda la obra o de parte de ella, que permita su comunicación o la obtención de copias» (art. 18 LPI. Incluye la digitalización de una obra, la realización de copias de una obra ya fijada, como una película, etc.).

b) La «distribución» es «la puesta a disposición del público del original o de las copias de la obra, en un soporte tangible, mediante su venta, alquiler, préstamo o de cualquier otra forma» (art. 19 LPI). Respecto de ella rige la regla del «agotamiento comunitario», de manera que la primera venta hecha en la Unión Europea por el titular, o con su consentimiento, agota la facultad de distribución para sucesivas ventas o transmisiones de propiedad que se realicen en este territorio (art. 19.II LPI).

c) Por «comunicación pública» se entiende «todo acto por el cual una pluralidad de personas pueda tener acceso a la obra sin previa distribución de ejemplares a cada una de ellas» (art. 20.I LPI. Así, desde la representación» de la obra teatral o la realización de un concierto con público, hasta la radiodifusión, la difusión inalámbrica o por cable, o la actuación de los internautas que comparten sus archivos con otros sujetos mediante las plataformas *peer to peer* o P2P, así como de las empresas que crean los programas que permiten ese intercambio).

La Ley no considera pública la comunicación cuando se celebre dentro de un ámbito estrictamente doméstico que no esté integrado o conectado a una red de difusión de cualquier tipo (apartado 2 del art. 20.I TRLPI). Esto planteó el problema de si la posibilidad de visionar cada televisión de la habitación de un hotel consistía en un acto de comunicación pública (por el que habría que remunerar al autor), o si se trataba de un ámbito estrictamente doméstico. Después de muchos vaivenes el TS finalmente se decantó por considerarlo como no constitutivo de comunicación pública, por asimilarlo a un ámbito doméstico (STS de Pleno 10.05.03), pero la STJCE 07.12.06 finalmente estableció la doctrina contraria (se trata de actos de comunicación pública), lo cual originó también el cambio de doctrina del Supremo (STS 16.04.07).

d) La «transformación» de una obra «comprende la traducción, adaptación y cualquier otra modificación en su forma de la que se derive una obra diferente» (art. 21 LPI). También se incluye la reordenación de una base de datos.

## 3.2. Transmisión de los derechos de explotación

La transmisión *inter vivos* de estos derechos económicos se limita a las modalidades de explotación expresamente previstas y al tiempo y ámbito territorial que se determinen. Por lo tanto, pueden cederse sólo para ciertas facultades de explotación o para cierto espacio temporal o territorial. Toda cesión deberá formalizarse por escrito (art. 45 LPI). La remuneración será, en principio, proporcional a los ingresos de la explotación, en la cuantía pactada con el cesionario; pero podrá estipularse una remuneración a tanto alzado en ciertos supuestos que establece el apartado segundo del citado precepto.

El *contrato de edición* es aquél por el cual se cede al editor, mediante compensación económica, el derecho de reproducción y distribución de una obra (arts. 60 y ss. LPI). Estas operaciones se realizarán, por lo tanto, por cuenta y riesgo del editor. El autor participa de los beneficios, pero no de las pérdidas. Por este contrato no se transmite ni el derecho de comunicación pública ni el de transformación, al menos que así se realice por medio de pactos añadidos.

Por obra audiovisual califica el art. 86 TRLPI a «las creaciones expresadas mediante una serie de imágenes asociadas, con o sin sonorización incorporada, que estén destinadas esencialmente a ser mostradas a través de aparatos de proyección o por cualquier otro medio de comunicación pública de la imagen y del sonido, con independencia de la naturaleza de los soportes materiales de dichas obras». En los contratos que versan sobre este tipo de obras es fundamental distinguir la figura de los autores o creadores de la de los productores. Productor es quien realiza toda una serie de contratos diversos con autores, intérpretes y distribuidores para que se realice la obra audiovisual y se distribuya, pero el productor no es «autor» en el sentido de creador de la obra intelectual. Ahora bien, los derechos de explotación se presumen cedidos al productor en virtud del contrato que los autores celebren con él.

Por último, debemos hacer referencia a la protección de los programas de ordenador como objeto de la propiedad intelectual. Inicialmente hubo una gran discusión acerca de si incluir los programas de ordenador como propiedad intelectual, pero la aparición de la Directiva 91/250/CEE zanjó el tema optando por tal calificación. Por programa de ordenador entiende la Ley «toda secuencia de instrucciones o indicaciones destinadas a ser utilizadas, directa o indirectamente, en un sistema informático para realizar una función o una tarea o para obtener un resultado determinado, cualquiera que fuere su forma de expresión y fijación» (art. 96). Como regla general, los derechos de explotación incluyen el derecho de realizar o autorizar la reproducción del programa, su traducción, adaptación o arreglo y su distribución pública (art. 99 LPI). Normalmente los titulares de estos programas conceden derechos de licencia, de forma que el licenciatario no adquiere su «propiedad» o «titularidad», sino el derecho a ejecutarlo o utilizarlo, y a realiza una «copia de seguridad» en cuanto resulte necesaria para la utilización (art. 100 LPI. Debido a su funcionamiento técnico, el usuario reproduce e, incluso, almacena de forma temporal el programa en su ordenador mientras dura la ejecución)

> Además, el usuario legítimo está legitimado para observar, estudiar o verificar el funcionamiento del programa con el fin de determinar las ideas y principios implícitos en el mismo, siempre que lo haga durante cualquiera de las operaciones de carga, visualización, ejecución, transmisión o almacenamiento del programa que tiene derecho a hacer (los llamados «actos de ingeniería inversa»). Igualmente el art. 100.5 LPI permite la reproducción del código y la traducción de su forma cuando ello sea indispensable para obtener la información necesaria para la interoperabilidad de un programa creado de forma independiente con otros programas, con una serie de requisitos. Este grupo de reglas ocasionó la condena de Microsoft por la Comisión Europea dado que, básicamente,

se consideró que *Microsoft* no permitía estudiar el código fuente y dificul-
taba con ello enormemente hacer productos y programas interoperables
con sus ordenadores (el cliente no «tenía más remedio» que adquirir
todos los periféricos de esa misma marca).

# Contratos del mercado de servicios

## 1. Mercado de servicios

No será necesario resaltar que el sector servicios ha experimentado un auge imparable en las últimas décadas del siglo pasado. De una economía basada fundamentalmente en la producción de bienes para los mercados locales se ha pasado a una producción para el mercado internacional que precisa de intermediarios, distribuidores, empresas de *consulting* que realicen estudios de mercados extranjeros, transportistas de larga distancia, y de una gran labor de publicidad. Las nuevas tecnologías digitales, por otro lado, han permitido automatizar muchas actuaciones e incluso han generado una nueva forma de comercialización de bienes, que es el comercio electrónico. Las empresas externalizan buena parte de las labores que antes realizaban mediante empleados propios, y surgen nuevas necesidades como las de informatización de la operativa documental. Por último, la «sociedad del ocio» ha generado también la aparición de nuevas necesidades y de nuevos mercados, no basados ya en la producción para el consumo de bienes, sino en la cobertura de necesidades de ocio. Todo ello, en fin, ha generado que los negocios consistentes en servicios muy diversos supongan una cifra a menudo mayor que la generada, en sí, por la venta de los bienes.

## 2. Contrato de arrendamiento de servicios. Contrato de outsourcing («externalización» de servicios)

El Código civil trata separadamente los arrendamientos de servicios y de obra, señalando la doctrina que aquéllos se caracterizarían por un «hacer», mientras que éstos lo harían por un «entregar» el bien o trabajo encargado (una vivienda o construcción, por ejemplo). De acuerdo con ello, el arrendamiento de servicios consistiría en una prestación de medios (intentar obtener un resultado), y el de obra en una prestación de resultado (entregar o alcanzar el resultado). En la actualidad, sin embargo, existe una tendencia doctrinal a configurar una única categoría de «arrendamiento de servicios» que englobaría toda prestación de servicios de un sujeto (el arrendatario, normalmente un profesional de la actividad de que se trate) frente a otro (el cliente o principal), entendiendo los «servicios» de forma general como el despliegue de cierta actividad, material o intelectual, identificándose así en el plano de los compromisos asumidos con la obligación de hacer.

Los contratos de servicios mercantiles se caracterizan porque el prestador de servicios es un empresario independiente, especializado en el tipo de servicios que realiza (de intermediación, de distribución, de transporte, etc.), y que realiza un contrato mercantil con el principal. Esa misma prestación de hacer la pueden realizar empleados laborales del empresario (agentes comerciales laborales, transportistas de plantilla de la empresa, etc.), y en tal caso ya no nos hallaríamos en el ámbito mercantil sino en el laboral.

En los últimos tiempos, y como fruto de la complejidad de tareas que conlleva el desarrollo de cualquier actividad empresarial de volumen medio o grande, han surgido los llamados contratos de *outsourcing*, también denominados en España de «externalización» o de «descentralización productiva». Consisten en que una serie de funciones precisas para la actividad empresarial, pero accesorias respecto de la actividad principal, se encomiendan a empresas externas, con lo cual el principal puede dedicarse de lleno a su actividad propia sin tener por qué especializar a departamentos propios en cada una de esas funciones (por ejemplo, sistema informático, contabilidad, limpieza, alimentación de los empleados, sistemas de seguridad, etc.).

> Las ventajas económicas de este tipo de acuerdos son evidentes. Normalmente suelen evitar unos costes de mantenimiento del departamento interno a cambio del pago de un precio menor, aunque lo fundamental no sea tanto el posible ahorro de costes cuanto la mejor prestación del servicio, puesto que la empresa externa se halla especializada en esa función concreta y normalmente lo hará mejor que el cliente. Se permite así la especialización del cliente en el desarrollo de su actividad propia, sin tener que diversificar su esfuerzo y su actuación. Además, el uso de medios de la empresa externa que se destinan a varios clientes (por ejemplo, almacenes para la guarda y distribución de mercancías) también suele suponer un ahorro respecto de la adquisición o mantenimiento por el cliente de tales estructuras. A cambio, las principales desventajas radican en la pérdida de control sobre las funciones que se

externalizan, de modo que el cliente «queda en las manos» de la empresa externa en materias que pueden ser importantes para su actividad; por eso es importante precisar en el contrato las penalizaciones para los casos de incumplimiento, y que resulten verdaderas «penalizaciones». También se pierde confidencialidad, al permitir el acceso de una empresa externa a la actividad propia.

## 3. Contratos de intermediación

### 3.1. La categoría general de los contratos de intermediación

En los contratos que aquí calificamos de intermediación, la labor del arrendatario de servicios es la de celebrar o promover negocios jurídicos por cuenta del principal. Se trata, así, de una actuación con relevancia jurídica para el principal, y frente a terceros. Esto la diferencia de otras prestaciones de servicios en las que simplemente se desempeña una labor «material» que atañe exclusivamente a las partes contractuales (transporte, depósito, etc.). A su vez, dentro de esta intermediación deben distinguirse dos supuestos básicos: el intermediario puede contratar con el tercero, vinculando al principal con tal tercero, y afectando su patrimonio; o puede simplemente «buscar» a terceros que quieran contratar con el principal, poner en contacto a principal y tercero, para que sean éstos quienes finalmente negocien y decidan si contratan. Surgen así como modalidades básicas el mandato/comisión (celebración de contratos por cuenta del principal) y el corretaje (promoción de contratos); cuando esta labor se encomienda para varios negocios (en general, para todos los negocios que quiere celebrar el principal), estaremos ante el contrato de agencia.

### 3.2. Contrato de comisión

#### A. Concepto y clases

El contrato de comisión es el contrato «tipo» de los de intermediación mercantil, en la medida en que constituye una regulación básica de toda relación en la que se encargue a un sujeto la realización de una operación mercantil con trascendencia jurídica. La diferenciación de su régimen respecto del propio del mandato civil es mínima, y además en aspectos poco relevantes, por lo que en esta materia la «regulación por partida doble» se manifiesta, más si cabe que en otras, bastante inútil. El mandato se reputará comisión «cuando tenga por objeto un acto u operación de comercio y sea comerciante o Agente mediador del comercio el comitente o el comisionista» (art. 244 CCom). Se exige, así, la concurrencia de dos requisitos. Uno de tipo objetivo, que el encargo consista en un acto de comercio (una compraventa mercantil, por ejemplo). El otro de carácter subjetivo, la condición de comerciante de alguna de las partes.

En los arts. 245 a 247 CCom se recogen las dos modalidades o formas de actuación del comisionista, que tradicionalmente se califican como «clases» de comisión. El comisionista puede actuar en nombre propio o ajeno, y en cada uno de estos casos las consecuencias en la contratación con el tercero son diametralmente opuestas: la actuación en nombre propio vincula a comisionista y tercero, el cual no tendrá acción contra el comitente; mientras que la actuación en nombre del comitente vincula a éste con el tercero, que carece de acción contra el comisionista. Se repite así el esquema general de la actuación representativa *nomine alieno* o *nomine proprio*, que también se recoge en los arts. 1717 y 1725 CC. Se ha resaltado por la doctrina que la actuación «clásica» del comisionista es en nombre ajeno, habiendo surgido así en sus inicios cuando el mercader marchaba de feria en feria ofreciendo los productos de quienes le encargaban su venta. En cualquier caso, sea la actuación en nombre propio o ajeno, el mandatario/comisionista actúa siempre «en interés de» o «por cuenta» del principal, está gestionando o promoviendo derechos y negocios del principal y no propios.

### B. Obligaciones de las partes

Las obligaciones del comisionista se recogen, de forma dispersa y mezcladas con otros aspectos del régimen jurídico del contrato, entre los arts. 252 a 275 CCom. Al importante tema de las instrucciones se dedican varios preceptos. Existiendo instrucciones expresas y precisas, el comisionista debe seguirlas, quedando exento para con el comitente de toda responsabilidad si lo hace, y respondiendo de los daños que cause si procede contra las mismas (arts. 254 y 256 CCom). Si por seguir las instrucciones se contraviene alguna norma legal o reglamentaria, responden comitente y comisionista (art. 259 *in fine* CCom). En lo no previsto y prescrito expresamente por el comitente, deberá el comisionista consultarle siempre que lo permita la naturaleza del negocio.

La comisión es naturalmente retribuida, de forma que salvo que se haya pactado expresamente la gratuidad debe abonarse al comisionista el «premio de comisión» (art. 277.I CCom. El mandato, en cambio, es gratuito salvo pacto en contra, art. 1711 CC). Además del precio pactado o usual, deben satisfacerse al comisionista los gastos y desembolsos realizados por éste para el cumplimiento del encargo recibido, con el interés legal desde el día en que los hubiese hecho hasta su total reintegro (art. 278 CCom). Por último, el comitente debe proveer de fondos al comisionista, que no está obligado a actuar hasta recibir tal provisión (art. 250 CCom).

El Código de comercio establece reglas especiales para los casos de que la comisión consista en concertar una compraventa. En primer lugar se establece la llamada comúnmente «prohibición de autoentrada»: «Ningún comisionista comprará para sí ni para otro lo que se le haya mandado vender, ni venderá lo que se le haya encargado comprar, sin licencia del comitente». La regla comprende tanto la autoentrada (el comisionista se coloca como tercero comprador o vendedor) cuanto la «aplicación» de órdenes (el comisionista «casa» o «aplica» dos órdenes, una de compra y otra de venta, compatibles). La razón de la prohibición es evidente: de operar de esta manera el comisionista no estaría buscando la mejor oferta posible, sino que se limitaría a casar órdenes compatibles sin mayor esfuerzo o a ponerse él como contraparte. Por esta razón se admite por la doctrina que la prohibición no tiene sentido si las órdenes son totalmente precisas, el precio está fijado de forma oficial, o existe consentimiento del principal [véase, además, para operaciones bursátiles 0629.d)].

El art. 272 CCom se refiere a la llamada «comisión de garantía». De este precepto, y de la práctica comercial, cabe deducir que existen dos modalidades de garantía. En primer lugar, puede que el comisionista se comprometa a cumplir el encargo cometido, de modo que incluso si no encontrara contraparte se compromete a actuar él como tal. Lo que se «garantiza» en tal caso es la celebración del negocio encomendado. En cambio, otro contenido completamente diferente es que el comisionista garantice que, celebrado el negocio, será cumplido por el tercero, pues ahí lo que se «garantiza» es el cumplimiento del negocio ya celebrado (así ocurre, por mandato legal, en la comisión bursátil de compraventa, véase Lección 6, epígrafe 4.2). Pactar cualquiera de ambos contenidos es totalmente lícito, y en los dos existirá una sobreprima o un precio superior al de una comisión «normal». Existiendo comisión de garantía en el segundo de los sentidos señalados, será el pacto de las partes el que determine si el comisionista se convierte en deudor solidario, en una especie de fiador con beneficio de excusión o en responsable sujeto a otro régimen.

### C. Extinción del contrato

A la extinción del contrato de comisión dedica el Código dos preceptos, que lógicamente no excluyen la aplicación en bloque de las causas normales de extinción de los contratos (por incumplimiento, por ejemplo). La revocación de la comisión es posible en cualquier momento, poniéndolo en conocimiento del comisionista, pero quedando el comitente obligado a las resultas de las gestiones practicadas antes de haberle hecho saber la revocación (art. 279 CCom). Por supuesto, habrá que entender también que quedará vinculado frente a terceros de buena fe que contraten con el comisionista revocado. La posible revocación *ad nutum* se suele justificar sobre la base de que estamos ante un negocio basado en la confianza, de forma que por cualquier motivo podrá el principal impedir que el gestor pueda vincularle con terceros en adelante. De todas formas la jurisprudencia ha matizado la regla de la revocabilidad, declarando en algunos casos que el mandato (y la comisión) será irrevocable si existe un interés del mandatario en su realización o si responde a un negocio complejo realizado en beneficio de ambas partes.

### 3.3. Contrato de corretaje

Frente a la comisión, lo que caracteriza al corretaje es que el corredor nunca contrata con el tercero, sino que simplemente busca un tercero que cumpla con los requisitos precisados por el principal para ponerlo en contacto con éste, con el fin de que puedan llegar a un acuerdo. El corredor «promueve» contratos, pero no los celebra. La figura se muestra especialmente indicada para aquellos casos en que el principal desea conocer personalmente a la persona con quien contrata (por ejemplo, alquiler de un piso, contratación de servicio doméstico, agencia matrimonial, etc.).

El corretaje es un contrato atípico, aunque existe alguna regulación sectorial de ciertos tipos de corredores (por ejemplo, agentes de la propiedad inmobiliaria; o corredores de seguros y reaseguros). Por esta razón, muchas de las afirmaciones que se realizan sobre su régimen no dejan de ser expresión de ciertos usos del sector, pero no pueden tomarse como una regla. En este sentido, debe huirse de las reglas generales, pues será el pacto entre las partes el que modalice en mayor medida las diversas obligaciones asumidas por las partes. Contrasta con esta falta de tratamiento legal la relativamente cuantiosa jurisprudencia recaída sobre la materia, que en todo caso muestra que es una figura muy común en el tráfico de la intermediación.

Una de las cuestiones centrales del contrato la constituye cuál sea el hecho determinante del nacimiento de la obligación de pago al corredor. A tal efecto las soluciones son, básicamente, dos: este derecho nace desde el momento en que el mediador indica al principal la persona con la que entrar en negociaciones; o este derecho nace cuando, efectivamente, el principal y el tercero contratan. Cada una de las posturas tiene sus inconvenientes. La primera de ellas, porque puede que el tercero no responda a las cualidades inicialmente exigidas por el principal, por lo que el hecho de indicar a un tercero no implica un correcto cumplimento del encargo. La segunda, porque la efectiva contratación depende de muchas circunstancias independientes a que el corredor desempeñe su encargo con la mayor diligencia posible (el principal puede que no quiera contratar con alguien que, objetivamente, sea el más indicado para ello), por lo que hacer depender la retribución de algo ajeno a su actuación resultaría injusto. La mayoría de la jurisprudencia y de la doctrina han defendido la vigencia del segundo de los sistemas (véase STS 13.06.2006). A nuestro parecer, en realidad habrá que estar en primer lugar a lo expresamente pactado entre las partes y, en su defecto, a falta de legislación mercantil aplicable, a los usos del sector (art. 2 CCom, que posiblemente sean el nacimiento del derecho por la concertación del contrato). Pero no debería afirmarse como regla que el derecho a la retribución nace con la concertación del contrato, pues ninguna norma legal así lo expresa.

Ahora bien, precisamente porque la jurisprudencia ha señalado que la obligación de retribución nace por la concertación del contrato, también se ha cuidado de afirmar reiteradamente que el derecho no se pierde por la falta de cumplimiento del contrato, salvo pacto en contrario, ni tampoco en caso de desistimiento del contrato ya celebrado. Incluso corresponde el pago aun después de extinguido el corretaje si tras esta extinción el principal contrata con el tercero al que conoció gracias a la actividad del «excorredor».

## 3.4. Contrato de agencia

### A. Concepto y caracteres

El art. 1 LCAg conceptúa el contrato de agencia como aquel por el que «una persona natural o jurídica, denominada agente, se obliga frente a otra de manera continuada o estable a cambio de una remuneración, a promover actos u operaciones de comercio por cuenta ajena, o a promoverlos y concluirlos por cuenta y en nombre ajenos, como intermediario independiente, sin asumir, salvo pacto en contrario, el riesgo y ventura de tales operaciones». De este concepto legal se extraen claramente cuatro características definitorias de este contrato: la estabilidad; la remuneración; la labor de promoción o de promoción y conclusión de operaciones de comercio; y la independencia.

La estabilidad es, tradicionalmente, la característica que más claramente diferencia a la agencia del contrato de comisión. Éste supone un encargo concreto, mientras que en la agencia el intermediario se dedica de forma estable, duradera y continuada a promover o concluir operaciones de comercio por cuenta del principal. Puede ser labor de simple promoción, como la del corredor (pero estable y duradera, de modo que el tercero deba concluir el contrato personalmente con el principal); o promoción y conclusión del acuerdo, teniendo por ello poder del principal para obligarle frente a terceros.

La independencia es otra importante nota característica del contrato de agencia, por diferenciarlo del agente comercial que actúa sometido a una relación laboral. El agente es un empresario independiente, titular de su propia organización empresarial, y presta sus servicios profesionales al principal a cambio de un precio. Lógicamente, la independencia no evita que el agente deba actuar sometido a las órdenes del empresario en cuanto a las características de los contratos que por su cuenta debe promover o concluir. La independencia más bien se muestra, entre otras cosas, en que el agente puede organizar su actividad profesional y el tiempo dedicado a la misma conforme a sus propios criterios (art. 2.II LCAg, que presume que en tales casos existe independencia). Esta nota de la independencia ha resultado conflictiva porque, en más de una ocasión, un empresario puede considerar más beneficioso contratar a un representante comercial como agente en vez de hacerlo bajo la relación laboral especial de agente comercial (RD 1438/1985). Se evita de esta manera asumir obligaciones de pago y cotización a la Seguridad Social y la obtención por el trabajador de los diversos derechos irrenunciables que confiere una relación laboral en cuanto a normas de despido, régimen de subsidios, permisos, horarios mínimos, etc. Para evitar esa conducta abusiva del principal la jurisprudencia laboral ha establecido una serie de criterios, precisamente relacionados con la independencia, por los que considera que en ciertos supuestos existe una relación laboral con el agente, aunque se haya revestido externamente bajo la apariencia de una relación mercantil.

> La jurisprudencia ha considerado que aunque el contrato celebrado sea calificado nominalmente como de «agencia mercantil», si el comercial no tenía medios propios y estaba sometido a las órdenes del empresario deberá ser tratado como un empleado laboral sujeto al RD 1438/1985 [entre otras, SsTS 03.10.1994 y (Sala 6ª) 02.07.1996 y SsTSJ (Sala de lo Social) Castilla y León, Burgos 03.03.1999, Murcia 30.09.2002, País Vasco 07.07.2009, o Cataluña 05.03.2010].

El contrato de agencia está regulado por la Ley 12/1992, de 27 de mayo, de régimen jurídico del contrato de agencia. Esta Ley realiza una transposición de la Directiva 86/653/CEE, de 18 de diciembre de 1986. Los preceptos de la Ley de Agencia son imperativos, salvo que en ellos se disponga expresamente otra cosa (art. 3.I LCAg). Se pone así de manifiesto un cierto carácter tuitivo del agente, al que, pese a ser un empresario independiente, se le presupone en una cierta relación de inferioridad o de menor poder de negociación frente al empresario.

## B. *Obligaciones de los contratantes*

La Ley regula con un cierto detalle bastantes aspectos de las obligaciones del agente. De entre ellos, cabe destacar los siguientes. El agente debe comunicar al empresario toda la información de la que disponga precisa para la buena gestión de lo encomendado, y, en particular, la relativa a la solvencia de los terceros con los que existan operaciones pendientes de conclusión o ejecución (art. 9.2.b LCAg). En el desarrollo de su actividad debe seguir las instrucciones razonables recibidas del empresario, siempre que no afecten a su independencia (art. 9.2.c LCAg). El agente debe recibir en nombre del empresario cualquier clase de reclamaciones de terceros sobre defectos o vicios de calidad o cantidad de los bienes vendidos y de los servicios prestados como consecuencia de las operaciones promovidas, aunque no las hubiera concluido (art. 9.2.d LCAg. Esto no implica, por supuesto, que el agente «responda» en caso de defectos, pues lo único que hace es trasladar la reclamación a su principal, que es, él sí, el responsable. De todas formas, es muy común en ciertos sectores que el agente asuma mediante pacto una obligación añadida a las propias de su contrato, consistente en prestar el servicio de asistencia técnica y de garantía de los productos del principal, véase, por ejemplo, STS 09.02.2006).

> Hay que destacar que, junto a las obligaciones propias del contrato de agencia es común que el agente asuma otras accesorias, como la gestión de cobros del principal, almacenamiento de mercancías, la ya aludida de prestación de un servicio de asistencia y/o reparación, etc. En tales casos constituyen prestaciones independientes de contratos que se añaden al de agencia, y cuya retribución es específica.

El art. 7 LCAg regula lo relativo a la posibilidad de que el agente actúe para otros empresarios y realice competencia a su principal. En el primer aspecto, se establece que, salvo pacto en contrario, aquél puede desarrollar su actividad profesional por cuenta de varios empresarios, pero necesitará el consentimiento del empresario con quien haya celebrado un contrato de agencia para ejercer por su propia cuenta o por cuenta de otro empresario una actividad profesional relacionada con bienes o servicios que sean de igual o análoga naturaleza y concurrentes o competitivos con aquéllos cuya contratación se hubiera obligado a promover. Por lo tanto, la regla en realidad es la de que no puede competir en la misma actividad que la del principal, salvo autorización de éste. Esta obligación de no competir, salvo autorización, se puede mantener incluso para después de la terminación del contrato, con una serie de límites (art. 20 LCAg).

De entre las obligaciones del principal cabe destacar el importante tema de la remuneración, al que dedica la Ley toda una Sección del Capítulo II. La remuneración puede consistir en una cantidad fija, en una comisión o en una combinación de ambos sistemas (art. 11.1 LCAg). La Ley expresamente establece que el agente no tiene derecho al reembolso de los gastos que le hubiera originado el ejercicio de su actividad profesional, salvo pacto en contrario (art. 18 LCAg). En todo caso, el derecho a la comisión sólo se consolida si el tercero con el que se celebró el contrato cumple con sus obligaciones (así se muestra de una combinación de los arts. 14 y 17 LCAg).

## C. Extinción del contrato de agencia

La Ley de Agencia establece en sus arts. 23 a 27 las causas de extinción del contrato, distinguiéndose claramente los supuestos de extinción «normal» y de extinción «patológica». La extinción «normal» provendrá del cumplimiento del término pactado en el contrato, del mutuo disenso o de la denuncia del negocio si no se pactó tiempo determinado de duración. De entre las causas «patológicas» de extinción (incumplimiento de la contraparte, fallecimiento del agente, etc., arts. 26 y 27), destaca la denuncia del contrato pactado por tiempo indefinido. Se trata del reconocimiento legal de la posibilidad de denuncia en los contratos duraderos pactados sin duración determinada, con el fin de evitar la idea de que ello pueda suponer una vinculación perpetua. La Ley de Agencia establece que debe preavisarse por escrito, fijándose un plazo mínimo para tal preaviso en el art. 25.

Una de las razones fundamentales del surgimiento de la Directiva 86/653/CEE fue la de regular el tema de las indemnizaciones a las que tiene derecho el agente en caso de terminación del contrato. La Ley fija dos indemnizaciones independientes, que son compatibles entre sí y también con otras indemnizaciones que puedan corresponder, estando la segunda de ellas restringida a la extinción por denuncia del empresario. La acción para reclamar cualquiera de ellas prescribe al año a contar desde la extinción del contrato (art. 31 LCAg).

a) La llamada «indemnización por clientela». Procede en casi todos los casos, y supone una compensación o una indemnización por la clientela lograda, que en principio continuará adquiriendo bienes al principal. La cuantía se fijará en función de la duración del contrato, y del aumento de clientes o de volumen de contratación logrado por el agente (véase art. 28.1 LCAg), pero con un límite: la media anual de las comisiones de los últimos cinco años (calculada sobre lo pagado al agente, y no sobre el beneficio neto obtenido por éste, STS 03.06.2015).

b) La indemnización de daños y perjuicios, sólo puede proceder en los casos de denuncia unilateral del contrato pactado por tiempo indefinido realizada por el empresario, y cubre «los daños y perjuicios que, en su caso, la extinción anticipada haya causado al agente, siempre que la misma no permita la amortización de los gastos que el agente, instruido por el empresario, haya realizado para la ejecución del contrato» (art. 29 LCAg).

## D. Contrato de agencia y Derecho de la distribución

En la mayoría de los supuestos, el agente actúa económicamente como un «distribuidor» del principal, esto es, como una persona que logra colocar sus productos en la zona territorial normalmente asignada. Jurídicamente, sin embargo, la figura del distribuidor suele reservarse a los empresarios que arriesgan ellos mismos su local y capital, y gestionan su propio interés (véase epígrafe 4 de esta Lección); el agente no actúa por cuenta propia, sino por cuenta ajena, gestionando el interés del principal (aunque tenga cierta independencia).

En relación con ello, está claro que, en principio, la normativa comunitaria sobre exención por categoría para los acuerdos de distribución vertical (véase epígrafe 4.3. de esta Lección) no es aplicable a la comercialización mediante agentes. En estos casos tal agente es un intermediario contratado por el principal, de forma que éste puede imponerle instrucciones muy concretas sobre aspectos diversos (por ejemplo, en cuanto a aprovisionamiento sólo con los proveedores por aquél designados, o al precio a poner al producto) que no resultarían admisibles en la concesión o franquicia. Este es el criterio seguido tanto por el Tribunal de Justicia de las Comunidades Europeas (SsTJ-CE de 16.12.75 y 01.10.87) como por nuestro Tribunal de Defensa de la Competencia (Resolución 25.06.90). En esta situación, uno de los problemas que se plantean es que pueden encubrirse verdaderos acuerdos de distribución vertical como simples contratos de agencia, buscando así escapar de la aplicación de los Reglamentos comunitarios de exención por categoría. Por eso es muy importante estudiar a fondo el conjunto de cláusulas del acuerdo para determinar si, aunque denominado como agencia, nos hallamos ante verdaderos contratos de concesión, franquicia o distribución.

## 4. Contratos de distribución

### 4.1. Modalidades de distribución

Existe toda una serie de contratos cuya finalidad es la distribución de los bienes o servicios de un fabricante por toda una zona territorial. Esa distribución puede lograrse de muy diversas formas y bajo muy diversas vestiduras jurídicas. En efecto, puede que el distribuidor:

a) sea una persona sujeta mediante contrato de trabajo, un empleado, a las órdenes del empresario;

b) sea un agente, que actúa bajo el régimen del contrato de agencia, epígrafe anterior;

c) sea un simple comprador de bienes, que luego se dedica a revenderlos bajo su cuenta y riesgo (comprador-revendedor, Lección 2, epígrafe 1);

d) sea un empresario independiente que dedica su establecimiento y su trabajo para la colocación del producto o servicio, bajo los signos distintivos del fabricante y con una presentación uniforme del producto o servicio, supuesto normalmente denominado contrato de concesión o de franquicia.

En todos estos casos hay distribución en sentido material o económico (los bienes llegan al consumidor), pero jurídicamente de todos estos contratos los únicos que tienen alguna especialidad respecto de lo ya estudiado (esto es, que no son contratos laborales, agencias o compraventas) son los del grupo d). A estos dedicaremos este epígrafe.

La anterior enumeración es puramente orientativa, porque de hecho cada vez surgen nuevas formas de operativa en este negocio. Una de ellas es la llamada *dropshiping*, consistente en que un empresario oferta en su página web productos de ciertos fabricantes y, cuando algún cliente hace un pedido, compra ese producto al fabricante para vendérselo al cliente. Como se aprecia, el titular de la web no precisa de tienda física ni almacén alguno, y no asume ningún riesgo (no compra productos para luego intentarlos vender); simplemente, ha llegado a acuerdos con los fabricantes o mayoristas para operar de esta manera, y además los fabricantes o mayoristas se obligan con él a enviar el producto al cliente, directamente, incluso a menudo con los «logos» del titular de la web. El fabricante logra que alguien publicite su mercancía y fidelice a los clientes, y el empresario de *dropshiping* no asume riesgo y logrará ventas si organiza bien su web y si los fabricantes realizan bien su cometido (entregas puntuales, etc.). Esta técnica de distribución participa de elementos de la compraventa y de la intermediación, sin constituir en puridad ninguna de estas figuras, y es una muestra de las posibilidades que abre la moderna operativa a través de webs y de plataformas.

## 4.2. Contratos de concesión y franquicia. Contrato de distribución selectiva

La doctrina suele denominar con los nombres de concesión y franquicia una serie de negocios que tienen en común la colaboración entre dos empresarios: uno que aporta un producto o una marca ya comercializada e introducida en el mercado (concedente, franquiciador); y otro que aporta su establecimiento y su trabajo para colocar ese producto o explotar esa marca en una serie de condiciones fijadas (concesionario, franquiciado). Remarcando las diferencias entre este contrato y el de agencia, en el que el agente actúa por cuenta ajena, véase STS 17.05.1999.

> Las modalidades son innumerables. Puede que el franquiciado venda los productos de que le abastece el franquiciador bajo su marca (franquicia de distribución. Así operan, por ejemplo, muchas cadenas de alimentación y de venta de ropa); que fabrique los bienes bajo las fórmulas, indicaciones y control del franquiciador (franquicia industrial, por ejemplo, los em-

presarios que tienen licenciada la fabricación de Coca-Cola en cada país); o que preste un servicio de distinto tipo según los parámetros ya conocidos en el mercado del franquiciador (franquicia de servicios. Supuesto paradigmático son las cadenas de comida rápida –tipo pizzerías, o hamburgueserías–, las cadenas de hoteles o las cadenas de alquiler de vehículos).

Aunque inicialmente era el franquiciado el que realizaba toda la inversión para la implantación del local, es muy común que ahora el propio franquiciador participe en parte de esa inversión con el franquiciado local, para así abaratar los costes de éste. Por otra parte, en muchos casos la distribución de los bienes la realiza el fabricante tanto a través de tiendas propias como de tiendas de franquiciados, si bien externamente el consumidor no puede distinguir si esa tienda es un local más del fabricante o una franquicia.

En todas las modalidades hay en común una colaboración entre el concedente, que ya tiene una reputación adquirida en el mercado de bienes o servicios, y el concesionario que acerca esos bienes o servicios al público. Igualmente, una característica importante de estos contratos es que el concesionario corre con los riesgos de la operación: él pone el local, paga al personal de atención al público, etc. El concesionario no actúa por cuenta del concedente, sino por cuenta propia, en su propio beneficio. Si el negocio no resulta rentable, la principal pérdida será para el concesionario, que no rentabilizará su inversión. Sin embargo, pese a tratarse de empresarios independientes, el concesionario debe observar en su actividad una serie de reglas que aseguran la «uniformidad» del servicio ofrecido por todos los concesionarios.

Al concedente le resulta esto más provechoso que instalar sucursales en países o zonas extrañas, de forma que explota al máximo su producto en toda una zona sin desembolso alguno y cobrando una serie de cánones. Al concesionario le aporta el buen nombre del producto o servicio que le asegura una clientela estable y una publicidad generalizada, con lo que corre pocos riesgos y se aprovecha de la tecnología, marketing y publicidad del concedente. De esta forma es como se logra una distribución de los productos en zonas amplias sin costes excesivos para las partes. De hecho, el riesgo y el coste financiero lo asume el concesionario, pero con la seguridad de la rentabilidad que le procura el buen nombre del concedente. Otra ventaja de este contrato es que el concesionario conocerá mejor su zona de actuación, y podrá adecuar su servicio o su labor de venta a las características de esa zona.

Las cláusulas existentes en estos contratos son muy variadas, y dependen además de cada modalidad. Normalmente se realiza un pacto de exclusiva a favor tanto de concedente como de concesionario (de este forma el concedente reparte el territorio de venta entre concesionarios en exclusiva). El producto o servicio prestado por el concesionario debe ser igual a los de cualquier otro concesionario, y por eso existen toda una serie de instrucciones acerca de cómo debe ser ese producto o servicio (instrucciones precisas para uniformizar el servicio, pero que chocan contra la libre competencia, por constituir acuerdos colusorios, véase más adelante epígrafe 4.4).

El concesionario normalmente realiza pagos por tres conceptos: un canon de entrada; un porcentaje de las ventas realizadas (normalmente decreciente conforme sube el volumen de ventas); y una participación en la publicidad que realiza el franquiciador de los productos o/y servicios ofrecidos. Lógicamente, además deben pagarse las cantidades por los productos o servicios que se adquieren al franquiciador (que a menudo aprovisiona en exclusiva al franquiciado, o le obliga a aprovisionarse sólo de ciertos empresarios), así como los costes del acondicionamiento del local y de mantenimiento de la actividad (personal, etc.).

Cuando el concesionario lo que hace es fabricar los productos creados o patentados por el concedente (lo que se suele denominar concesión o franquicia industrial, y que algunos autores es lo que exclusivamente conceptúan como contrato de franquicia) existen una serie de cláusulas específicas. En efecto, el franquiciador normalmente estará obligado a prestar asistencia técnica al franquiciado, a fin de lograr que la fabricación de éste sea la óptima y acorde con las características del producto: ello conlleva obligaciones de asistencia técnica, de formación de personal, de provisión de tecnología, asesoramiento sobre las instalaciones y maquinaria, etc. A ello hay que sumar además que el franquiciador, que normalmente habrá patentado el producto y registrado la marca con que se comercializa, debe permitir el uso de esas patente y marca por medio de un contrato de licencia o de cesión (contrato de transferencia de tecnología, véase Lección 2, epígrafe 2).

Como una modalidad más, con tintes específicos, dentro de los contratos de distribución debe citarse a la distribución selectiva (también llamada autorizada u oficial), contrato por el que un fabricante se obliga a vender sus productos únicamente a los vendedores que, sobre la base de criterios técnicos y/o cualitativos, han sido por él seleccionados y éstos se obligan a revenderlos en sus establecimientos en régimen de no exclusiva respetando las pautas marcadas por aquél, a prestar, en su caso, asistencia técnica a los consumidores y a no vender los productos contractuales a revendedores no autorizados.

Este sistema se emplea por regla general para la distribución de productos de alta tecnología, que requiere preparación técnica del personal para asesorar a los clientes en la venta (manejo) y prestar asistencia técnica posventa (reparación y mantenimiento) lo cual adquiere especial importancia en el sector informático –distribución de *hardware* y *software*– y para la distribución de productos cosméticos de lujo.

Una de las cuestiones más discutidas en la doctrina y la jurisprudencia ha sido la aplicación del régimen de indemnización por clientela de la LCAg (véase en esta Lección epígrafe 3.4.D) a los contratos de distribución. La inexistencia de una regulación legal de la materia deja esta cuestión en manos de los tribunales. Frente a una primera postura negativa, el TS ha acabado reconociendo normalmente un derecho a indemnización al distribuidor, aplicando por analogía el art. 28 LCAg (véanse, entre otras, SsTS 12.06.1999, 24.10.2008, 16.03.2016, o 19.12.2018), si bien con matices y con declaraciones no siempre coincidentes.

### 4.3. Contratos de distribución y derecho de competencia

Los contratos de concesión y franquicia plantean un problema fundamental, y es que suponen una contravención del principio de libre competencia. En efecto, al depender los concesionarios en su actuación de las órdenes del concedente, ni son libres en cuanto al desempeño de su actividad ni compiten abiertamente entre sí; se trata, así, de acuerdos colusorios. Este problema ha motivado que en el Derecho comunitario desde el año 1999 exista un régimen que establece en qué condiciones y con qué requisitos estos acuerdos colusorios están exentos de la prohibición (o, por decirlo de otra manera, están permitidos). La norma actualmente vigente es el Reglamento comunitario nº 720/2022, de 20 abril, relativo a la aplicación del art. 101.3 del Tratado de Funcionamiento de la UE a determinadas categorías de acuerdos verticales y prácticas concertadas. Esta norma parte de una valoración positiva de los contratos de concesión y franquicia, pero reconoce que suponen una restricción de la competencia debido a las cláusulas de exclusiva y a la sujeción a las órdenes del franquiciado. Por ello el Reglamento impone una serie de límites a esa exclusividad y determina qué tipo de acuerdos se eximen de la prohibición porque, aunque suponen una restricción de la competencia, producen unos efectos beneficiosos proporcionalmente mayores.

> Así, y entre otras reglas, para la exención se exige que la cuota de mercado del proveedor (franquiciador o concedente) no supere el 30 % del mercado de referencia de venta de productos, y que la cuota de mercado del comprador no supere el 30 % del mercado de referencia en el que compra los servicios o bienes contractuales. El Reglamento establece que las partes no pueden pactar los precios de reventa del producto o servicio si bien sí puede existir una recomendación, o fijarse unos precios

de venta máximos. Si de hecho los precios máximos o recomendados no permiten la libertad real del distribuidor para fijar un precio distinto, el contrato sería nulo (SsTS 18.02.2015 y 06.11.2024, que reiteran un criterio consolidado en la jurisprudencia comunitaria y española). También se puede pactar en el contrato que el franquiciado no busque activamente clientes fuera del territorio asignado, con ciertos matices; en cambio no se puede pactar la prohibición de vender a clientes de fuera de esa zona cuando acuden por su propia iniciativa (de los clientes).

## 5. Contratos de servicios informáticos

### 5.1. Contratos de asesoramiento, asistencia técnica, *escrow* y *back-up*

En los contratos de licencia de programas de ordenador el titular de los derechos de explotación de un programa de ordenador permite el uso de dicho programa a los licenciatarios. A veces, el programa se *customiza* para adecuarlo a características específicas de la empresa cuya gestión va a realizar. Para lograr la plena operatividad de esta licencia normalmente se pactan otros tipos de contratos, bien como negocios independientes, bien como prestaciones o cláusulas añadidas dentro del contrato principal de licencia.

El asesoramiento o consultoría consiste en la disponibilidad del licenciante para resolver los problemas de instalación y, sobre todo, de funcionamiento del *software*. Es preciso, fundamentalmente, al inicio del uso del programa, cuando el usuario aún no está habituado a él y se halla descubriendo sus posibilidades. No se trata de un «mantenimiento» del programa, sino de la resolución de dudas acerca de su funcionamiento. La formación de personal resulta, también, fundamental para poner en marcha un programa relativamente complejo en una empresa. Los técnicos del licenciante acuden a la empresa para enseñar el funcionamiento del programa, o bien los que van a manipularlo siguen los cursos que aquéllos imparten en un sitio determinado. El contrato de mantenimiento puede pactarse respecto de cualquier tipo de licencias, sobre *software* complejos o sencillos, pudiendo también referirse al *hardware*. Se trata bien de la corrección de los posibles errores del programa como, fundamentalmente, de la instalación de las sucesivas versiones actualizadoras del mismo o de las mejoras que se vayan incorporando al programa.

De mayor especificidad respecto de los anteriores es el comúnmente llamado «contrato de *escrow*». Consiste en la entrega por parte del proveedor de una copia del código fuente a un tercero, que puede ser un fedatario público o, más comúnmente, una empresa especializada en este tipo de «depósitos» (empresas de *outsou-*

*rcing*, empresas de seguridad). Ese tercero conserva la copia, a la que podrá acceder el licenciatario en ciertos casos concretos, normalmente: concurso o liquidación del licenciante; cambio en la titularidad o en la actividad del licenciante; incumplimiento por el licenciante de las obligaciones pactadas (por ejemplo, en materia de actualización del *software*). De esta forma, lo que se busca es que el licenciante no sea el único poseedor del código fuente, con la posición dominante que ello supone, y también evitar que en casos de desaparición o concurso de aquél existieran problemas para la obtención de otra copia.

En cuanto al contrato de *back-up*, consiste en un acuerdo por el que se deposita en un centro informático especializado una copia del sistema informático del cliente, copia que se mantiene continuamente actualizada (cada cierto tiempo, que puede ser un día o una semana, se hace una copia actualizada de forma automática por el programa informático que a este efecto se instala en los ordenadores del cliente). De esa manera se dispone de un «sistema informático paralelo», al que poder acceder en el supuesto de desastre informático, incendio de la empresa, etc. Lógicamente, la empresa que presta el servicio debe mantener en secreto los programas que en ella se depositan y sus actualizaciones.

## 5.2. Contratos relativos a páginas web

Aunque resulte un lugar común afirmar que Internet ha supuesto una revolución en muchos aspectos de nuestra vida y del ámbito jurídico, no deja de ser cierto. El «sector ocio», que hace unas décadas suponía una cuota de la actividad empresarial realmente mínima, hoy en día abarca un amplio elenco de actividades y de contratos, e Internet ha acrecentado aún más esta proporción, al permitir «navegar» en búsqueda de música, productos audiovisuales o simplemente comunicación. Unido a ello, la inmensa mayoría de las empresas busca publicitar su actividad y sus productos a través de ese escaparate mundial que es la red de redes. Todo ello ha ocasionado que las prestaciones relacionadas con la comunicación a través de páginas web sean tan demandadas tanto por particulares (que «cuelgan» sus «blogs», expresan pensamientos o reflejan actuaciones) como por empresas (que publicitan sus productos). Además la existencia de páginas web ha dado lugar también a la aparición de nuevas técnicas publicitarias, como los *banners*, y a novedosas técnicas promocionales, lo cual supone la aparición de otros problemas jurídicos.

El contrato de «creación de página web» se concierta entre el cliente, empresario o un simple particular, y una empresa especializada en creaciones informáticas. Como prestaciones fundamentales de las partes y problemas que pueden surgir cabe destacar los siguientes. En primer lugar, a menudo el cliente suministra a la empresa los contenidos que quiere que aparezcan en la página, tanto textos como fotografías o música, y una idea, precisa o imprecisa, de cómo organizar esos contenidos, así como del público al que se dirige la página. El cliente responde de la autoría de la propiedad intelectual de los contenidos suministrados o, en su caso, de tener los derechos de explotación, incluyéndose normalmente en el contrato una exoneración de la empresa informática respecto de estas cuestiones. La empresa informática suele realizar un estudio y proponer varias posibilidades, y a partir de unas primeras decisiones del cliente va perfeccionando y ultimando la presentación final de la página. El cliente es quien tiene que dar el visto bueno a la propuesta definitiva. Además, suele realizarse una «prueba de visualización», para comprobar el resultado final, el funcionamiento de los enlaces, la interactividad, etc.

Cuestión especialmente relevante es la titularidad de los derechos de explotación de la propiedad intelectual (la página web es una creación que origina propiedad intelectual). En principio cabe afirmar que el derecho moral de autor de la página corresponde a la empresa diseñadora, pues aunque el cliente le ha suministrado materiales, quien los «coloca» y presenta de forma atractiva es aquélla. Desde luego puede pasar lo contrario, que el cliente ya aporte una idea acabada y definitiva, o bien una situación intermedia, de verdadera colaboración entre ambos sujetos en el diseño y definición de la página, en cuyo caso la autoría intelectual correspondería a ambos partes como «obra en colaboración». Fuera de este caso, y presuponiendo que el derecho moral de creador corresponderá normalmente a la empresa de informática, es crucial determinar a quién se atribuyen los derechos de explotación. A falta de pacto expreso la Ley de Propiedad Intelectual no resuelve el tema, y por eso lo mejor es precisarlo en el contrato. Lo más común y adecuado, a nuestro parecer, será atribuir tales derechos al cliente, que es quien ha pagado por la creación y quien tiene interés en difundirla y, en su caso, explotarla comercialmente, así como en transformarla o suprimirla. De esta forma, además, se evita el uso de la empresa de informática, que podría dar lugar incluso a actos de competencia desleal. Cuando se ha celebrado un contrato de «creación publicitaria», el art. 21.2 LGP establece precisamente esto, que los derechos de explotación de las creaciones publicitarias se presumirán, salvo pacto en contrario, cedidos en exclusiva al anunciante o agencia.

Cuestión distinta a la atinente a las obligaciones de las partes es la relativa a la responsabilidad por los «enlaces» o *links* incluidos en la página. Es el cliente quien establece qué enlaces desea realizar, y no está claro en nuestro Derecho si la realización del enlace a una página ajena es un acto lícito. En principio parece que sí, dado que las páginas web son públicas, justamente se cuelgan para ser visitadas, y por lo tanto incluso el enlace supone un favorecimiento al titular de la página para ser «encontrado». Pero partiendo de esta regla, también es cierto que a veces los enlaces pueden suponer una cierta competencia desleal, o un aprovechamiento de la reputación ajena, si con ellos el sujeto busca prestigiar su propia página con el mérito de las páginas a las que dirige. Ante la incertidumbre lo más conveniente es pedir un permiso por escrito a la entidad a la que se va a hacer el enlace.

Creada la página, lógicamente el cliente tiene que «colgarla» en la red, hacerla accesible a los internautas, y para ello debe contratar la prestación de este servicio con alguna de las empresas que proveen servicios de Internet (los proveedores de acceso, o prestadores de servicios de alojamiento o almacenamiento de datos, a los que hicimos referencia en la Lección 1, epígrafe 2.3.A). Este alojamiento puede revestir varias modalidades, siendo dos las más comunes. En la modalidad comúnmente denominada *hosting* el prestador de servicios proporciona un determinado espacio en el disco, y el titular de la web simplemente transfiere sus ficheros. En cambio en la modalidad de *housing* el cliente compra y configura la máquina, que utiliza como servidor propio, y la empresa de alojamiento se limita a proporcionar el espacio físico y el ancho de banda pactado. De esta forma el cliente tiene mayor libertad y, también, mayor seguridad para el control y modificación de su página web. La prestadora de servicios de alojamiento debe cumplir las garantías de disponibilidad de la página en la web, de velocidad y de seguridad.

## 6. Contrato de transporte terrestre de mercancías

### 6.1. Concepto y normas reguladoras

Mediante el contrato de transporte el porteador desplaza físicamente una mercancía, realizando así una prestación de «hacer» o de servicios. Hasta hace poco el contrato se regulaba por partida doble en ambos Códigos, pero la Ley de 11 de noviembre de 2009, del contrato de transporte terrestre de mercancías (en adelante LCTTM) sustituye esta regulación por una única, que ya no distingue transporte civil y mercantil.

A partir de ahora nos referiremos al transporte de mercancías por carretera. En los casos en que dicho transporte sea internacional rige, normalmente, un Tratado internacional, el Convenio de Ginebra de 16 de mayo de 1956 (el llamado *Convenio CMR*), ratificado por España en 1973. El régimen del transporte de mercancías por mar se recoge en la Ley de Navegación Marítima de 2014 y en numerosos Convenios Internacionales. El transporte de mercancías por aire está regulado en la Ley de Navegación Aérea, de 1960, siendo también relevante la Ley de Seguridad Aérea de 7 julio 2003. El transporte de viajeros está muy regulado administrativamente, dado el valor esencial del sujeto transportado, y las reglas que lo rigen son sustancialmente distintas del transporte de mercancías por las propias diferencias existentes entre la persona y cualquier bien.

> A menudo un transporte único tiene trayectos mixtos, por carretera y marítimo por ejemplo, y en tales casos se habla de «transporte multi-modal». Cada tipo de trayecto se rige por su regulación, pero se plantea el problema de qué norma aplicar cuando no se conoce en qué tramo del trayecto ha ocurrido la avería de la mercancía. Véanse SsTS 26.05.2011 y 28.09.2020.

Debe destacarse que cuando los litigios relativos al transporte no excedan de 15.000 euros, y ninguna de las partes intervinientes en el contrato hubiera manifestado expresamente a la otra su voluntad en contra antes del momento en que se inicie o debiera haberse iniciado la realización del servicio o actividad contratado, conocerán de los mismos las Juntas Arbitrales de Transporte (arts. 37 a 39 LOTT), que son órganos administrativos. Se trata de un verdadero «arbitraje», que sustituye así al proceso judicial, y el laudo dictado no puede ser impugnado por cuestiones de fondo.

## 6.2. Elementos personales y formales

En el contrato de transporte intervienen tres sujetos o posiciones jurídicas claramente diferenciadas: el cargador o remitente, que es quien contrata el envío de los bienes; el porteador o transportista, que es quien lleva a cabo la labor de transporte; y el destinatario o consignatario, que es aquél a quien se envían las mercancías (puede ser el propio cargador o un tercero). La condición de «porteador» está muy regulada administrativamente, debido a la unificación de estas reglas en todo el Derecho comunitario. Los requisitos para ser porteador se recogen en los arts. 42-46 y ss. LOTT: nacionalidad española o comunitaria, capacitación profesional, capacidad económica y honorabilidad. Estos requisitos se exigen del «porteador» jurídico, del empresario que actúa como transportista, que puede ser una persona jurídica o física (porteador autónomo). El simple «chófer» de una empresa de transportes, contratado laboralmente por ésta, no es un porteador en sentido jurídico.

> En el supuesto de que el viaje se realice por varios porteadores que actúan conjuntamente en un contrato único, documentado en una sola carta de porte, en caso de reclamación por avería o retraso el cargador o destinatario podrá dirigirse contra el primer porteador, contra el último o contra el que haya ejecutado la parte del transporte en cuyo curso se ha producido el hecho en que se fundamenta la acción (art. 65 LCTTM).

El porteador que pague en virtud de esta reclamación tiene derecho de repetición frente a los otros, conforme a las reglas del art. 66 LCTTM.

Supuesto distinto al anterior es el del subtransporte. A menudo el porteador que se obliga a realizar el transporte no puede hacerlo con sus propios medios, y subcontrata la realización efectiva de la prestación con otro porteador. En tales casos, no existe relación alguna entre el cargador principal y el subporteador (que no han contratado entre sí), y será el porteador quien responderá frente al cargados si el subporteador realiza mal su prestación (véase art. 6 LCTTM).

En la actualidad, además de estas partes contractuales existe toda una serie de empresas auxiliares del transporte que realizan diversas prestaciones accesorias de las del transporte, pero totalmente necesarias para la efectividad de los contratos. Están reguladas en la Ley de Ordenación del Transporte Terrestre. Las agencias de transportes intervienen en la contratación del transporte público por carretera, realizando actividades de gestión, información, oferta y organización del transporte, mediando entre cargadores y porteadores. Los transitarios son intermediarios u organizadores de las operaciones de transporte internacional por cualquier medio, ofertan servicios de transporte y gestionan seguros, documentación aduanera, etc. Por último, los almacenistas-distribuidores reciben mercancías en depósito para operaciones de recogida y distribución. Para centralizar las operaciones de carga y descarga, y la situación física de las empresas auxiliares, es común establecer los llamados por la Ley «Centros de Información y Distribución de cargas». Son organismos de información ubicados en los grandes núcleos urbanos de las Comunidades Autónomas para canalizar la oferta de servicios de transporte, actuando como punto de encuentro de cargadores y porteadores. En la economía actual del transporte internacional, además, se están desarrollando diversas plataformas digitales que facilitan la realización de las operaciones de transporte. En esas webs cargadores, porteadores, almacenistas, transitarios, agentes aduaneros, etc., ofrecen sus servicios para poder realizar numerosos trámites y negocios mediante técnicas digitales a distancia y con documentación electrónica, lo cual agiliza mucho las operaciones.

La doctrina mayoritaria considera que el contrato de transporte no es formal. Los arts. 10 y ss. LCTTM contemplan la existencia de un documento denominado carta de porte, pero no se exige como elemento esencial del contrato. De hecho la carta de porte no se suele expedir normalmente en la práctica comercial del transporte nacional. En caso de emitirse, es un documento probatorio del contrato. La doctrina discrepa acerca de si constituye un «título de tradición», siendo actualmente mayoritaria la postura negativa. En el ámbito internacional sí se emite documentación, en muchos casos en formato electrónico, pero tampoco en este caso como un requisito constitutivo del contrato.

## 6.3. Derechos y obligaciones de las partes

### A. *En particular, responsabilidad por la carga*

La parte fundamental de la regulación legal del contrato es la relativa a la responsabilidad por la carga: quién responde si la carga llega en mal estado, o con retraso. En principio, el cargador responde de los daños que la mercancía sufra en el transporte y por los retrasos producidos por culpa del cargador/destinatario, por una instrucción de éstos no motivada por una acción negligente del porteador, por vicio propio de la mercancía, o por circunstancias que el porteador no pudo evitar y cuyas consecuencias no pudo impedir (esto es, caso fortuito o fuerza mayor) (art. 48 LCTTM). Ahora bien, quien debe probar que los daños se debieron a tales circunstancias es el transportista. Dicho de otra forma, el porteador responde salvo que demuestre que el retraso o avería se debieron a las circunstancias señaladas (arts. 47-48 LCTTM). Esto, de hecho, le perjudica notablemente. Pòr estas razones, el porteador tiene derecho a examinar los bultos, y a hacer constar sus objeciones si considera que las mercancías ya están averiadas o mal acondicionadas (arts. 25-27 LCTTM).

> En ningún caso exonera al porteador los defectos de los vehículos empleados para el transporte (un fallo mecánico del camión no es caso fortuito, art. 48 LCTTM). En la mayoría de los supuestos no es posible determinar, de forma apriorística, qué circunstancias son o no culpables, imputables al porteador. Por ejemplo, el robo de la mercancía será negligencia suya si dejó el camión abierto en una vía peligrosa, posiblemente no lo será si lo dejó cerrado en el aparcamiento acondicionado de un hotel; etc. (véanse SSTS 20.12.1985 y 10.07.2015).

El importe de la indemnización por averías será la pérdida de valor que experimenten las mercancías; cuando la pérdida de las mercancías es total (porque se han destruido todas, o porque las que quedan no puedan ser usadas sin las no entregadas, art. 54 LCTTM) será el valor de mercado de las mercancías (art. 55 LCTTM). El importe de la indemnización en caso de retraso será el perjuicio que se pruebe que ha ocasionado dicho retraso (art. 56 LCTTM). Debido al rigor de este régimen, tradicionalmente la responsabilidad del porteador (terrestre, marítimo y aéreo) se ha limitado a una cuantía, de forma que si responde lo hace con un límite cuantitativo. En nuestro caso, el límite es (art. 57 LCTTM): para los supuestos de avería, un tercio del Indicador Público de Renta de Efectos Múltiples/día por kilo de peso bruto de mercancía perdida o averiada (o sea, para el año 2025, 6,66 € por kilo de mercancía); para los supuestos de retraso, el precio del transporte.

> El límite no opera si la avería o retraso fue por dolo del porteador o por una infracción consciente y voluntaria del deber jurídico asumido (art. 62 LCTTM. Véase STS 09.07.2015 y, para un supuesto de transporte internacional en camión frigorífico, STS 04.07.2016). Cargador y porteador pueden acordar que en casos de avería o retraso se pague una cantidad superior a ese límite, pero eso supondrá un incremento del precio del transporte (art. 61 LCTTM. Sobre la aplicación de este precepto véase STS 12.02.2020).

### B. Otros derechos y obligaciones de las partes

El porteador debe poner el vehículo idóneo para el transporte en el lugar y tiempo pactados. La carga y descarga, así como la estiba y desestiba, corresponden en principio, respectivamente, al cargador y al destinatario; pero estas operaciones pueden asumirse por el porteador (art. 20 LCTTM. A menudo es el que realiza la estiba y desestiba, esto es, la colocación de la carga dentro de la «caja» del remolque). El correcto acondicionamiento de la carga (bultos identificados, embalajes adecuados, etc.) corresponde al cargador (art. 21 LCTTM).

El pago del precio, llamado porte, corresponderá al cargador, si la mercancía viaja «a portes pagados»; y corresponderá al destinatario, si viaja «a portes debidos». Sin embargo, en este segundo caso el cargador es responsable subsidiario si no paga el destinatario (art. 37 LCTTM). Si la mercancía viaja a portes pagados o debidos es algo que acuerdan cargador y porteador al realizar el transporte. Además, si llegadas las mercancías el destinatario no paga, el porteador puede, en un plazo de diez días, depositarlas y pedir la venta de la mercancía suficiente para obtener el precio (art. 40 LCTTM). De esta forma se facilita su derecho de cobro.

# Contratos del mercado de crédito (I): contratos de financiación y garantías

## *1. La financiación de particulares y empresas: el mercado financiero*

Se denomina mercado financiero a aquél en el que empresas y particulares obtienen financiación. Se trata del mercado en el que se relacionan y ponen de acuerdo los sujetos que precisan de financiación (normalmente denominados sujetos deficitarios), y los sujetos que pueden ahorrar y destinan su ahorro a la inversión (ahorrador/inversor o sujeto excedentario). Esa relación puede producirse de dos maneras, lo cual da lugar a dos tipos de mercados distintos.

En el mercado de crédito los ahorradores/inversores entregan su dinero a los intermediarios financieros (entidades de crédito) normalmente mediante contratos de «depósito» (véase Lección 5, epígrafe 5), y el intermediario a su vez financia a los sujetos deficitarios (empresarios o consumidores) mediante créditos, préstamos, tarjetas bancarias, descuento, etc. (véase Lección 5, epígrafe 4). El intermediario celebra dos contratos independientes: con el ahorrador/inversor, de depósito; y con los sujetos deficitarios, de crédito o préstamo. Ahorrador y sujeto financiado no se ponen en contacto, y quien responde frente a cada uno de ellos de las obligaciones del contrato celebrado es la entidad de crédito.

Las entidades de crédito son las empresas que realizan esta labor de recibir dinero de los ahorradores/inversores, y prestarlo a los sujetos deficitarios. Pero esa labor «tradicional» de la banca está cambiando en los últimos años, debido a muchos factores: los bajos tipos de interés (que no hacen rentable esta operativa, y dan poco margen para retribuir al ahorrador), la nueva mentalidad generalizada de inversión, o las prácticas abusivas bancarias que han generado un descrédito de las entidades de crédito (valga la redundancia). Por eso la banca lleva años «reinventándose» y buscando otros nichos de negocio, reduciendo la atención presencial y potenciando una atención integral de las necesidades del cliente (seguros, inversión, ocio, etc.).

Con motivo de la estudiada fusión de BBVA con Banco Sabadell se publicaron las siguientes cifras: la fusión de ambas entidades originaría un banco con más de 300.000 millones de euros en préstamos, y 250.000 millones en depósitos, y eso solo en España. Los activos de BBVA en España tenían un valor de 452.227 millones, y los depósitos eran unos 227.410 millones. Esto permite apreciar la labor de «intermediación en el crédito» de la banca, que respecto de estas entidades recoge unos 250.000 millones de euros de ahorro, para prestarlos y generar así 300.000 millones de euros de préstamos.

En el mercado de valores, en cambio, el empresario que precisa financiación emite valores (títulos-valor de pago), que son suscritos por el ahorrador/inversor. Estos valores en realidad suponen un contrato de préstamo a favor del emisor, de forma que el ahorrador/inversor le presta un dinero a cambio de la devolución del mismo en un plazo y el pago de intereses en los plazos acordados. En este mercado los intermediarios financieros (empresas de servicios de inversión –ESIs–, entidades de crédito, etc.) sólo ponen en contacto a las partes, pero no contratan personalmente con ellas. Es el ahorrador/inversor que suscribe o compra el título quien adquiere derechos frente al emisor y viceversa, sin que el intermediario se interponga en esa relación. A su vez, para que el suscriptor del valor pueda deshacerse fácilmente de él sin tener que esperar a su vencimiento (para que pueda «liquidar» su inversión), se crean mercados en los que se pueden vender y comprar los valores ya suscritos (el más conocido de ellos es el mercado bursátil).

Otra forma de financiación en este mercado es que la empresa emita acciones o participaciones nuevas, ampliando su capital, para que el ahorrador/inversor los adquiera y pague su precio como aportación al capital (véase Derecho de sociedades). En este caso el inversor ya no se convierte en acreedor titular de obligaciones, sino en socio, con la diferente posición jurídica que ello implica, y su aportación –desde un punto de vista económico– ya no es un «recurso ajeno», sino un «recurso propio», precisamente capital.

Como se aprecia, las dos formas de financiación (pidiendo crédito, emitiendo valores) son completamente distintas, y las obligaciones del sujeto financiado también diferentes. Normalmente el interés a pagar será menor en uno u otro mercado, pero también el tipo de obligaciones asumidas o las condiciones y plazos de pago, y no todas las empresas pueden acceder a ambos mercados con facilidad (sólo una gran empresa muy solvente encontrará suscriptores de sus valores, fiados de su solvencia).

Esta Lección se dedica a estudiar, fundamentalmente, los contratos a través de los cuales se financia la actividad de particulares y empresarios, normalmente a través de préstamos, pero también mediante figuras más complejas, como los contratos de *leasing* (para permitir el uso de un bien sin pagarlo por entero) o de *factoring* (para anticipar el dinero de los créditos de los que sea titular una persona y que aún no puede cobrar, porque no han vencido). En el epígrafe 7 se expondrán algunas de las formas más comunes existentes para garantizar la devolución de lo prestado: la obligación que asume una tercera persona, distinta del deudor, de pagar si no lo hace éste. Por último, en la Lección 5 se realizará una breve exposición de los contratos bancarios, pues precisamente la actividad bancaria es el máximo exponente de la financiación mediante el mercado de crédito: las entidades de crédito reciben dinero en forma de depósitos (operaciones pasivas), y lo prestan en forma de préstamos o créditos (operaciones activas). En la Lección 6 se tratará el mercado de valores.

## 2. El mutuo o préstamo

### 2.1. El préstamo mercantil: concepto, caracteres, elementos y efectos

En el contrato de préstamo una parte, llamada prestamista, entrega al prestatario alguna cosa no fungible para que use de ella durante un cierto tiempo y la devuelva (en este caso, el préstamo se denomina «comodato»), o dinero u otra cosa fungible, con obligación de devolver otro tanto de la misma especie o calidad (denominado «mutuo» o «préstamo simple»). El contrato de mutuo se suele caracterizar como contrato real, en el sentido de que, en principio, el contrato nace cuando el prestamista entrega el dinero o bien fungible al prestatario. Sin embargo las partes pueden pactarlo como contrato consensual.

El objeto del mutuo es dinero o cualquier otro bien fungible (arts. 1740 CC y 312 CCom). La inmensa mayoría de mutuos consisten en la entrega de dinero. La principal obligación del prestamista es la devolución de «otro tanto de la misma cantidad y calidad». Es decir, de la misma cantidad de dinero (principio nominalista, se devuelve el mismo *nomen* o número de monedas), no el mismo valor.

> En épocas de inflación, esto supone, de hecho, recuperar una cantidad que tiene menos valor –cuando se recibe– que la entregada. Para evitar las consecuencias perjudiciales de esto en caso de inflación cabe establecer las «cláusulas de estabilización». En ellas se fija un referente conforme al cual se actualizará el valor dinerario pactado. De esa forma la deuda dineraria se adecúa a las fluctuaciones económicas y el acreedor, en el tiempo de cumplimiento de la obligación, recibirá un valor actualizado de la cantidad pactada.

Como otros contratos, el mutuo o préstamo viene regulado por partida doble en los dos Códigos de Derecho privado. Las reglas del Código de comercio se aplican al préstamo mercantil, que es aquel en que una de las partes contratantes es comerciante y las cosas prestadas se destinan a actos de comercio (art. 311 CCom). Los demás préstamos son civiles. Cierta jurisprudencia (SsTS 09.05.1944 y 31.10.2001), y parte de la doctrina, consideran que los préstamos concedidos por entidades de crédito serán mercantiles *per se*, aunque no se destinen a actos de comercio. Esta posición resulta criticable, dado que modifica el tenor literal del precepto que claramente exige una cualificación doble, subjetiva y objetiva.

## 2.2. El préstamo con interés

Como regla general, el préstamo es gratuito, esto es, no devenga intereses. Pero las partes pueden pactar que sí exista tal devengo, lo cual se realiza en la mayoría de los casos, convirtiendo al préstamo o mutuo en oneroso. Los intereses son, por lo tanto, elemento accidental del contrato. En el préstamo mercantil el pacto de intereses debe revestir necesariamente forma escrita (art. 315 CCom, a diferencia del civil, en el que valdría cualquier forma). El pacto de estos intereses, que suelen denominarse «remuneratorios», tiene como finalidad: bien evitar las consecuencias negativas de la inflación (dado que al recuperarse el capital, en realidad se está recibiendo un valor inferior al entregado); bien que el prestamista obtenga una ganancia por su actuación.

El «interés» es un «fruto civil», que se devenga u origina «día a día» (art. 451.3 CC). Las partes deberán determinar cada cuánto tipo se calcula o liquida; e igualmente, cuándo resulta exigible el interés devengado y liquidado. Los conceptos «devengo», «liquidación» y «exigibilidad» no son coincidentes, y estos dos últimos dependen de lo pactado. El interés puede establecerse como una cuantía fija, pero es muy común establecer la modificación del interés cada cierto tiempo, el comúnmente denominado «intereses variables». Para ello debe existir acuerdo formalizado por escrito, y la variación del coste se ajustará a la de un índice de referencia objetivo, debiendo fijarse además el diferencial que se aplicará, en su caso, a tal índice (art. 22 LCC).

> Por ejemplo, las partes pueden pactar que cada tres meses el interés fijado variará, y será para el trimestre siguiente el EURIBOR+1. El EURIBOR es un índice de referencia objetivo, fijado en el mercado interbancario europeo, cuyo importe no depende de la voluntad del prestamista, sino que es la media a la que los bancos europeos se prestan entre sí dinero. Cada día en ese mercado interbancario se fija el EURIBOR a un día, a un mes, a tres meses, etc. A ese EURIBOR se le suma, en el ejemplo puesto, un 1 por ciento, que será, por decirlo de alguna forma, la ganancia neta

del prestamista (el EURIBOR supone, más bien, el coste de la inflación o de la depreciación del dinero).

Uno de los «índices de referencia objetivos» que más problemas ha generado es el «índice de referencia de préstamos hipotecarios», IRPH, que es una media del tipo de interés al que se realizan los préstamos hipotecarios por las entidades de crédito españolas. El hecho de que haya resultado mucho más elevado que el EURIBOR ocasionó multitud de reclamaciones, y tanto el Tribunal de Justicia europeo como nuestro Tribunal Supremo han determinado que caso por caso debe determinarse si un consumidor medio estaba en condiciones de comprender el funcionamiento con «criterios precisos e inteligibles» de ese tipo de interés, y las consecuencias económicas, potencialmente significativas, de la cláusula de intereses remuneratorios sobre sus obligaciones financieras (SsTJUE 13.07.2023 y 12.12.2024, y SsTS 1590/2025 y 1592/2025 de 11.11.2025. Estas dos últimas consideraron que las cláusulas concretas enjuiciadas eran transparentes –la primera de ellas–, o que no siéndolo, esa falta de transparencia no provocaba un desequilibrio importante en perjuicio del consumidor).

En muchos casos el interés variable se ha complementado con una «cláusula suelo», fijando un interés mínimo a pagar cualquiera que fuese el interés variable resultante de aplicar la fórmula general (por ejemplo, aunque EURIBOR hasta llegado a estar en términos negativos, se fijaba un mínimo de un 3 %). Tanto el Tribunal Europeo como nuestro Tribunal Supremo han declarado que la cláusula suelo puede no ser transparente si, tal y como fue expuesta y explicada, un consumidor medio no podía apreciar sus consecuencias (STJUE 04.07.2022 y SsTS Pleno 09.05.2013 y 16.06.2025).

También han ocasionado muchos problemas los préstamos o créditos *revolving*, que son aquellos en que el cliente va disponiendo de dinero y amortiza la cantidad que él desea cada cierto tiempo (no existe una cuota fija, como en el préstamo ordinario). Como la cantidad no amortizada va generando altos intereses, a veces se produce el efecto «bola de nieve» de incrementarse la deuda en altas cuantías. El Tribunal Supremo ha determinado que esta forma de producirse y acumularse el interés puede ser nula por falta de transparencia y abusividad (STS Pleno 30.01.2025. Sobre la falta de transparencia en las cláusulas predispuestas pactadas con consumidores véase Lección 1, epígrafe 2.1.C).

Distintos de los intereses remuneratorios son los intereses de demora. Aquéllos suponen una contraprestación o remuneración por el beneficio obtenido al poder disponer el prestatario de dinero; éstos son los que se devengan automáticamente por la falta de devolución de la cantidad entregada en el tiempo pactado (por la mora o retraso en el cumplimiento). Los intereses de demora no precisan de pacto alguno, sino que son una especie de compensación por el perjuicio que causa el hecho de la mora en el cumplimiento de la obligación. Se producen por el hecho de la existencia de mora (art. 1108 CC). Las partes pueden pactar el tipo del interés moratorio, pero a falta de pacto será el del interés legal.

La ley contra la usura de 23 de julio de 1908 prohíbe los intereses usurarios. Por interés usurario hay que entender el interés notablemente superior al normal del dinero y manifiestamente desproporcionado con las circunstancias del caso; el aceptado por el prestatario a causa de su situación angustiosa, de su inexperiencia o de lo limitado de sus facultades mentales; o aquel en el que se supone recibida mayor cantidad que la verdaderamente entregada. El Código de comercio establece que no hay límite en la cuantía de los intereses (art. 315 CCom), lo cual ha planteado si resultaría así aplicable la Ley de usura antes citada. La jurisprudencia, en general, considera que esta Ley también se aplica al préstamo mercantil, si bien en el ámbito mercantil cabe entender que los intereses pactados pueden ser más altos que en el préstamo civil (últimamente STS 15.02.2023).

> En muchas ocasiones el Tribunal Supremo ha establecido que para valorar si existe interés usurario ha de tenerse en cuenta el momento de perfección del contrato, y si entonces el interés pactado resultaba excesivo. Últimamente el Tribunal Supremo ha estimado que habrá usura si el interés acordado supera en 6 puntos el medio del mercado (en el caso concreto, el interés pactado era de un 23,9 %, y el tribunal consideró acreditado que el medio del mercado para ese producto bancario concreto en el año del contrato –2004– era de un 20 %, por lo que estimó el interés no usurario, STS 258/2023, de 15.02.2023). El límite del interés usurario se aplica a los intereses remuneratorios, no a los moratorios, si bien estos últimos podrían ser considerados abusivos en ciertos supuestos (STS 27.03.2019).

> En el caso de ser un interés usurario el Tribunal Supremo ha considerado nulo todo el contrato (no, únicamente, la cláusula de interés), de forma que el prestatario estará obligado a entregar tan solo la suma recibida; y si hubiera satisfecho parte de aquélla y los intereses vencidos, el prestamista devolverá al prestatario lo que, tomado en cuenta el total de lo percibido, exceda del capital prestado (SsTS 30.12.1987, 14.07.2009, o 13.10.2022).

En principio, en el préstamo no cabe el «anatocismo», esto es, el que los intereses vencidos y no pagados se computen también a efectos de aplicar sobre ellos el tipo de interés pactado en el plazo siguiente. Sin embargo sí existen supuestos de anatocismo legal (así, conforme al art. 1109 CC los intereses vencidos devengan el interés legal desde que son judicialmente reclamados). También cabe que las partes pacten la «capitalización» de los intereses, de forma que en los momentos pactados los intereses devengados se consideren capital, y entonces el capital queda incrementado con su importe y el tipo de interés se aplica a ese nuevo importe de capital (anatocismo convencional). Esta posibilidad de capitalización la prevé expresamente el art. 317 CCom. De hecho se pacta en la inmensa mayoría de préstamos mercantiles. Por último, es preciso señalar que si el prestamista recibe el capital sin hacer constar que se reserva el derecho a cobrar los intereses, se extingue la obligación de pagar éstos (arts. 1110 CC y 318 CCom). Y el prestatario que paga intereses sin estar estipulados, no puede reclamarlos como pago indebido (art. 1756 CC).

## 3. El crédito al consumo. Los contratos de crédito inmobiliario

La Ley 16/2011, de 24 de junio, de crédito al consumo (LCC), establece un régimen especial para los préstamos a favor de consumidores. Esta norma supone una trasposición de la Directiva comunitaria 2008/48/CE. Se parte de la idea de que cuando el préstamo se concede a un consumidor, éste precisa de una defensa mayor porque por su inexperiencia, su falta de información y su posible necesidad de dinero puede haber aceptado condiciones o cláusulas no muy favorables. Por eso la Ley establece una serie de reglas que buscan defender al consumidor, quedando claras cuáles son las condiciones pactadas y otorgándole unos derechos mínimos. Las normas son imperativas, y los consumidores no podrán renuncia a los derechos reconocidos en la Ley (art. 5.1 LCC).

El ámbito objetivo de la Ley abarca todo contrato por el cual un prestamista concede o se compromete a conceder a un consumidor un crédito bajo la forma de pago aplazado, préstamo, apertura de crédito o cualquier medio equivalente de financiación (art. 1.1 LCC). Desde el punto de vista subjetivo, sólo se aplica a préstamos a consumidor, entendiendo por tal la persona física que actúa con fines que están al margen de su actividad comercial o profesional (art. 1.2 LCC, sustancialmente igual al concepto general de consumidor, véase Lección 1, epígrafe 2.2.A).

La Ley de Crédito al Consumo remarca la obligación del banco de informar previamente al cliente de las características fundamentales del contrato. Por ello exige un contenido mínimo en la publicidad de este tipo de contratos (art. 9 LCC), así como una información previa a la contratación con un contenido igualmente mínimo (arts. 8, 10 12 y 13 LCC). Además, los prestamistas y, en su caso, los intermediarios de crédito facilitarán al consumidor explicaciones adecuadas de forma individualizada para que éste pueda evaluar si el contrato de crédito propuesto se ajusta a sus intereses, a sus necesidades y a su situación financiera (art. 10 LCC). Por último, es relevante la obligación que tiene el banco de evaluar la solvencia del consumidor, sobre la base de una información suficiente obtenida por los medios adecuados a tal fin. El contrato debe constar por escrito, y contener además una serie de menciones mínimas (art. 16 LCC).

Dentro de la regulación de muy diversos aspectos que realiza la Ley, para lo cual remitimos a su lectura, cabe destacar los siguientes.

a) Se puede establecer la modificación del coste total del crédito (los comúnmente denominados «intereses variables», véase epígrafe anterior).

b) Los «contratos de crédito vinculados» son aquellos en los que el crédito contratado sirve exclusivamente para financiar un contrato relativo al suministro de bienes específicos o a la prestación de servicios específicos y ambos contratos constituyen una unidad comercial desde un punto de vista objetivo. Lo relevante es que, en estos casos, si el consumidor desiste del contrato de suministro, deja de estar obligado al pago del crédito; y además, podrá ejercer también contra el acreditante los derechos que podría ejercer contra el proveedor de bienes o servicios (art. 29 LCC).

   Esta regla es la última formulación de la evolución que ha sufrido esta cuestión en la legislación comunitaria y española. Cuando existe una vinculación entre el proveedor de bienes y servicios y el acreditante y ambos contratos (de provisión y de crédito) forman una unidad comercial desde un punto de vista objetivo (expresión bastante críptica, cuyo sentido no aclara la LCC, pero sí la Directiva en su art. 3.n), lo lógico es que el consumidor pueda negarse a pagar el crédito si la provisión no se realizó, o se realizó de forma defectuosa. En España el «caso *Opening*» fue el exponente de la aplicación de esta regla, con resultados no siempre iguales para todos los perjudicados).

c) El consumidor podrá reembolsar anticipadamente, de forma total o parcial, el crédito, ahorrándose así los intereses y costes asociados al importe que se reembolsa, si bien es posible que tenga que compensar al prestamista pagándole una compensación cuyos límites y forma de determinación fija la Ley (art. 30 LCC).

d) De gran importancia práctica ha sido la regla que regula los «descubiertos tácitos», esto es, los supuestos en los que el banco permite al cliente realizar pagos cuando no hay fondos suficientes en la cuenta, causando así un descubierto. A tales descubiertos se aplica parcialmente la Ley, que establece concretamente que en ningún caso podrá aplicarse a los créditos que se concedan en forma de descubiertos un tipo de interés que dé lugar a una tasa anual equivalente superior a 2,5 veces el interés legal del dinero (art. 20.4 LCC). Esta regla no es sólo relevante por lo que dice, sino sobre todo porque parte de la jurisprudencia menor ha tomado este límite como una especie de «referente» o «modelo» de lo que el legislador considera un interés «excesivo» (o incluso usurario).

f) En la publicidad, en la información y en el contrato debe hacerse constar, de forma expresa, cuál es el «coste total del crédito», que se traduce en la tasa anual equivalente o TAE, que iguala sobre una base anual el valor actual de todos los compromisos existentes o futuros asumidos por el prestamista y por el consumidor (art. 32).

En un préstamo con un interés del 7 %, si la TAE es de un 8,5 % quiere decir que el cliente lo que realmente acaba pagando al año es un 8,5 % del capital, teniendo en cuenta que se haya pactado una «capitalización» de los intereses vencidos (véase epígrafe anterior), que existan otros gastos además del interés, etc.

La Ley 5/2019, de 15 de marzo, reguladora de los contratos de crédito inmobiliario, traspone la Directiva 2014/17/UE, y norma una serie de aspectos de los contratos de préstamo o crédito garantizados con hipoteca u otra garantía real. Esta Ley no regula el derecho de «hipoteca» en sí, que sigue regido por la Ley Hipotecaria (en trance, también, de una posible revisión), sino los contratos garantizados con hipoteca, los contratos de préstamo hipotecario en cuanto tales préstamos o créditos. La norma no nace tanto como una defensa del prestamista (al modo de la Ley de crédito al consumo), sino como una instauración de un sistema de comportamiento responsable en la concesión de créditos hipotecarios.

## 4. El contrato de leasing

En el contrato de *leasing* intervienen tres *sujetos*: el fabricante de un bien, la empresa *leasing* y el usuario del bien. En el supuesto normal, el usuario (que necesita usar el bien, pero no puede o no quiere adquirirlo) ordena a la empresa *leasing* que compre el bien al fabricante para luego alquilárselo y así permitirle el uso del mismo por un tiempo determinado y pagando una renta en los plazos pactados. Al cabo del plazo fijado, el usuario puede prorrogar el contrato, darlo por terminado, o comprar el bien por el llamado «precio residual», que suele ser muy pequeño. De esta forma, el usuario puede utilizar el bien pagando una renta periódica; y la empresa *leasing* obtiene la ganancia por la diferencia entre el precio de compra del bien y la cuantía total de los plazos pagados.

Este contrato al usuario le suele resultar más provechoso que la compra del bien a plazos, pues puede deducir las cuotas de *leasing* en ciertos casos en sus impuestos, al tratarse generalmente de bienes de equipo cuyos gastos se consideran como gastos de la empresa (véase art. 115.5 y 6 TRLIS).

Una cierta regulación, pero desde luego nada completa, se contiene en la disp. ad. tercera LOSSEC, que expone una descripción del contrato. En cuanto al tratamiento fiscal como gasto deducible, art. 115.5 y 6 TRLIS. Por último se encuentra la regulación contenida en la disp. ad. primera LVPBM. Aunque esta Ley regula las ventas a plazos, y considera además que el *leasing* no es una venta a plazos, establece en esta Disposición Adicional algunos aspectos de su régimen jurídico. Básicamente, la empresa *leasing* que haya inscrito el contrato en el Registro de Venta a Plazos podrá recuperar el bien si el usuario cae en concurso o el bien es embargado por sus deudas (por considerar los acreedores que el bien puede ser suyo, al estar bajo su uso y posesión); y también fija un procedimiento especial para recuperar el bien ante el impago por el usuario de los plazos del alquiler.

Como modalidades de la figura general se halla el *lease-back*, en que el propietario de un bien lo vende a la empresa *leasing* y al mismo tiempo la empresa *leasing* se lo arrienda mediante el pago de plazos periódicos. En este caso, el propietario del bien obtiene ahora liquidez y sigue pudiendo usar el bien, y en sus previsiones ello le resulta provechoso aunque se obligue al pago de los plazos. Lo que pasa es que a veces el *lease-back* se ha utilizado de forma fraudulenta, como una forma encubierta de garantía con pacto comisorio, y por eso el Tribunal Supremo ha declarado en tales casos su ilicitud (SsTS 20.11.1999, RJ 1999/8615 y 16.05.2000, RJ 2000/5082).

Distinto del *leasing* es el llamado *renting*, que resulta un contrato de arrendamiento ordinario. La empresa de *renting* dispone de un conjunto de bienes que arrienda a los usuarios. Es ella, por tanto, la que elige los bienes, y no el usuario; tales bienes suelen ser de vida económica muy dilatada (el caso típico es el de las empresas de alquiler de coches).

Como queda señalado, no existe una regulación completa del *leasing* en las Leyes aplicables, sino puramente parcial de algunos aspectos. En la práctica se han consolidado una serie de cláusulas que se repiten en todos los contratos, y que configuran así de hecho cuáles son las obligaciones de las partes (cláusulas que varían lo que, de no existir las mismas, serían las obligaciones normales de un arrendatario). Normalmente se deja constancia expresa en el contrato de que el bien ha sido elegido por el usuario, de forma que la empresa *leasing* no responde, en ningún caso, de la adecuación de tal bien a los fines pretendidos por el usuario. El bien «alquilado» al usuario sigue siendo de propiedad de la empresa *leasing*, por lo cual en caso de embargo de bienes del usuario tal bien no responde de sus deudas. Normalmente se establece que el usuario debe asegurar el bien contra daños, robo, etc., pagando él las primas y designando como beneficiario de posibles indemnizaciones a la empresa *leasing*. Por último, también es común establecer que los gastos necesarios para la conservación del bien y para el mantenimiento de su utilidad son del usuario.

Uno de los problemas más comunes es cómo podrá reclamar el usuario por los defectos o mal funcionamiento del bien. El usuario no tiene relación jurídica alguna con el fabricante/vendedor, por lo que no está legitimado para reclamarle la reparación o el saneamiento por defectos. Esto suele solucionarse con una cláusula de «cesión» de las acciones que tenga, como comprador, la empresa de *leasing* a favor del usuario, de forma que éste podría reclamar como «cesionario» de tales acciones.

## 5. El contrato de factoring

Es este también un contrato atípico de naturaleza discutida, y ello es debido fundamentalmente a la diversidad de prestaciones que pueden ofrecer las empresas de *factoring*. Éstas se dedican básicamente al cobro de créditos de sus clientes, y en este sentido, su actividad es de colaboración o auxilio al mismo. El cliente no se preocupa ya de gestionar el cobro de créditos (estar pendiente de vencimientos, reclamaciones, etc.), y la empresa *factoring* cobra un precio por su gestión. En esta modalidad sencilla el contrato es una simple «comisión de cobro».

Sin embargo, en la práctica lo común es matizar las prestaciones con una serie de pactos que configuran una prestación más compleja. Así, las partes pueden pactar la anticipación del crédito, de forma que la empresa *factoring* pague al cliente el importe del crédito, sin esperar a su vencimiento, y luego lo cobre (y recupere así el dinero) al deudor. En estos casos de simple «anticipo», si el deudor no satisface el crédito, entonces la empresa de *factoring* recupera del cliente el dinero anticipado, y es el cliente el que tiene que dirigirse contra el deudor. De esta forma la empresa *factoring* no asume el riesgo de insolvencia o de impago; sólo anticipa, se convierte en cesionaria del crédito, e intenta cobrarlo. Si el deudor no lo paga, es como si se «resolviera» el anticipo.

En otras ocasiones, y con independencia de que se anticipe o no el dinero, la empresa *factoring* asume el riesgo de insolvencia del deudor. Quiere decir esto que la cesión se hace en firme, y que si el deudor no paga ya la empresa no puede recobrar el dinero del cliente, sino que tendrá que ejercer las acciones correspondientes contra el deudor. Es el comúnmente llamado *factoring* «sin recurso» (pues la empresa ya no puede recurrir, acudir, al cliente).

Como se aprecia, según se pacte seguir una u otra modalidad cambia por completo la naturaleza y tipo de contrato. Si sólo se gestiona el cobro es una «comisión de cobro»; si se asume el riesgo de impago, es una «comisión de cobro en garantía» (véase Lección 3, epígrafe 3.2.B); y si se anticipa, es una forma de financiación. Por otro lado, el precio o comisión cobra la entidad de *factoring* es totalmente distinto, pues por la simple comisión de cobro percibe una cantidad o porcentaje mucho menor que si, por ejemplo, asume el riesgo de insolvencia y/o anticipa el crédito.

## 6. Garantías personales

### 6.1. La fianza

De la devolución de un préstamo o del cumplimiento de una obligación responde el deudor con todos sus bienes, presentes y futuros (art. 1911 CC). Pero cuando la solvencia del deudor no parece suficiente, el acreedor suele exigir, antes de concertar el préstamo o de contraer la obligación, que se asegure o garantice el cumplimiento mediante algún mecanismo añadido a esa responsabilidad patrimonial del deudor. Las garantías que se pueden establecer para asegurar el pago de un crédito pueden ser de dos tipos: reales y personales. Las garantías reales se tratan normalmente en Derecho civil, dentro de los Derechos reales. Dentro de las garantías personales el negocio típico y básico es la fianza.

La fianza consiste en asumir el fiador o avalista la obligación de pagar o cumplir por un tercero en el caso de no hacerlo éste (art. 1822 CC). De esta forma el acreedor tiene la seguridad de que aunque el deudor no le satisfaga su deuda, lo hará el fiador. Por ello el fiador normalmente será persona solvente, pues si no en la práctica la garantía pierde operatividad real e interés para el acreedor. Las reglas de la fianza en el ámbito mercantil no presentan especialidades notables con las reglas del Código civil. La fianza es mercantil cuando el contrato cuyo cumplimiento se asegura sea mercantil (art. 439 CCom), y el Código exige que conste por escrito (art. 440 CCom). Aunque la fianza sea mercantil por afianzar un contrato mercantil, puede que los fiadores actúen como consumidores (SSTS 28.05.2018, 28.05.2020 o 12.11.2020)

La fianza se caracteriza por dos notas principales: accesoriedad y subsidiariedad. La primera de ellas significa que la fianza es accesoria respecto de la deuda principal, de forma que sigue todas las vicisitudes de esta. Consecuencia de ello es que el fiador no puede obligarse a más que el deudor principal (art. 1826 CC), que la obligación del fiador es nula si resulta nula la del deudor (art. 1824.I CC), que la fianza se extingue si se extingue la obligación principal (art. 1847 CC), y que el fiador podrá oponer al pago las mismas excepciones que tuviera para ello el deudor principal (art. 1853 CC). De igual forma, si en el concurso del deudor el acreedor acepta un convenio de quita o espera, normalmente esa misma quita o espera se aplicará a la obligación del fiador (art. 399 LCon).

Por lo que respecta a la subsidiariedad, quiere decir que el fiador sólo responde si no lo hace, ni lo puede hacer, el deudor principal. Esto se concreta, según el art. 1830 CC, en que si se demanda al fiador, éste podrá oponerse al pago señalando bienes concretos del deudor realizables dentro del territorio español, que sean suficientes para cubrir el importe de la deuda (art. 1823 CC, el llamado «beneficio de excusión»). Como se aprecia es una excepción que debe oponer el fiador –no opera automáticamente–, y además exige que señale bienes concretos que se puedan vender para obtener la cuantía suficiente.

> Este beneficio de excusión no tiene lugar si el fiador renuncia al mismo, si se obliga solidariamente con el deudor, en caso de concurso del deudor, o cuando éste no pueda ser demandado judicialmente dentro del Reino (art. 1831 CC). Es muy común que en las fianzas se pacten, a menudo mezclados como si fuera una única institución, la renuncia por el fiador al beneficio de excusión y la solidaridad con el deudor. Como esto es lo más usual, de hecho el beneficio de excusión suele operar muy poco en la vida real. Por ende, el Tribunal Supremo ha entendido que en la fianza mercantil la regla es la solidaridad (incluso cuando no se pactara expresamente, SsTS 20.10.1989, 14.02.1997, o 26.05.2004). Esta interpretación resulta muy criticable, pues es claro que legalmente el Código civil establece este beneficio, y el Código de comercio no lo excluye ni matiza para el ámbito mercantil.

Si el fiador se ve obligado a realizar el pago, podrá luego reclamar al deudor por esta razón (derecho de repetición, véase art. 1838 CC). Además de esta acción de repetición el Código añade que el fiador se subroga por el pago en todos los derechos que el acreedor tenía contra el deudor (art. 1839 CC), esto es, que puede ejercer las mismas acciones que tenía el acreedor. No está claro si se trata de dos acciones distintas (de repetición y de subrogación), o más bien de una. La postura mayoritaria actualmente es la que interpreta que se trata de una única acción: el fiador podrá repetir el pago por esos conceptos, y para ello podrá prevalerse o aprovecharse de las garantías o privilegios de los que gozara –en su caso– la acción del acreedor.

## 6.2. Las garantías independientes o autónomas

En el tráfico mercantil actual es común pactar como garantía no simples fianzas, sino figuras un tanto imprecisas en las que el garante se compromete a pagar la deuda de un tercero ante el incumplimiento de éste, pero añadiendo que el pago se realizará en cuanto lo requiera el acreedor. Se habla así de garantías, fianzas o avales «a primera demanda» o «a primer requerimiento», haciendo hincapié en esa característica de pago inmediato a la reclamación. Lo definitorio de estas figuras, sin embargo, no es tanto el dato de la inmediatez, sino más bien lo que esta lleva implícito: se parte de que el garante no puede oponerse al pago acudiendo a la relación subyacente existente entre deudor y acreedor. Precisamente porque no le afecta dicha relación, paga sin requerir nada acerca de su cumplimiento o incumplimiento. Posteriormente el garante repetirá del deudor, y éste será quien, en su caso, actúe contra el acreedor si ejecutó la garantía de forma abusiva (por ejemplo, estando la deuda ya pagada, o habiendo sido anulado o resuelto el contrato). Se podría decir, con un simplismo excesivo pero ilustrativo, que el garante paga sin preguntar nada (esto es, sin exigir explicaciones o acreditaciones de la realidad del incumplimiento de la «obligación garantizada»), y luego repite ese pago del deudor. Por eso resulta preferible la expresión de «garantía autónoma» o «garantía independiente» a la de «garantía a primera demanda».

> Estas formas de garantía comportan ventajas muy relevantes, respecto de una fianza típica, tanto para el beneficiario como para el garante. Así, el beneficiario tiene el compromiso del garante de que pagará en cuanto sea requerido para ello, lo cual facilita enormemente la reclamación, pues no tendrá que acreditar el incumplimiento del deudor ni se le podrá denegar el pago oponiendo excepciones que competan al deudor principal o sean inherentes a la deuda (art. 1853 CC). Por otro lado, para el garante también supone una mayor facilidad el hecho de no tener que consultar al deudor para saber qué excepciones pueda oponer, y si debe oponerlas (arts. 1840 y 1853 CC), limitándose únicamente a pagar y, posteriormente, a repetir el pago del deudor (aunque resulte obvio, el garante suele cuidarse mucho de tener la seguridad de que podrá recuperar la cantidad pagada, a menudo porque es una entidad de crédito que conserva bloqueados fondos del deudor suficientes para cubrir eventuales pagos que se realicen en virtud de las garantías prestadas). En cuanto al deudor, si bien se expone a una reclamación abusiva del beneficiario, normalmente obtiene el crédito más fácilmente, al garantizarlo con una obligación tan fácil de ser exigida, y también puede que el precio que le cobre el garante sea menor.
>
> Un ejemplo de garantía que podría ser de este tipo lo estudia la STS 18.07.2025, siendo el tenor de parte de la cláusula el siguiente: «La fian-

za se hará efectiva a primer requerimiento del Banco sin necesidad de [que] éste justifique que ha interpuesto diligencias judiciales contra el/los beneficiario/s, o se vea obligado a ejecutar con anterioridad cualesquiera prenda/s y otra/s garantías establecida/s a favor del/los Beneficiario/s». Con esta literalidad queda claro que se responde «a primera demanda», si bien no es tan evidente que la garantía sea autónoma, algo que no trató la Sentencia.

En Derecho español no existe una regulación ni una contemplación expresa de este tipo de garantías. Algunos autores proponen que serían aplicables las reglas de la fianza civil/mercantil que no estén basadas en la accesoriedad; otros estiman que se trata de una figura atípica, que no cabría asimilar, ni siquiera por analogía, a la fianza. Sí existe una regulación en el ámbito internacional («Reglas Uniformes de la Cámara de Comercio Internacional relativas a las garantías a primer requerimiento» –*Uniform Rules for Demand Guarantees* URGD 758–, cuya última revisión es de 2010, o Convención de las Naciones Unidas sobre Garantías Independientes y Cartas de Crédito contingente de 1997).

No existe una fórmula específica que determine directamente que la garantía constituida es autónoma. La cuestión debe decidirse caso por caso, resultando inequívoco que lo pactado no es una fianza, sino una obligación de pago desvinculada de una relación subyacente (véanse SsTS 05.07.2002, 12.11.2003, o 27.11.2006), de forma que el garante no podrá oponer las razones para negar el pago que sí podría oponer el deudor. Habiendo satisfecho el garante el pago, podrá repetir el mismo del deudor principal, simplemente justificando que se han cumplido los requisitos pactados en la garantía (plazo, presentación de documentos, etc.). El deudor deberá reembolsar la cantidad pagada, así como otras sumas que puedan haber pactado (intereses, comisiones, etc.). Si la reclamación del beneficiario resultó indebida, el deudor podrá dirigirse contra él y probar tal circunstancia, pues entre ellos por supuesto tiene juego en su plenitud la relación subyacente. Como «contrapeso» a la especial exigencia que suponen estas garantías autónomas o a primer requerimiento, desde un principio tanto algunos textos internacionales como la doctrina han defendido que si bien la obligación del garante es independiente del negocio subyacente, cabría oponerse por éste al pago si la reclamación del beneficiario resulta evidentemente abusiva (*exceptio doli*).

Nuestro Tribunal Supremo ha señalado, así, que el garante podría probar que el deudor principal ha pagado, y con ello quedaría liberado de su obligación (SsTS 31.05.2003, o 28.05.2004). Como se aprecia, admitir esto supone que la autonomía o independencia de la garantía no son absolutas. Por supuesto, aparte de esta *exceptio doli* el garante podrá oponer las excepciones derivadas de la propia garantía, tal y como fue pactada: reclamación del beneficiario realizada fuera de plazo; no presentación de los documentos exigidos para realizar la reclamación; o presentación de los documentos exigidos, pero de forma incorrecta (copias ilegibles, documentos evidentemente falsificados, o cuyo contenido no se corresponde con lo pactado), etc.

## 6.3. Las cartas de patrocinio

Las comúnmente denominadas «cartas de patrocinio» se caracterizan por ser documentos enviados normalmente por una sociedad madre, o un socio mayoritario, a la entidad que está estudiando la concesión de un crédito a la filial o a la sociedad. En esas cartas el emisor se presenta como sociedad madre o como socio mayoritario de ese posible futuro deudor, y suele manifestar su conocimiento de la operación crediticia que se está gestionando, así como su apoyo a la misma. El grado de ese apoyo hace que deban distinguirse dos grandes tipos o clases de cartas de patrocinio: débiles o fuertes. En las cartas débiles, el emisor simplemente manifiesta su condición de sociedad madre o socio mayoritario y su apoyo a la operación y a la sociedad controlada, pero sin asumir de modo alguno responsabilidad alguna en cuanto al pago de la deuda que se está gestando. En cambio en las cartas fuertes sí se produce una cierta vinculación, bien a hacer lo posible para que la «patrocinada» pague, bien incluso a satisfacer la deuda si la favorecida no lo hace. El abanico de posibilidades es muy amplio, y como se aprecia fácilmente, la naturaleza jurídica de la institución no es única.

Lo característico de estas figuras es que suponen un reforzamiento o apoyo a la patrocinada para que pueda obtener una financiación, pero sin que el emisor del documento se comprometa de una forma seria como «fiador». Las razones de evitar una obligación de este tipo son variadas. En primer lugar, porque a menudo el emisor no quiere asumir un compromiso jurídico firme, sometido a derechos nacionales sustantivos o procesales que pueden ser especialmente rigurosos con él. En segundo lugar, porque de esta forma el emisor no asume una obligación que deba hacer constar como riesgo asumido en su contabilidad o ante sus acreedores, o que sea considerado como garantía a los efectos de los arts. 149-150 LSC. Por último, porque creando esta cierta indefinición acerca de si se responde o no de algo se espera obtener financiación para la patrocinada, con base en ese respaldo «informal», sin comprometer la solvencia propia.

Las cartas de patrocinio «débiles» son aquéllas en las que el emisor no asume un compromiso expreso de que la deuda que va a gravar a la persona patrocinada va a ser satisfecha. En ellas normalmente se manifiesta la participación mayoritaria del emisor en el capital del patrocinado, o su condición de sociedad madre de la patrocinada; el conocimiento de que el destinatario de la carta está estudiando conceder financiación al patrocinado; y una intención o deseo de que la operación sea exitosa, pero sin asumir un compromiso directo ni indirecto en el pago. En caso de impago del patrocinado nada cabrá reclamar a la «patrocinadora», que a nada se obligó en tal caso.

Las cartas de patrocinio «fuertes» suponen, de una u otra forma, un compromiso del emisor de que la deuda a la que se refiere será satisfecha, bien porque el emisor y/o su grupo apoyan financieramente a la patrocinada y harán lo posible para lograr el pago, bien porque el emisor se obliga específicamente a pagar si no lo hace ésta (véanse diversos supuestos en las SsTS 30.06.2005, 13.02.2007, 18.03.2009, 26.12.2014 o 28.07.2015, RJ 2015/4899). La doctrina y la jurisprudencia mayoritarias consideran que estos documentos constituyen una forma de garantía personal atípica, que en algunos casos podría calificarse como verdadera fianza (si el emisor se compromete al pago en defecto del cumplimiento de la patrocinada), y que en otros no se regiría por las reglas de la fianza, pero supondría al fin y al cabo una obligación exigible de forma directa al emisor como vínculo contractual (si se comprometió a suscribir una ampliación de capital, a proveer de fondos, a sostener financieramente, etc.).

# Contratos del mercado de crédito (II): contratos bancarios

## 1. Introducción

Dentro del mercado de crédito tienen una gran relevancia los contratos bancarios, pues en el fondo la mayor parte de las operaciones de crédito tienen como soporte la intervención directa o indirecta de una entidad de crédito. Al hablar de operaciones o contratos bancarios nos referimos no sólo a las realizadas por los bancos, sino en general a todas las realizadas por entidades de crédito (bancos, cajas de ahorro, cooperativas de crédito e Instituto de Crédito Oficial).

El régimen administrativo de las entidades de crédito se recoge actualmente en la Ley 10/2014, de 26 de junio, de ordenación, supervisión y solvencia de entidades de crédito (en adelante, LOSSEC), que fija sus requisitos organizativos y los «colchones» de solvencia (todo ello de acuerdo con lo dispuesto en el Reglamento UE 575/2013, sobre los requisitos prudenciales de las entidades de crédito y las empresas de inversión). Conforme a su art. 1.1.a) son entidades de crédito «las empresas autorizadas cuya actividad consiste en recibir del público depósitos u otros fondos reembolsables y en conceder créditos por cuenta propia».

Las operaciones bancarias se suelen estudiar atendiendo al criterio de quién asume la posición de prestamista en la relación jurídica. Así, cuando es el banco quien presta se habla de operaciones activas; de operaciones pasivas cuando a él le prestan; y de operaciones neutras, cuando no hay una relación de crédito, sino un servicio de otro tipo prestado por el banco (depósito, colocación de valores mobiliarios en el mercado, etc.).

## 2. El contrato de cuenta corriente bancaria

### 2.1. Concepto, funciones y régimen legal

El contrato de cuenta corriente es aquel mediante el cual el cliente de una entidad de crédito y ésta convienen que la entidad atenderá las órdenes de pago y de domiciliación de ingresos que determine el cliente, y que los flujos dinerarios generados por estos pagos e ingresos se anoten mediante un sistema contable de adeudo y abono, determinando en cada momento el saldo exigible. El contenido fundamental del contrato es, de esta forma, doble. Por un lado, el cliente obtiene el llamado «servicio de caja», esto es, la posibilidad de disponer del dinero existente en la cuenta mediante muy diversos mecanismos de pago (cheques, trasferencias, tarjetas bancarias, domiciliación de pagos, etc.), así como de realizar ingresos también por diversas maneras (pagos realizados por terceros y domiciliados en la cuenta, ingresos del titular, etc.). Y, por otro, esos pagos e ingresos se anotan mediante una «técnica contable» de adeudos y abonos, determinando un saldo a favor de una de las partes negociales. La cuenta corriente resulta, así, un negocio puramente instrumental, una forma de disponer del dinero sin tener que movilizarlo físicamente. A su vez, existirá otra operación bancaria, esta sí, sustantiva, que justificará la existencia de los fondos de la cuenta.

> La mayoría de la doctrina coincide en considerar que la cuenta corriente participa de la naturaleza de los contratos de mandato o comisión mercantil. Esto es así porque en realidad el banco gestiona el dinero existente en la cuenta del cliente de acuerdo con las órdenes de éste, realizando pagos o abonos en ejecución del «servicio de caja» antes aludido. Cuestión distinta, como se acaba de señalar, es cual sea la operación concreta que dio lugar a la existencia de tales fondos: puede ser un depósito bancario, un préstamo bancario, u otros. Por ser un mandato o comisión, se aplican los deberes de diligencia en la gestión, información al cliente, rendición de cuentas, etc., establecidos en las respectivas regulaciones.

Actualmente existe una regulación de ciertos aspectos de la cuenta corriente contenida en el RDL 19/2018, de 23 de noviembre, de servicios de pago. Desde luego, no es una norma que se refiera de forma principal al contrato de cuenta corriente, al cual ni siquiera menciona con ese nombre ni una sola vez. Pero la regulación que realiza de los diversos sistemas de servicios de pago, y en especial de los «contratos marco de servicios de pago», tiene como ejemplo más claro de aplicación práctica el contrato de cuenta corriente. La cita norma regula muchos de los aspectos contractuales de los servicios bancarios de pago. La mayor parte de esta regulación es común a cualquiera de los servicios de pago que se utilicen (fechas de valoración, información previa, etc.). Concretamente, la se regulan los requisitos de transparencia de las condiciones y de la información aplicables a los servicios de pago (arts. 28 a 31. Véase el desarrollo realizado por la Orden ECE/1263/2019); la modificación y la resolución del contrato de cuenta corriente (arts. 32 y 33); la autorización de operaciones de pago (arts. 36 a 49); y la ejecución de operaciones de pago (arts. 50 a 64).

## 2.2. Cuentas con varios titulares: mancomunadas e indistintas

En materia de cuentas corrientes debe realizarse una distinción muy importante, no siempre bien delimitada por la doctrina, entre la categoría de titular de la cuenta, y persona con poder de disposición. El titular es la persona o personas que celebran el contrato con el banco, y que se comprometen a cumplir las obligaciones derivadas del mismo (responden del pago de las comisiones, de las consecuencias de los descubiertos, etc.). En cambio la persona con poder de disposición es el sujeto que con su firma puede realizar cargos en la cuenta (también se le suele denominar persona con «firma autorizada»). Unas veces será el propio titular, pero otras su representante o un tercero en el que aquél confía.

> Quien tiene poder de disposición simplemente puede ordenar la realización de pagos, y el banco se ha comprometido con el titular a cumplir dichas órdenes, pero no pueden causar, con sus órdenes de pago, descubiertos, ni tampoco cancelar la cuenta o bloquearla, dado que en realidad no son contratantes con el banco, y su actuación no puede suponer una variación de elementos fundamentales de la cuenta abierta.

Cuando existe una pluralidad de personas con poder de disposición se plantea el dilema de cómo podrán ordenar pagos a la entidad de crédito. Si se pactó con el banco que es precisa la firma de dos o más de esas personas se suele decir que la cuenta es «mancomunada». Supone un mayor control de los fondos, pero también una cierta incomodidad a la hora de ordenar los pagos. Si, en cambio, se ha pactado que cualquiera de las personas con poder de disposición puede con su sola firma ordenar pagos, se dice que la cuenta es «indistinta» o, también, «solidaria». En este tipo de cuentas se plantean numerosísimos problemas, porque la facilidad de gestión y disposición que procuran es directamente proporcional, y precisamente por esa razón, a las situaciones conflictivas que originan. El importante número de veces que el Tribunal Supremo se ha enfrentado a problemas originados por estas cuentas constituye la mejor prueba de que se trata de una cuestión práctica de innegable relevancia.

Las cuentas indistintas en ocasiones se utilizan como forma de encubrir negocios fraudulentos (por ejemplo, evasión de normas fiscales, civiles o hereditarias, depositando una persona fondos en una cuenta indistinta para que el cotitular disponga de ellos como si fueran propios, en perjuicio de acreedores o herederos del que ingresó las cantidades). En tales casos, lógicamente, si se demuestra esa intención o un resultado fraudulento, se podrán declarar nulas las actuaciones realizadas.

El Tribunal Supremo ha manifestado claramente que la existencia de varios cotitulares –sic, de varias personas con poder de disposición– no supone que todos ellos sean propietarios de los fondos, sino simplemente que tienen un derecho a disponer de los mismos por su sola voluntad. La propiedad del dinero existente se determinará por las reglas de derecho civil, SsTS 05.07.1999 o 14.03.2003.

## 3. Tarjetas bancarias

### 3.1. Concepto y clases

Las tarjetas bancarias, son, simplemente, unos documentos de plástico en los que viene plasmada la identidad del titular y la numeración propia de la tarjeta, y que llevan incorporada una banda magnética en la que van anotándose las diversas operaciones que se realizan, propias del servicio de caja de la cuenta corriente a la que se vincula la tarjeta. No son títulos-valor propiamente dichos, pues carecen de varios de los datos característicos de éstos (transmisibilidad, autonomía, literalidad, etc., véase Lección 8, epígrafe 3). Simplemente se trata de documentos que permiten el uso de ciertas prestaciones del servicio de caja y, especialmente, el pago de la adquisición de bienes. En buena medida «sustituyen» o, más bien, «equivalen» al dinero.

En cuanto a la prestación de permitir el pago de la compra de bienes, debe realizarse una distinción en función del momento en el que se realiza el cargo de dicha operación en la cuenta del cliente. Si ese cargo se realiza en el mismo momento de efectuar la compra, se dice que la tarjeta es «de débito». Si, en cambio, se realiza en unas fechas periódicas prefijadas en el contrato cercanas a la fecha de la adquisición (normalmente, el día 1 de cada mes se cargan las operaciones pagadas en el mes anterior), se suele hablar de tarjetas «de compra». Por último, cuando el pago se difiere un plazo más largo, ya pactado desde la operación (si bien en fechas fijas ya prefijadas. Por ejemplo, el 1 de enero se cargan las compras efectuadas en el mes de septiembre), se dice que la tarjeta es «de crédito».

La diferencia es muy importante, porque incide en la naturaleza jurídica del negocio celebrado con el banco. Así, el pago de compras mediante tarjeta de débito es un simple mandato o comisión de pago, y sólo se realiza si el cliente tiene fondos suficientes para realizar el cargo (la existencia de esa provisión se comprueba al pasar la tarjeta por el datáfono existente en el comercio, el cual está conectado a la central de tarjetas, de forma que el cargo se realiza inmediatamente en la cuenta). El uso de tarjetas de compra, en cambio, incorpora elementos del mandato y del crédito: se ordena a la entidad de crédito el pago de un bien, pero el cliente obtiene un aplazamiento del pago (pues la diferencia entre la fecha de operación y la fecha del cargo puede ser de casi un mes), y además el banco se arriesga a pagar aunque no existan fondos en la cuenta del cliente. Por último, las tarjetas de crédito sí suponen una operación de crédito, pues el banco pagará al vendedor del bien al contado, y sin embargo carga esa operación al cliente pasado un plazo de, normalmente, tres a seis meses. Precisamente porque es una operación de crédito se cobran unos intereses al cliente, además relativamente elevados, que se aplican tomando como base el plazo de diferimiento.

## 3.2. Relaciones contractuales existentes

Normalmente, para llevar a cabo todas las operaciones de las tarjetas bancarias, y especialmente la adquisición de bienes, existen hasta tres relaciones contractuales distintas entre cuatro partes contratantes. En primer lugar, el uso y gestión de las tarjetas suele ser llevado por una entidad específicamente destinada a estas operaciones (Visa, Servired, 4B, etc.), y existe un contrato entre la entidad de crédito y la emisora de las tarjetas para integrar a aquella en la red de tarjetas (se trata de una franquicia de servicio, véase Lección 3, epígrafe 4.2).

En segundo lugar, los comerciantes que desean que el precio de sus ventas pueda ser satisfecho con tarjetas bancarias celebran un contrato específico con las entidades emisoras. En este contrato asumen una serie de obligaciones, entre las que podemos citar las siguientes. El comerciante asume que la entidad emisora le pagará el importe de la venta con un descuento (la Ley 18/2014, de 15 de octubre, ha fijado un límite máximo a este descuento, para favorecer los pagos con tarjeta, véanse sus arts. 9 a 15). Además, asume la carga de identificar al cliente, pues si se utilizara una tarjeta sustraída no se realizaría el pago al comerciante salvo que éste haya comprobado tal identidad.

En cuanto a las obligaciones de las entidades emisoras de la tarjeta, se comprometen a pagar la venta con independencia de que el usuario de tarjetas tenga fondos en su cuenta bancaria. Finalmente, existe una relación contractual entre el cliente bancario y la emisora de las tarjetas, por la que aquél se compromete a tener fondos suficientes en su cuenta para satisfacer los cargos que vayan a hacerse en función del uso de las tarjetas (en las fechas pactadas, según sean tarjetas de débito, compra o crédito). En el supuesto de que no tuviera fondos, suele pactarse la resolución del contrato y de todos los demás contratos de crédito que el cliente pudiera tener con la entidad de crédito, dado que decae la confianza en la solvencia que es característica de las operaciones bancarias.

### 3.3. Pérdida y sustracción

Uno de los aspectos fundamentales en las tarjetas bancarias para lograr la confianza del cliente es regular adecuadamente las consecuencias de la pérdida o sustracción de la tarjeta. Para proteger al usuario, el art. 46.1 del RDL 19/2018 establece tres grupos de supuestos para las pérdidas derivadas de operaciones de pago no autorizadas resultantes de la utilización de un instrumento de pago extraviado, sustraído o apropiado indebidamente por un tercero:

a) El ordenante no soportará coste alguno si no le resultara posible detectar la pérdida, la sustracción o la apropiación indebida de un instrumento de pago antes de un pago, salvo ciertas excepciones, entre ellas cuando el propio ordenante haya actuado fraudulentamente.

b) El ordenante soportará todas las pérdidas derivadas de operaciones de pago no autorizadas si ha incurrido en tales pérdidas por haber actuado de manera fraudulenta o por haber incumplido, deliberadamente o por negligencia grave, una o varias de las obligaciones que establece el art. 41 (entre ellas, custodiar y no comunicar a nadie el número secreto).

c) En los demás supuestos, el ordenante podrá quedar obligado a soportar hasta un máximo de 50 euros.

De esta manera, en definitiva, se limita con carácter general la pérdida por estos supuestos a 50 euros, y se exonera al cliente en una serie de casos; pero si ha existido fraude, o incumplimiento deliberado o por negligencia grave de la obligación de custodia y de guarda del instrumento de pago o de las claves de pago, el cliente soportará todos los gastos realizados.

## 4. Operaciones bancarias activas

### 4.1. Préstamos y créditos

La operación activa más típica es el préstamo bancario, que en sí es un contrato de préstamo típico (véase Lección 4, epígrafe 2). Pero junto a él hay una figura que difiere en muchos aspectos, que es la «apertura de crédito» o crédito bancario. En ella el banco pone a disposición del cliente una cantidad determinada de dinero, y el cliente puede usar de la misma con libertad, pagando al final del plazo pactado los intereses pactados pero sólo respecto de las cantidades efectivamente dispuestas. Además de tales intereses, se suele pagar una comisión de apertura (un porcentaje sobre el total de la cantidad, al principio del contrato) y una comisión de no disponibilidad (un interés que se aplica al dinero no dispuesto por el cliente).

> La ventaja de este contrato radica en que el cliente puede ingresar dinero en la cuenta corriente, amortizando así la cantidad debida en ese momento con lo cual paga menos intereses. Este contrato permite una mayor flexibilidad al cliente, pero es más inseguro para el banco, que en vez de cobrar periódicamente, como es usual en el préstamo, tiene que esperar hasta el final del plazo (normalmente semestral o anual) pactado para ver satisfecha su posición acreedora. Por ello los créditos sólo se conceden a clientes de confianza, y son más caros que el préstamo.

Cuando la cuantía del préstamo o crédito solicitado es muy alta, y supondría un gran riesgo para asumirlo una sola entidad de crédito (o excedería del riesgo que se permite asumir con un sólo cliente), puede realizarse un «préstamo o crédito sindicado». En él son varias las entidades acreditantes, que forman el llamado sindicato. Con ello se diversifica el riesgo, al soportarlo varios bancos, y al cliente le evita tener que acudir a varias entidades, celebrando incluso contratos en condiciones distintas con cada una de ellas. A su vez las entidades de crédito participantes pueden ceder su posición acreditante a otra entidad, o permitir a otra entidad que soporte parte de su riesgo.

Por último, el «crédito documentario» es un contrato en virtud del cual el banco, por orden de su cliente, se obliga a pagar a un tercero una cantidad a cambio de la entrega, por este tercero, de una serie de documentos. Ha sido muy utilizado en compraventas internacionales, en las cuales el banco del comprador satisface al vendedor el precio de la venta, a cambio de los documentos de la misma (factura, documentos de transporte y seguro, trámites aduaneros, etc.). De esta forma el vendedor tiene la seguridad de que se le va a pagar, pues es un banco el obligado. Además, la relación tercero-banco es abstracta, independiente de la relación del tercero con el cliente (independiente, por lo tanto, de la compraventa o del negocio existente entre ellos), con lo cual la seguridad es aún mayor. Existen unas Reglas y usos uniformes sobre créditos documentarios (última versión de 2007) que, no constituyendo derecho positivo de ningún país, son sin embargo aceptadas como régimen aplicable en la inmensa mayoría de contratos de este tipo.

## 4.2. Descuento

Normalmente se conceptúa el descuento como el anticipo por el banco de un crédito no vencido, previa deducción de un interés, con la cesión del crédito a la entidad salvo buen fin. Se le denomina contrato de «descuento» porque la entidad de crédito al anticipar «descuenta» el interés, de modo que el cliente recibe una cantidad menor a la del crédito que cede. Este descuento procede porque el banco anticipa el pago al cliente de un crédito no vencido, y por tratarse de la aplicación de un interés, la cuantía final del descuento varía en función del tiempo que falta hasta el vencimiento.

> La lógica económica del descuento es evidente. Para el cliente descontatario le supone recibir de forma anticipada una parte importante de un crédito, sin tener que esperar a su vencimiento; de esta forma obtiene liquidez, y podrá reinvertir ese dinero. En su cálculo, prefiere obtener ahora una parte del crédito que esperar al vencimiento para cobrarlo por entero. Para la entidad de crédito descontante se trata de su labor típica de inversión, pagando ahora una cantidad a cambio de un crédito por el cual obtendrá luego, a su cobro, un importe mayor; y con la «garantía» de la responsabilidad añadida del descontatario si el deudor cedido impaga. Además, el banco puede a su vez «redescontar» el crédito descontado, si precisa de liquidez, con lo cual puede deshacer su posición si es necesario. Obviamente, el tipo de interés aplicado por el banco es el que convierte la operación en atractiva, pues si resulta demasiado alto desincentivaría totalmente el descuento.

El contrato conlleva la cesión del crédito al banco, según las reglas propias del crédito para dicho traspaso: como regla general, la cesión de créditos de los arts. 1526 a 1536 CC, o 347 y 348 CCom, con comunicación de dicha cesión al deudor, para que sepa que debe pagar al nuevo acreedor; en el caso de créditos instrumentados en títulos a la orden, endoso de éstos al descontante; etc. Elemento igualmente importante es la cláusula «salvo buen fin»: quiere decir que si el banco descontante no obtiene el pago del crédito, a su vencimiento, del deudor original, podrá reclamar del cliente descontatario el pago de dicho crédito. De esta forma la entidad de crédito podrá optar, en este caso de impago, por reclamar a uno u otro el importe total: al deudor, porque aquélla es la cesionaria del crédito; al descontatario, porque así lo ha pactado con él al contratar el descuento. También puede pactarse el llamado «descuento sin recurso», en el cual el anticipo es definitivo, y el descontatario no responde del pago de la deuda cedida, pero también es mayor el descuento aplicado.

## 5. Operaciones bancarias pasivas

La captación de pasivo a través de depósitos de los clientes es una operación bancaria «clásica», pues precisamente la entidad de crédito se dedica, luego, a prestar eso que ha recibido. Se trata de negocios en los que el cliente bancario entrega un dinero a la entidad de crédito, que lo adquiere y hace suyo para destinarlo a sus operaciones activas, teniendo dicho cliente un derecho de restitución del *tantundem*, bien en cualquier momento (depósitos «a la vista»), bien en un plazo pactado (depósitos «a plazo»). A cambio de esa entrega, normalmente la entidad retribuye al cliente con el pago de un interés, y normalmente en los depósitos a la vista le ofrece la posibilidad de uso del servicio de caja (en estos casos existe un depósito a la vista junto con un contrato de cuenta corriente).

> Este tipo de operaciones resulta ventajoso para ambas partes. Al cliente le proporciona todas o alguna de las siguientes utilidades: le evita tener que custodiar su dinero, le permite ganar un interés, y en los depósitos a la vista además le proporciona todo el abanico de posibilidades del servicio de caja. A la entidad de crédito, en cambio, le proporciona los fondos que luego podrá prestar a un interés muy superior a aquel con el que retribuye al deponente, de forma que en la diferencia entre ambas retribuciones (el llamado «margen de intermediación») está la ganancia del banco. Pero, en definitiva, aparte de la utilidad concreta reportada al cliente o al banco, es todo el sistema financiero el que puede funcionar a base de este pasivo captado por el banco, que financia a las operaciones de los sujetos deficitarios.

Existe una diferencia fundamental entre dos formas de instrumentar estos «depósitos», en función del momento en el que el cliente puede solicitar la entrega parcial o total del *tantundem*. En los depósitos «a la vista» tal solicitud puede realizarse en cualquier momento, y además puede retirar toda la cantidad entregada o sólo parte de la misma; para permitir esa disponibilidad de muy diversas maneras el depósito suele ir asociado a un contrato de cuenta corriente. En los depósitos «a plazo» (también llamados en la jerga bancaria «imposiciones»), en cambio, existe un plazo fijado de duración de forma que el cliente no puede retirar antes el dinero, ni el banco liberarse anticipadamente. La restitución de la cantidad se realiza de una sola vez llegado el término pactado, de forma que no se vincula el depósito con una cuenta corriente, ni se ofrece servicio de caja. Lógicamente el interés pagado es más alto en los depósitos a plazo, porque la entidad puede invertir esos fondos a medio plazo y obtener así una mayor rentabilidad.

Como se aprecia, el uso del vocablo «depósito» para estas operaciones resulta totalmente impropio. Es obvio que el banco no sólo no «guarda» el dinero, sino que además se parte de que lo va a utilizar para prestarlo a otros clientes (esa es su función caracterizadora). Además, el dinero del cliente se hace de titularidad de la entidad de crédito, y el cliente adquiere a cambio un derecho a la restitución de la misma cantidad. Por eso la doctrina mayoritaria coincide en señalar que no estamos ante un verdadero depósito; e, igualmente, en diferenciar la naturaleza jurídica de los depósitos a la vista y de los depósitos a plazo. En éstos es fácil asimilar la figura a un contrato de préstamo (el cliente entrega un dinero, y el banco se compromete a devolverlo en un plazo más un interés). En los depósitos a la vista existen elementos de mandato (el banco cumple órdenes de pago del cliente), y en algunos casos de préstamo. Más que la custodia del dinero se busca obtener el servicio de caja y la posibilidad de disponer de los fondos de diversas maneras, así como de realizar ingresos que incrementen el saldo existente.

Un aspecto regulado es el relativo a los Fondos de Garantía de Depósitos, que únicamente se aplica a depósitos bancarios de dinero, no a otras figuras de inversión que a veces se comercializan como algo similar a los depósitos. Para dar mayor seguridad y estabilidad al sistema financiero, el Fondo garantiza al cliente la devolución del saldo hasta una cuantía máxima de 100.000 € por titular en los casos de insolvencia de la entidad de crédito. Por el resto de la cuantía ingresada por el cliente, en su caso, éste concurriría al concurso de la entidad como un acreedor más. La regulación se realiza en el RD 2606/1996, de 20 diciembre, de Fondos de garantía de depósitos en entidades de crédito.

## 6. Operaciones bancarias neutras

### 6.1. Concepto y caracterización general

En las operaciones neutras el banco no realiza una actividad crediticia, sino que presta un servicio distinto, como comisionista, depositario, administrador o simple gestor de cuentas. Son necesarias para que el cliente obtenga un servicio completo, y también para que la banca pueda realizar cualquier tipo de operación (principio de «banca universal») con el que obtener ganancias. De hecho, cada vez más las entidades de crédito se dirigen a cambiar su modelo de receptoras de fondos/prestamistas, que les concede muy poca ganancia, por otra finalidad de entidades que prestan servicios financieros variados.

De todas formas, existen operaciones que pueden ser operaciones activas o neutras en función de su modalidad. Así ocurre con las tarjetas bancarias, operaciones neutras en las tarjetas de débito, de compra y de cajero; y operaciones activas en las tarjetas de crédito. También sucede con el crédito documentario, que es una simple intermediación en el pago si el banco paga con fondos del ordenante; y en cambio se convierte en verdadero crédito, y operación activa, si el banco anticipa los fondos y luego los reclama al ordenante.

## 6.2. Transferencias bancarias

La transferencia bancaria es una operación mediante la cual un cliente bancario dispone de una cantidad de dinero depositada en su cuenta, ordenando a su banco que la ingrese simultáneamente en otra cuenta, del mismo cliente o de un tercero, en el mismo u otro banco. Se integra como uno más de los servicios componentes del servicio de caja, de forma que el cliente puede disponer de su dinero mediante cheques, pagos con tarjetas o, como en este caso, órdenes de transferencia. Actualmente resulta aplicable toda la normativa sobre servicios de pago fijada en el ya citado RDL 19/2018, que establece, por ejemplo, los plazos máximos que el banco puede utilizar para abonar el dinero en la cuenta del beneficiario, la irrevocabilidad de la orden de transferencia, o que normalmente los gastos por la transferencia serán asumidos por ambas partes (gastos compartidos, a diferencia del sistema anterior, que normalmente era de gastos a cargo del ordenante). Aunque la transferencia bancaria ha sido desplazada, entre particulares, por otras técnicas de pago a través de entidades de diverso tipo (pago mediante tarjeta, mediante *bizum* –que es un tipo de transferencia realizado usando tecnología digital–, mediante *bitcoins*, etc.), sigue siendo un medio de pago muy común entre empresas.

Una de las características esenciales de la transferencia es su autonomía respecto de la relación subyacente existente entre ordenante y beneficiario (cuando éstos son personas distintas, que es lo más común). Esto quiere decir que la orden de transferencia recibida por el banco es independiente de las vicisitudes de la relación subyacente aludida. Si, por ejemplo, el banco que recibe la orden de transferencia ha realizado la misma, el ordenante no podría revocar la operación alegando que la operación subyacente se frustró; la entidad bancaria ha cumplido su encargo, tiene derecho a su comisión, y será el ordenante el que deba reclamar al beneficiario, en su caso, el cobro de lo indebido o el enriquecimiento injusto. El banco desconoce las razones por las que se efectúa la transferencia, que además para él son totalmente irrelevantes. Esta característica ha sido resaltada por el Tribunal Supremo en su Sentencia 10.04.1995.

### 6.3. Contratos de «custodia» de bienes. Depósitos cerrados. Depósitos administrados. Cajas de seguridad

Tradicionalmente, los bancos prestaban un servicio de custodia de los llamados «depósitos cerrados», de continentes cerrados, sellados y lacrados, que eran entregados a la entidad para su guarda. El banco desconocía el contenido, y se limitaba a guardar el recipiente con los bienes integrados secretos. Hoy en día estos depósitos están en total desuso, suplantados por el sistema de alquiler de cajas de seguridad.

Los depósitos cerrados han sido relevados por el uso de cajas de seguridad. En estos negocios el cliente contrata con el banco el alquiler de una caja que, a su vez, se integra dentro de un espacio común de cajas de seguridad custodiado por sistemas sofisticados. Lo esencial es que sólo el cliente conoce qué se guarda en la caja, pues él es quien realiza el ingreso o retirada de los objetos. La discusión «clásica» en esta materia es la relativa a la naturaleza jurídica del negocio. Si exacerbamos el elemento de guarda y custodia de las cajas podríamos pensar que estamos, básicamente, ante un depósito (arts. 1758-1780 CC), con ciertos matices derivados de la operativa ordinaria; si, en cambio, consideramos que el cliente lo que hace es pagar por el uso de una caja, de una parte del sótano de la entidad, estaremos ante un contrato de arrendamiento de cosa (arts. 1546-1574 CC).

Desde el punto de vista jurídico, la cuestión más importante en esta materia es la relativa a la responsabilidad de la entidad de crédito en los supuestos de hurto o robo de los contenidos de las cajas. En primer lugar, lógicamente el usuario debe probar dichos hurto o robo (lo cual será fácil si todas han sido abiertas o forzadas). Acreditada la sustracción, con diversos fundamentos la doctrina y la jurisprudencia concluyen que el banco no responde de los supuestos de caso fortuito o fuerza mayor; pero el robo no es caso fortuito, pues supone que fallaron los sistemas de seguridad, o que no eran lo suficientemente fiables. En tercer lugar, para que el cliente puede reclamar el importe de lo que, supuestamente, había en su caja, deberá acreditar, precisamente, que lo había, que eso estaba allí. Y es lógico que esa prueba le corresponda a él, pues sólo él podía manipular el contenido, y el secreto consustancial a estos contratos así lo implica. La sorprendente STS 04.11.2008 aplica el criterio del art. 1769.3 CC de que la afirmación del cliente es suficiente, y el banco debería aportar indicios que destruyan esa afirmación. En la práctica, las dificultades de prueba se intentan soslayar pactando en el contrato que, en caso de sustracción, se satisfará al cliente una cantidad máxima pactada, o estableciendo que el cliente no podrá ingresar objetos que excedan de un valor determinado.

Cuando dichas cláusulas estén pactadas con consumidores podría discutirse su carácter abusivo, pues se está impidiendo al cliente que recupere un valor real, tasándolo o limitándolo por un precio realmente bajo. En otros casos se permite al cliente que eleve esa cantidad pagando una sobreprima del seguro de responsabilidad contratado a estos efectos. Esto es, el precio del alquiler normalmente incluye la prima del seguro por una cantidad relativamente pequeña (por ejemplo, 3000 o 6000 euros), y si el cliente quiere asegurar por más cantidad, debe pagar un sobreprecio.

## 6.4. Mediación en la emisión de valores (remisión)

Últimamente, y como parte de una «atención integral al cliente», las entidades de crédito han actuado como asesoras en la inversión en instrumentos financieros de muy diverso tipo (participaciones preferentes, acciones, bonos y obligaciones, participaciones en fondos de inversión, etc.), actividad que constituye un «servicio de inversión» que puede ser realizado, con ciertos requisitos, por las entidades de crédito [art. 125.g) LMVSI]. Como esa actuación afecta a «instrumentos financieros», se rige por toda la normativa del mercado de valores, que obliga a «conocer al cliente» y a someterle a una serie de test para determinar cuáles son sus conocimientos financieros y sus preferencias de inversión, y asesorarle así sólo acerca de productos que sean idóneos para su perfil inversor (véanse arts. 191 y ss. LMVSI, que diferencian entre «clientes minoristas» y «clientes profesionales», y específicamente arts. 203-209 LMVSI acerca de la «evaluación de la idoneidad» para realizar el servicio de asesoramiento en materia de inversiones. Todas estas reglas suponen la concreción del paquete de regulación comunitaria denominado MiFID, véase Lección 6, epígrafe 2.2.B).

# Contratos de los mercados de valores

## 1. El derecho del mercado de valores

### 1.1. Sentido y significación de la existencia de los mercados de valores

Como alternativa al mercado de crédito, las empresas pueden buscar financiación acudiendo no ya a prestamistas profesionales, sino a cualquier inversor, profesional o no, persona física pequeño-ahorrador o persona jurídica dedicada a la inversión. Esta financiación puede provenir, básicamente, bien de la suscripción por los inversores del capital social (suscripción de acciones o asunción de participaciones, en los casos de fundación de sociedades de capital o de aumento de capital mediante la emisión de nuevas acciones o participaciones); bien mediante la suscripción de títulos que representen un préstamo a la sociedad (emisión de obligaciones, pagarés de empresa, etc.). En el primer caso el inversor se convierte en socio, y en el segundo en simple prestamista (aunque, en ocasiones, puede alcanzar la condición de socio, si las obligaciones suscritas son obligaciones convertibles en acciones); la forma de financiación también es sustancialmente distinta desde un punto de vista económico y contable (recursos propios, en el caso del capital; y recursos ajenos, en el supuesto de emisión de obligaciones).

Para facilitar e incentivar la suscripción de estas emisiones el Derecho debe establecer todo un sistema de reglas e instituciones que: permitan la emisión masiva de títulos; otorguen información en cuanto a los emisores (pues no cabe una negociación individualizada con cada uno de ellos); confieran seguridad o credibilidad en cuanto al cumplimiento de sus obligaciones; y faciliten la liquidez de la inversión (esto es, la posibilidad de vender los títulos suscritos con el fin de lograr liquidez, obtener una ganancia o poder realizar una nueva inversión).

Para permitir la emisión masiva se establece el concepto de «instrumento financiero», se fijan las categorías y regulación de los distintos tipos de valores (acciones, obligaciones, obligaciones convertibles, etc.) y se exige una serie de requisitos (especialmente, la «homogeneidad» de los valores agrupados en una emisión). A su vez, cada emisor de valores está obligado a hacer públicos toda una serie de datos acerca de su identidad y solvencia, lo cual permite a los inversores realizar un juicio en cuanto a sus expectativas de ganancia o posibilidades de cumplimiento de las obligaciones asumidas (arts. 35 a 39 LMVSI). Para reforzar esa credibilidad la emisión puede estar «calificada» por una agencia de *rating* (véase epígrafe 3.3). El inversor, además, tiene la tranquilidad de que en la mayoría de los casos podrá vender fácilmente en los mercados secundarios los valores suscritos o adquiridos, si bien esa tranquilidad depende del tipo de valor suscrito (es absoluta en cuanto a acciones que cotizan, por ejemplo, pero mucho menor en acciones no cotizadas). Además, si se realiza la venta el cumplimiento de la misma queda asegurado por los diversos sistemas de garantía existentes en los mercados organizados, y se facilita enormemente a través de los sistemas de liquidación y compensación global. Todo el sistema es operativo porque existen una serie de intermediarios especializados en este tipo de operaciones de inversión, las «empresas de servicios de inversión», cuya solvencia y credibilidad están controladas. En fin, la fiabilidad del sistema financiero se asegura aún más mediante instituciones como el Fondo de Garantía de Inversiones, que protege al inversor en una cuantía mínima en los supuestos de insolvencia de las entidades gestoras o intermediarias (véase epígrafe 2.2.B).

Como se aprecia, toda la estructura de instituciones que debe crear y regular el derecho para dar existencia a los mercados de valores, para hacerlos operativos y para conferirles credibilidad y seguridad es muy compleja. La norma que regula fundamentalmente esta materia es, actualmente, la Ley 6/2023, de 17 de marzo, de los Mercados de Valores y de los Servicios de Inversión (en adelante LMVSI).

La institución que ejerce las funciones fundamentales de control y supervisión de los mercados de valores es la Comisión Nacional del Mercado de Valores (www.cnmv.es), un organismo público pero con autonomía de actuación y no sujeción a los criterios de la administración pública (véanse arts. 16 a 33 LMVSI). Básicamente, las funciones que ejerce la Comisión son las siguientes: a) supervisión e inspección de los mercados de valores y de la actividad de cuantas personas físicas y jurídicas se relacionan en el tráfico de los mismos; b) ejercicio de la potestad sancionadora (incoa e instruye los expedientes por infracción de las normas de actuación, y además impone las sanciones por infracciones graves y leves; y propone las sanciones por infracciones muy graves al Ministerio de Economía y Hacienda); c) ejercicio de la potestad reglamentaria; d) facultades de asesoramiento e información.

## 1.2. Características y principios del Derecho del mercado de valores

Resulta conveniente exponer, aunque sea someramente, algunos de los principios generales que vertebran esta parte del ordenamiento.

a) Principio de libertad de mercado. En consonancia con lo dispuesto en el art. 38 CE, y como regla propia de un «mercado», la contratación de valores se desarrolla con sujeción a las reglas de libertad de mercado: formación de precios mediante concurrencia de oferta y demanda de particulares, libertad de acceso para los inversores y para los intermediarios (esto es, concesión reglada de la autorización para ser intermediario cumpliendo los requisitos lógicos y proporcionales prefijados), etc.

b) Principio de información al inversor y de transparencia del mercado: la normativa establece toda una serie de reglas que obligan a dar información acerca, fundamentalmente, de los emisores de valores y de las operaciones del mercado, para que cualquier inversor pueda conocer las características de los títulos que planea adquirir y la situación económica de la sociedad a la que pertenecen.

c) Principio de protección al inversor minorista. A diferencia del principio anterior, la protección del inversor es un principio de política legislativa, que no deriva de una necesidad del mercado o del sistema, sino de una opción del legislador por proteger especialmente a una de las partes de la contratación (véase epígrafe 2.2.B).

d) Principio de igualdad de los inversores. Relacionado también con los anteriores, implica que todos los inversores estén en igualdad de condiciones para realizar su inversión. Es lo que justifica, por ejemplo, la regulación de las OPAs, que permite a todos los accionistas afectados por la oferta aceptar ésta o rechazarla; o la prohibición de actuación conforme a información privilegiada, que supondría favorecer al *insider* frente a la inmensa mayoría de inversores que no conocen los datos no públicos.

La LMVSI contiene todo un Título VIII relativo a las «Normas de conducta» para los operadores en el mercado (arts. 191 a 231). Se trata de una serie de reglas que en realidad no son sino un precipitado de normas de actuación ya formuladas en preceptos jurídicos generales (por ejemplo, los mandatos de los arts. 197 y 198 LMVSI se podrían deducir de los arts. 1718 CC y 260 y ss. CCom). En los arts. 232 y ss. LMVSI se establece todo el régimen de supervisión, inspección y sanción, para poder reprimir las prácticas contrarias a las reglas señaladas. Esta posible responsabilidad administrativa no excluye que el intermediario o el sujeto infractor responda por otras vías (civil, penal, etc.). Las propias entidades que actúan en estos mercados pueden dictar específicos Códigos de conducta, en los que desarrollen o concreten estos deberes formulados en la Ley [así se prevé expresamente en el art. 191.1.c) LMVSI].

Para sistematizar de alguna manera todas las normas de conducta resulta útil agruparlas en función del destinatario de las mismas:

a) Normas dirigidas a las empresas de servicios de inversión, entidades de crédito y demás personas o entidades que actúen en el mercado de valores, recibiendo o ejecutando órdenes, o asesorando sobre inversiones en valores (arts. 197 a 224 LMVSI). Aquí se incluyen fundamentalmente reglas de diligencia contractual en el desarrollo de la labor de estas entidades como mandatarias o asesoras de los inversores, deberes de información (sobre el servicio prestado, pero también acerca de los riesgos asociados a los instrumentos financieros sobre los que versa el contrato), deberes de evaluar la idoneidad y conveniencia del producto para el cliente (los conocidos como «tests de idoneidad y conveniencia», derivados de la normativa comunitaria MiFID), o deberes en la gestión y ejecución de las órdenes de la clientela.

b) Normas dirigidas a los emisores de valores. Se trata de comunicar a la CNMV la información privilegiada que les concierna, así como cualquier información de carácter financiero o corporativo relativa al propio emisor o a sus valores o instrumentos financieros que consideren necesario, por su especial interés difundir entre los inversores (arts. 226 y 227 LMVSI).

c) Normas dirigidas a todas las personas que actúen o se relacionen en el mercado de valores. La antigua normativa establecía el régimen de la llamada «prohibición del *insider trading*» o «prohibición del uso de información privilegiada». La actual Ley lo que hace es establecer reglas generales (arts. 226 a 299 LMVSI) y remitirse a la regulación comunitaria, contenida en el Reglamento (UE) 596/2014. De acuerdo con el mismo, es información privilegiada (en su primera acepción) «la información de carácter concreto que no se haya hecho pública, que se refiera directa o indirectamente a uno o varios emisores o a uno o varios instrumentos financieros o sus derivados y que, de hacerse pública, podría influir de manera apreciable sobre los precios de dichos instrumentos o de los instrumentos derivados relacionados con ellos» (art. 7.1.a). El uso por una persona de esta información, cuando tal persona esté de alguna forma relacionada con los mercados de valores, o conozca que es información privilegiada, está prohibido y penado administrativamente.

## 2. Objeto y sujetos actuantes en el mercado de valores

### 2.1. El objeto de contratación: el «valor negociable»

El propio título de la Ley reguladora de estos mercados «de valores» exige delimitar qué se considera como «valor» a estos efectos. La Ley, sin embargo, no coloca como centro del ámbito de regulación a los valores, sino a los «instrumentos financieros» (art. 2 LMV), dentro de los cuales los «valores negociables» son una especie. Por valor negociable se entiende «Cualquier derecho de contenido patrimonial, cualquiera que sea su denominación, que, por su configuración jurídica propia y régimen de transmisión, sea susceptible de tráfico generalizado e impersonal en un mercado financiero» (art. 2.1.a LMVSI). Lo relevante es, pues, el contenido patrimonial y la susceptibilidad de tráfico generalizado e impersonal. Además, la Ley limita su aplicación a los valores negociables «agrupados en emisiones». El ejemplo típico de valor negociable son las acciones al portador y las obligaciones, pero existen muchos más.

> Debe destacarse en la materia de cómo se podrán representar los valores negociables otro de los cambios importantes operados por la LMVSI. Hasta ahora había dos formas de representación: títulos (esto es, documentos físicos) o anotaciones en cuenta (registros informáticos, con un régimen específico recogido actualmente en los arts. RD 814/2023). Pero la nueva Ley ha añadido, por imperativo comunitario, la posibilidad de que se representen también mediante «sistemas basados en tecnología de registros distribuidos». Esta tecnología tiene como principal exponente a las «cadenas de bloques» o *blockchains*, y se caracteriza por ser totalmente digital, y porque los archivos se replican y se guardan por los diversos operadores del mercado (por eso es un registro «distribuido»), y los datos se encriptan y resultan inmodificables.

Junto a los valores negociables la Ley se aplica también a ciertos «instrumentos financieros». No se define qué se conceptúa como tal, pero el listado legal incluye opciones, futuros, permutas y otros contratos derivados. En la moderna operativa ha surgido además una figura multifacética como los «tóquenes», que en ocasiones supondrán un verdadero «instrumento financiero» si cumplen todos los requisitos señalados. Muchas entidades que operan en el «mundo digital» se han financiado a través de la emisión de tóquenes, una operación que recuerda mucho a la «emisión de valores» que luego estudiaremos, pero que resulta diferente en algunos aspectos.

Los «tóquenes» o «criptoactivos» suelen clasificarse en: a) tóquenes de pago, emitidos para servir de medio de pago (aunque en muchas ocasiones se han convertido en medios de inversión. Son las llamadas «criptomonedas», como el bitcóin o el *ether*); b) «*security* tóquenes», que de alguna forma suponen participar en los beneficios de la empresa que los emite, pero que no se configuran legalmente ni como acciones ni como participaciones (estos son los que podrían constituir «instrumentos financieros» si cumplen todos los requisitos señalados); y c) «*utility* tóquenes», que permiten al titular usar un servicio (por ejemplo, adquirir tóquenes que dan derecho a usar una instalación deportiva, o una conexión VPN, u oír la música que se financia con las aportaciones del sujeto). Una regulación parcial de algunos de estos tóquenes se realiza en el Reglamento 2023/1114, de 31 de mayo de 2023, relativo a los mercados de criptoactivos.

## 2.2. Sujetos de los mercados de valores: emisores, intermediarios e inversores

### A. *Emisores de valores*

El emisor de valores deberá estar válidamente constituido de acuerdo con la legislación del país en el que esté domiciliado, y deberá estar operando de conformidad con su escritura de constitución y estatutos o documentos equivalentes (arts. 33.2 LMVSI y 65.2 RD 814/2023). El hecho de ser «emisor» convierte a este sujeto en integrante del mercado, y sometido a su normativa general; pero, además, le confiere un estatuto específico en ciertos aspectos. Así, está sometido a obligaciones que afectan a todos los que operan en los mercados, como la prohibición del abuso de información privilegiada, y tienen obligaciones específicas de comunicar toda información relevante (arts. 226 y 227 LMVSI). Por otro lado, si realizan ofertas públicas de emisión de títulos deben, en la mayoría de los casos, hacer público un folleto informativo y sujetarse a una serie de obligaciones (véase epígrafe 3.2). Y, por último, si los valores emitidos cotizan en algún mercado secundario, a esas obligaciones ya señaladas se suman otras propias de dichos mercados, y basadas fundamentalmente en la obligación de transparencia y de difusión de información. Especial relevancia alcanza el estatuto específico de las «sociedades cotizadas», de las anónimas que solicitan y logran la cotización de sus acciones en el mercado bursátil (estudiadas en «Derecho de sociedades»). Por lo tanto, podríamos decir que el emisor de valores tiene un estatuto jurídico propio.

### B. *Inversores*

La contraparte del emisor es el inversor, el adquirente de valores. A diferencia del emisor, al que se le imponen una serie de obligaciones, el inversor (sobre todo el minorista) es más bien objeto de protección, porque se parte en buena medida de que está en una situación de inferioridad y también porque sólo si se le defiende se arriesgará a invertir. En esta materia de protección del inversor debe destacarse la institución del Fondo de Garantía de Inversiones. En caso de concurso de una entidad adherida al fondo, los inversores que no puedan obtener el reembolso del dinero o de los valores entregados a la entidad podrán pedir tal reembolso al Fondo de Garantía, con una serie de límites (entre ellos, un máximo de 100.000 euros por inversor, y con exclusión de los inversores de carácter profesional, institucionales y los especialmente vinculados a la empresa concursada) (arts. 187 y ss. LMVSI). El Fondo no garantiza la recuperación ni rentabilidad de las inversiones, simplemente garantiza la recuperación de fondos en caso de concurso o desaparición de las entidades a quienes se hayan entregado.

Los Derechos comunitario y español distinguen entre el cliente profesional y el minorista (arts. 193 y 194 LMVSI). Básicamente, clientes profesionales son las entidades financieras, ciertas entidades públicas, los empresarios con un volumen de negocios relevante y los inversores institucionales; cliente minorista es el que no sea profesional. La protección al cliente minorista es superior [por ejemplo, el cliente profesional no se beneficia del Fondo de Garantía de Inversiones, art. 190.4.b) LMVSI]. Pero, además, una parte importante de la reforma es la que obliga a las entidades que realizan servicios de inversión a «conocer al cliente», a informarse sobre sus conocimientos en materia financiera y clasificarle según tales conocimientos y el nivel de riesgo que quiera asumir, para así ofrecerle productos adecuados a su perfil. Esto de hecho se realiza sometiéndole a un test, para comprobar tales conocimientos.

> Estas obligaciones se contienen en la conocida como Directiva MiFID (*Markets in Financial Instruments Directive*). Concretamente, el cliente que pida un servicio de asesoramiento en materia de inversión o de gestión discrecional de carteras deberá someterse a un «test de idoneidad» para que la entidad aprecie cuáles son sus conocimientos y determine su perfil inversor (conservador, arriesgado, etc.) para poder gestionar o asesorar de acuerdo a dicho perfil. Si el cliente se niega a someterse, la entidad no puede ofrecerle el servicio. Cuando se solicite otro servicio de inversión o auxiliar, se someterá al cliente a un «test de conveniencia» para evaluar sus conocimientos y si puede comprender los riesgos aparejados al producto que solicita; si la entidad considera que el producto no es adecuado a tales conocimientos lo comunicará al cliente, quien sin embargo puede, pese a ello, contratarlo (haciendo constar que se le ha advertido de los riesgos y que los acepta) (véanse arts. 203 a 209 LMVSI). El incumplimiento de estas obligaciones supone una infracción administrativa sancionable, pero además la STS 20.01.2014 ha considerado que,

desde la perspectiva civil, «la ausencia del test no determina por sí la existencia del error vicio, pero sí permite presumirlo».

Es claro que el inversor minorista no siempre es un «consumidor» (art. 1.2 LGDCU), y por lo tanto esta normativa específica del mercado de valores es independiente de su condición subjetiva. Cuando el inversor sea consumidor, a las normas protectoras del mercado de valores se añadirán las propias de la defensa del consumidor. Tampoco debe olvidarse que en un gran número de supuestos resultará aplicable la Ley de condiciones generales de la contratación, pues es común que los contratos se realicen mediante formularios predispuestos e impuestos por una de las partes.

### C. Intermediarios en los mercados de valores: las Empresas de Servicios de Inversión (ESIs)

La Ley de los Mercados de Valores y de los Servicios de Inversión establece la categoría general de «Empresas de servicios de inversión» (en adelante, ESIs), señalando cuáles son los servicios de inversión, y a continuación qué empresas de servicios de inversión se pueden crear, y qué servicios puede desempeñar cada una de ellas. Además, se permite la actuación como intermediarios también a las entidades de crédito, siempre que su régimen jurídico, sus estatutos y su autorización específica les habiliten para ello (art. 128.3 LMVSI); así como las ESIs autorizadas en otro Estado miembro de la Unión Europea (arts. 145 a 147 LMVSI. Es el llamado «principio de pasaporte comunitario»). La Ley, adoptando exigencias del Derecho comunitario, obliga a algunas ESIs de gran volumen a constituirse como entidades de crédito, y somete a otras a la misma normativa prudencial de las entidades de crédito (art. 124 LMVSI). La Ley 11/2015, de 18 junio, de recuperación y resolución de entidades de crédito y empresas de servicios de inversión, se ocupa de la supervisión y de la intervención de las ESIs en supuestos de dificultades financieras.

Los arts. 125 y 126 LMVSI establecen cuáles se consideran «servicios de inversión» y cuáles «actividades complementarias». Y partiendo de ello, los intermediarios se clasifican o definen según los cometidos que pueden llevar a cabo de entre todos ellos. La Ley, y su desarrollo reglamentario, establece los requisitos de autorización de cada una de estas Empresas de Servicios de Inversión y los que deben cumplir (por ejemplo, en cuanto a solvencia) durante toda su existencia. Según el art. 128.1.a) a d) LMVSI pueden ser:

a) Las sociedades de valores son los intermediarios con facultades más amplias: pueden actuar por cuenta propia o ajena, y desarrollar cualquier servicio de inversión y actividad complementaria.

b) Las agencias de valores en cambio sólo pueden actuar por cuenta ajena (esto es, por orden de un comitente), y además no pueden llevar a cabo todos los servicios y actividades complementarias; concretamente, no pueden negociar por cuenta propia, asegurar la suscripción de emisiones y ofertas públicas de venta, ni conceder créditos o préstamos a comitentes.

c) Las sociedades gestoras de carteras únicamente pueden realizar: gestión de carteras; asesoramiento a empresas; y asesoramiento sobre inversión.

d) Las empresas de asesoramiento financiero pueden asesorar en materia de inversión, y sobre estructura de capital y estrategia industrial, y elaborar informes de inversión y análisis financieros.

## 3. Contratos en el mercado primario

### 3.1. Concepto de mercado primario

El mercado primario es aquél en el que se emiten valores negociables, que son suscritos de forma originaria por los inversores. Se trata del momento de «nacimiento» de dichos valores, por medio de su «emisión» y subsiguiente «suscripción» (ampliación de capital, emisión de obligaciones, etc.). No es un mercado «físico», sino una forma de denominar a la forma de operar la oferta de títulos y la demanda. A partir de ahí cualquier transmisión ya supone una segunda o sucesiva adquisición, y se integra en un mercado secundario (organizado o no). En el mercado primario el principal contrato o negocio es, lógicamente, el de emisión-suscripción, que normalmente se realiza mediante una «Oferta Pública de Suscripción de Valores» (OPS). Junto a él, también cobran protagonismo una serie de contratos «auxiliares» de la emisión como son los de dirección, colocación o aseguramiento de la emisión. El desarrollo reglamentario en esta materia ha venido dado, básicamente, por el RD 814/2023.

> Como antes se ha señalado, en la operativa actual es común que ciertas empresas del ámbito digital se financien a través de la emisión de *security* tóquenes: emiten tóquenes que dan derecho a votar y a participar en los beneficios de la entidad, o que confieren otros derechos, pero ni el emisor se configura como sociedad anónima o limitada, ni los tóquenes se caracterizan como acciones o participaciones. Son las llamadas ICOs (*Initial Coin Offerings*) o STOs (*Securities Offerings*). En ocasiones, aunque se intente «eludir» la regulación legal son verdaderas emisiones de instrumentos financieros que, si cumplen los requisitos legales (por ejemplo, de volumen de capital solicitado, o de valor nominal de los tóquenes), deberían someterse al régimen de la LMVSI. De hecho, así lo manifestó la Securities Exchange Comission estadounidense respecto de la ICO de THE DAO, una entidad creada mediante aportaciones de inversores realizadas de forma totalmente digital, a través de criptomonedas.

### 3.2. La Oferta Pública de Suscripción de Valores (OPS)

La emisión de valores no requerirá autorización administrativa previa (art. 34 LMVSI), pero sí debe cumplir una serie de requisitos, de los cuales el más relevante es la publicación de un folleto de emisión. Este folleto se exige para que el inversor tenga información adecuada acerca del emisor y del valor que emite. La obligación de publicar folleto está excepcionada en ciertos casos (como para valores de importe igual o superior a 100.000 euros, o emisiones de importe inferior a ocho millones en un año), si bien en algunos de ellos si se realizan con publicidad, la contratación de valores debe realizarse a través de una ESI (arts. 35 y 36 LMVSI). Hay que destacar que, a menudo, a la vez que se plantea, diseña y realiza una emisión de valores, se solicita la admisión a negociación de los mismos en un mercado secundario. De esta manera se incentiva la suscripción, pues el inversor sabe que los títulos serán fácilmente «liquidables», permitiendo no sólo una rápida desinversión, sino estrategias especulativas.

Publicado el folleto, se abrirá el plazo de suscripción de los valores. La tramitación, formalización y liquidación de la oferta se realizará en la forma prevista en el folleto. Si las aceptaciones realizadas por los inversores exceden del número de valores ofertados, en el folleto se habrá determinado cual es el sistema de adjudicación a seguir. Aparte de la regla de un prorrateo por igual entre todos los aceptantes, suelen ser también habituales las de preferencia por la fecha de aceptación (criterio cronológico) o de subasta (adjudicación al mejor postor), o una conjugación de varias de ellas.

### 3.3. Contratos de dirección, colocación, aseguramiento y/o coordinación de emisiones de valores. Contrato de calificación de emisiones o rating

En la práctica, la emisión de valores se realiza por las entidades tras una serie de estudios previos y, durante la etapa de suscripción, mediante la colaboración con instituciones que buscan inversores y facilitan o, incluso, aseguran la colocación. Estas labores han dado lugar al surgimiento de varios grupos de actividades, de los que cabe destacar los contratos de dirección, de colocación, y de aseguramiento de emisiones de valores.

a) Dirección de la emisión de valores: supone que la entidad que se propone realizar una emisión encarga a una entidad especializada que realice los estudios y trámites previos necesarios para configurar la emisión.

Como se aprecia, esta labor puede conllevar multitud de actividades diversas: estudios de mercado para conocer qué tipo de valores se demandan, contactos con las instituciones oficiales para conocer los trámites a desarrollar, elaboración y presentación de documentos a los efectos de cumplir los requisitos administrativos de la emisión, etc. Por eso en cada caso habrá que detallar cual o cuales son los cometidos concretos de la entidad directora.

b) Realizada ya la emisión, normalmente se encarga a entidades especializadas (entidades de crédito, sociedades o agencias de valores) que contacten o busquen a los inversores que puedan suscribir los valores. En ese consiste el contrato de «colocación de emisiones».

c) A veces el contrato de colocación incluye una cláusula de «aseguramiento de la colocación de emisiones». Consiste en que el propio gestor se compromete a colocar todos los títulos cuya suscripción se le encarga, de forma que si no encontrara terceros suscriptores suficientes, adquiriría él mismo los valores que no pudo colocar (se trata de una comisión de garantía, Lección 3, epígrafe 3.2.B). Solo las Sociedades de Valores pueden realizar esta operación, por ser las únicas Empresas de Servicios de Inversión que pueden actuar por cuenta propia, adquirir los valores para sí.

La normativa aplicable no regula este tipo de contratos, pero alude a los mismos en algunos momentos. Especial importancia tiene la obligación que se impone a la entidad directora de la emisión: debe hacer constar en el folleto que ha llevado a cabo las comprobaciones necesarias para contrastar la calidad y suficiencia e la información contenida en el folleto, y que de acuerdo con ellas considera que no existen circunstancias que contradigan o alteren la información recogida en el folleto, ni éste omite hechos o datos significativos que puedan resultar relevantes para el inversor (art. 72 RD 814/2023). De esta forma, la entidad directora asume una responsabilidad importante, que podría determinar su responsabilidad civil para el caso de que el folleto omitiere datos significativos relevantes. También responden de la veracidad del folleto, obviamente, el emisor y sus administradores [arts. 38.1.b) LMVSI y 70 RD 814/2023].

Finalmente, es muy común que al realizar una emisión de títulos el emisor contrata a una entidad de *rating* para que realice una calificación del emisor y de los títulos, juzgando acerca de la solvencia de aquél y, en consecuencia, de las posibilidades de cumplimiento de los compromisos adquiridos con esos títulos.

## 4. Contratos en el mercado secundario bursátil

### 4.1. Organización de la bolsa y cotización de valores

Mercados secundarios son aquellos en los cuales se negocia con títulos ya emitidos y suscritos (que, así, se venden por segundas y sucesivas veces). La nueva redacción de la Ley distingue ahora tres tipos de «centros de negociación»: los «mercados regulados», los «sistemas multilaterales de negociación», y los «sistemas organizados de contratación» (art. 42 LMVSI). Los mercados regulados son los antiguos «mercados secundarios oficiales», y entre ellos los más relevantes son las bolsas de valores, el mercado de deuda pública en anotaciones en cuenta, o el mercado de renta fija AIAF. Véase *https://www.bolsasymercados.es/esp/Home*

### 4.2. Contrato de comisión bursátil

Antes de tratar el negocio genuinamente bursátil que es el de compraventa es preciso abordar el contrato de comisión bursátil, pues cronológicamente es anterior al de compraventa. En efecto, en la inmensa mayoría de los casos el comprador o vendedor de valores precisa, para realizar su negocio en bolsa, ordenar a un intermediario especializado que se encargue de esa compra o venta. Los particulares no pueden actuar directamente en el mercado secundario, sino que es precisa la intermediación aludida. Lógicamente, puede producirse una contratación directa de la compraventa entre dos particulares, sin sujeción a las reglas de los mercados oficiales, pero aun en tal caso deben comunicar la realización de esa operación a un miembro del mercado que, a su vez, la comunicará a los organismos rectores. Es la llamada «toma de razón».

El encargo de compra o venta a un miembro del mercado encaja en los moldes de un negocio de mandato o comisión. Pero tiene unas características propias que le otorgan un perfil propio, que hace que podamos hablar de la «comisión bursátil» como un tipo de comisión específico y con reglas propias, añadidas a las generales (las cuales, por supuesto, siguen siendo de aplicación. Véanse las reglas específicas en Reglamento Delegado 2017/565 de la Comisión y en los arts. 191 a 224 LMVSI).

a) Carácter obligado de la aceptación de la comisión. Los miembros de la bolsa están obligados a aceptar la orden de compra o venta, aunque pueden exigir al efecto la oportuna provisión de fondos.

b) Actuación del intermediario en nombre propio. El intermediario bursátil normalmente actúa en nombre propio, aun en el caso de que realice el negocio por cuenta de su cliente. Esto es así porque interesa que los sujetos jurídicamente responsables de las obligaciones propias de la compraventa sean tales intermediarios, cuya existencia, identidad y solvencia están controladas. De esta forma la entrega de los títulos será exigible al miembro que actúe como vendedor, y el pago al miembro que aparezca como comprador. Desde este punto de vista, que actúen por cuenta ajena (como siempre lo hacen las Agencias, por ejemplo) es irrelevante para la contraparte, pues el jurídicamente obligado es siempre el miembro del mercado, la ESI y no su «cliente».

c) Actuación del intermediario como comisionista de garantía. El intermediario garantiza al comitente el cumplimiento por el tercero, de forma que si éste no ejecuta sus obligaciones lo hará el intermediario con fondos propios, y con derecho de repetición frente a la contraparte (sobre la comisión de garantía véase Lección 3, epígrafe 3.2.B). Lo que normalmente no garantiza el comisionista (únicamente podría garantizarlo si es sociedad de valores), es que va a ejecutar la orden (que va a encontrar contraparte).

d) Posibilidad de «autoentrada» y de «aplicación de órdenes». En principio el comisionista no puede «autoentrar» en el contrato, esto es, colocarse como contraparte del comitente y comprarle lo que éste le manda vender o, viceversa, venderle bienes propios que el cliente ordenó comprar (véase Lección 3, epígrafe 3.2.B). Esto es así porque en tal caso podría buscar su propio interés en vez del propio del mandante (comprarle los títulos más baratos que el precio que ofrecería un tercero, o venderlos más caros que el precio de mercado). Sin embargo, tradicionalmente esta regla se ha exceptuado en el tráfico bursátil siempre que se cumplan algunos requisitos (buscar a un tercero que ofrezca un precio o condiciones iguales o mejores que las que él está dispuesto a ofrecer, y haberlo encontrado; y que el cliente autorice la autoentrada. Véanse arts. 218.1.a y 220 LMVSI).

## 4.3. Contrato de compraventa bursátil

La compraventa bursátil es, hoy por hoy, una operación que se celebra y ejecuta al contado. Esto es, los contratantes deben realizar sus obligaciones de entrega de títulos y del precio sin dilación. Sin embargo, dado el inmenso volumen de títulos que se negocian cada día, en la práctica la ejecución material de las prestaciones (abono del precio y cambio en la titularidad de los valores) se demora varios días. En cualquier caso la entrega de los títulos se ha facilitado enormemente gracias a su configuración como «anotaciones en cuenta», de forma que la «entrega» del título se realiza simplemente mediante la modificación de la titularidad en la central de anotaciones.

Es preciso señalar que la ejecución de las operaciones se realiza de una forma muy específica, y acomodada precisamente al tipo de contratación bursátil, caracterizado por la intermediación, la concentración en el mercado y los altos volúmenes de contratación. En realidad, no se ejecuta cada operación de forma individualizada entre comprador y vendedor, sino que se realiza una compensación global de todas las operaciones por parte de cada miembro del mercado, a consecuencias de la cual resultará deudor de ciertos títulos (aquéllos de los que haya vendido más de los que ha comprado), acreedor de otros, y deudor o acreedor de dinero (en función de que el importe de todas las ventas realizadas por él sea superior o inferior al importe de todas las compras).

> Esta posición deudora o acreedora de títulos y dinero se comunica y liquida a una entidad que realiza el sistema de liquidación (la llamada «Sociedad de Sistemas»). De esta forma, todo lo que entreguen los miembros de mercado que hayan resultado deudores de títulos y/o dinero irá a parar, definitivamente, a los miembros de mercado que hayan resultado acreedores de títulos y/o dinero. El RD 814/2023 mantiene como operaciones distintas la compensación y la liquidación, actuando en cada una de ellas entidades diferentes. Además, la Sociedad de Sistemas tiene otra función importante, que es de la hacer efectiva la entrega de títulos o/y de dinero cuando el miembro contratante no cumple con sus obligaciones.

Aunque no cabe operar a plazo en las bolsas españolas aún, más o menos el mismo efecto se logra al permitirse que el comprador o el vendedor soliciten un crédito para ejecutar su operación. De esta forma el prestatario puede operar «al descubierto», esto es, sin tener todo el dinero o todos los títulos que, respectivamente, deba pagar (si es comprador) o entregar (si es vendedor). La no autorización de las operaciones a plazo queda así mitigada en sus efectos. Este crédito a los comitentes está regulado en la OM 25 marzo 1991.

## 5. *Otros negocios y operaciones de los mercados de valores*

### 5.1. Ofertas Públicas de Adquisición (OPAs)

La OPA es, como su propio nombre indica, una «oferta general» de adquisición que se hace pública para que todo el mercado la conozca. Un inversor puede adquirir libremente títulos de cualquier sociedad anónima de forma específica, a accionistas concretos que deseen vender; pero también puede realizar un anuncio, ofreciéndose precisamente a adquirir un número de títulos más o menos elevado. De esta forma, todos los socios de la entidad conocerán su intención, y podrán aceptar esa oferta en pie de igualdad. Para regular adecuadamente esa oferta, asegurar la seriedad del oferente y que realmente podrá cumplir las obligaciones de pago derivadas, etc. la Ley establece un régimen especial de la misma. Ahora bien, también se obliga en ciertos casos a quien desee adquirir títulos de una sociedad que cotiza en bolsa a que no los adquiera libre e individualizadamente, sino mediante una OPA. La regulación se contiene en los arts. 108 a 117 LMVSI, y ha sido objeto de desarrollo en el RD 1066/2007, de 27 de julio.

> El régimen de las OPAs se justifica, así, por las funciones que cumple la oferta pública. Por un lado, una función de publicidad general, de publicación de que el oferente desea adquirir acciones, para que todos conozcan dicho deseo. Por otro lado, y en unión con la anterior, se logra una función de colocar a todos los interesados en pie de igualdad. Al conocer los accionistas de la entidad afectada que una persona desea adquirir, todos ellos tendrán las mismas posibilidades de enajenarle sus títulos a un mismo precio y condiciones. Si las aceptaciones exceden de lo que el oferente deseaba comprar, se realizará un prorrateo puro, sin dar preferencia a uno u otro aceptante por criterios tales como fecha de aceptación o volumen de venta.

La regulación del RD parte como OPA básica de la OPA obligatoria de toma de control. Se trata de una OPA que debe realizar una entidad cuando ha alcanzado el control de una sociedad cotizada, y que debe dirigir a todos los titulares de acciones, o de títulos que puedan dar lugar a la suscripción de tales acciones. A estos efectos, se entiende que se ha alcanzado el control de una sociedad cotizada cuando se tiene un paquete de acciones que supone el 30 por ciento de los votos, o más, y para este cómputo se tienen cuenta no sólo las acciones de la entidad, sino las que tienen las sociedades de su mismo grupo y las demás personas que actúan de forma concertada con la primera entidad (véanse arts. 111 LMVSI y 5 RD). En cuanto al precio equitativo, quiere decir que no puede ser un precio inferior al más elevado que el oferente, o los controlados por él, hubiera pagado o acordado por esos títulos en los 12 meses previos al anuncio de la oferta (arts. 110 LMVSI y 9 RD). Como se aprecia, se trata de una OPA-post control, que busca anunciar a los socios que existe un socio mayoritario, y darles la posibilidad de vender sus acciones a tal socio (en caso contrario, serán socios de una entidad controlada por el socio mayoritario).

Aparte de este supuesto, existen otros dos casos de OPAs obligatorias. En primer lugar, la OPA por exclusión de cotización: si una sociedad cotizada acordara excluir la cotización, debe realizar una OPA a todos sus socios, para que quien lo desea venda los títulos a la sociedad (art. 10 RD). De esta forma se reconoce una especie de «derecho del socio de una sociedad cotizada» a que ésta cotice, pues si deja de hacerlo se le da la posibilidad de deshacer su inversión a un precio equitativo. Ciertamente dejar de cotizar supone un cambio importante, pues supone hacer mucho más difícil, en la mayoría de los casos, la venta de los títulos. En segundo lugar, la OPA por reducción de capital mediante adquisición de acciones propias: cuando una sociedad cotizada acuerde reducir capital mediante adquisición de acciones propias, deberá realizar una OPA a sus socios (art. 12 RD).

## 5.2. Servicios de inversión

Como hemos expuesto, el art. 125 LMVSI es el que establece el listado de los «servicios de inversión». Buena parte de los mismos han sido ya estudiados en diversas partes de este capítulo. Resta referirnos al servicio señalado con la letra d) en dicho precepto, «La gestión de carteras». Este contrato consiste en el encargo realizado a favor de una ESI o entidad asimilada para que gestione, discrecionalmente pero de acuerdo con una serie de criterios previos, una cartera de valores del comitente. Si bien éste dispone de una serie de valores o de efectivo, y desea invertirlos, confía en el criterio profesional y en los conocimientos especializados de la empresa de servicios de inversión. El contrato se diferencia, así, del simple asesoramiento en esta materia, tras el cual es el cliente asesorado el que toma la decisión de inversión. Como se ha expuesto, existe una categoría específica de ESIs que se dedica a este servicio de inversión [las «sociedades gestoras de carteras», art. 128.1.c) LMVSI]. Debe resaltarse que el inversor tiene que fijar unos criterios generales para dirigir la inversión del intermediario financiero (exposición al riesgo, etc.), de forma que es una gestión discrecional pero de acuerdo con unos criterios previos del cliente.

# Contratos del mercado del riesgo: contrato de seguro

## 1. *Contrato de seguro: concepto y características generales*

### 1.1. Conceptos económico y jurídico. Regulación legal

El art. 1 de la Ley de Contrato de Seguro (en adelante, LCS) recoge una definición conforme a la cual «El contrato de seguro es aquel por el que el asegurador se obliga, mediante el cobro de una prima y para el caso de que se produzca el evento cuyo riesgo es objeto de cobertura a indemnizar, dentro de los límites pactados, el daño producido al asegurado o a satisfacer un capital, una renta u otras prestaciones convenidas». Como se aprecia, se trata más bien de una descripción del contrato, que ciertamente no explica la lógica económica de su existencia. Ésta se recoge en un concepto de tipo económico conforme al cual se trata de una «cobertura recíproca de una necesidad pecuniaria fortuita y valorable en dinero, por parte de personas sometidas a riesgos del mismo género».

> Y es que así, efectivamente, nació el seguro: como un patrimonio formado por aportaciones de los sometidos a un mismo riesgo, de manera tal que cuando éste sobreviniera, el perjudicado pudiera resarcirse del daño sufrido con cargo al fondo común. Desde un punto de vista económico, el asegurador no paga con fondos propios (o, al menos, no debería hacerlo), sino con el fondo formado por las aportaciones de todos los tomadores. Se trataría, así, más bien de un organizador y gestor de ese fondo común. La actividad aseguradora se basa en el cálculo actuarial, cobrando una prima que se calcula de forma que permita el pago en el futuro de los siniestros asegurados que sobrevengan. Esto, además, ocasiona que la aseguradora maneje grandes cantidades de dinero hasta tener que hacer los posibles pagos, por lo que obtiene una alta rentabilidad de la inversión de ese dinero en el entretanto.

El seguro es el prototipo de los contratos aleatorios, en la medida en que el tomador realiza una prestación, el pago de la prima, y a cambio puede que no reciba contraprestación material alguna (si no ocurre el siniestro asegurado); o, en cualquier caso, si recibe la contraprestación puede que haya «satisfecho» por ella mucho más o mucho menos que su valor (si bien podríamos decir que siempre recibe una contraprestación, que es la seguridad, tranquilidad o garantía de que va a ser indemnizado si ocurre el hecho dañoso pactado). El cálculo de probabilidades y estadístico hace que las entidades aseguradoras nunca corran un riesgo excesivo; y, en esa medida, la actividad aseguradora no es aleatoria, aunque cada contrato concreto sí lo sea. Pero a diferencia de los contratos conmutativos, en que ambas partes satisfacen prestaciones subjetivamente de igual valor, en el seguro no existe esa correlación ideal.

La regulación legal del contrato de seguro se recoge, básicamente, en tres Leyes de corte bien distinto. En primer lugar, la Ley 50/1980, de ocho de octubre, de Contrato de Seguro. Fue, en buena medida, una norma precursora del incipiente movimiento de defensa del consumidor, transformada aquí en defensa del asegurado, pues es norma imperativa, en el sentido de que el contrato no puede concederle al asegurado menos derechos de los reflejados en la Ley, aunque por supuesto sí puede ampliar tales derechos (art 2 LCS).

La segunda norma relevante es la Ley de Ordenación y Supervisión de Entidades Aseguradoras y Reaseguradoras, Ley 20/2015, de 14 de julio, LOSEAR. Esta norma regula, específicamente, los aspectos jurídico-públicos de la actividad aseguradora (clases de entidades aseguradoras, requisitos, y normas de actuación). Pero también incide, de forma indirecta, en cuestiones de derecho privado. Por último, el RDL 3/2020, de 4 de febrero, establece la regulación de los intermediarios en el mercado de seguros –agentes y corredores de seguros– (véase epígrafe 1.3).

## 1.2. Elementos fundamentales del contrato de seguro

Tradicionalmente se han distinguido en el contrato de seguro cuatro elementos fundamentales. El primero de ellos el «riesgo», que constituye la causa del contrato. El riesgo es la posibilidad de que acaezca el evento dañoso asegurado. Si no existe riesgo, el contrato es nulo, justamente porque carecería de causa (art. 4 LCS). El riesgo debe determinarse y delimitarse, pues no cabe un seguro frente a todo tipo de riesgos. La Ley establece una serie de modalidades de seguro o, si se quiere, de riesgos asegurables, pero cabe asegurar frente a otros. El «siniestro» (o «daño») es la producción del evento asegurado. La doctrina lo caracteriza señalando que debe realizarse el riesgo previsto en el contrato; debe producirse un daño al asegurado; y debe producirse durante la vigencia del seguro.

El «interés» se define, normalmente, como la relación de carácter económico existente entre el bien o valor asegurado, y su titular. Por último, la «suma asegurada» es el valor que se fija, por acuerdo de las partes, como cuantía del interés –en los seguros de daños– o como suma a pagar –en los seguros de personas. Su importancia es crucial, pues determina: el límite máximo a pagar en el caso de que acaezca el riesgo asegurado; b) el valor a tomar en cuenta del interés a los efectos del «principio indemnizatorio» (véase epígrafe 5.1); y c) la cuantía de la prima, que lógicamente es mayor cuanto mayor es la suma asegurada.

### 1.3. Sujetos intervinientes

Una de las partes del contrato es la entidad aseguradora, cuyos requisitos y modalidades vienen regulados en la ya citada LOSEAR. Las razones de un intervencionismo administrativo, exigiendo una serie de requisitos y controles para poder actuar como asegurador, son la protección del asegurado. En todo contrato de seguro la contraparte que se compromete a satisfacer una indemnización si ocurre el siniestro debe ser una entidad aseguradora autorizada administrativamente e inscrita en el registro de entidades de seguros.

En sentido estricto, la contraparte del asegurador, la otra parte contractual del negocio, es el tomador. Él es quien celebra el contrato, se obliga a pagar la prima, declara el riesgo, etc. Pero junto al tomador existen otras dos posiciones subjetivas que es importante diferenciar, y que no siempre coinciden en una misma persona física o jurídica. Así, asegurado es el titular del interés o valor objeto del seguro (el propietario del bien o titular del crédito en los seguros de daños, dependiendo de su naturaleza; o la persona cuyo fallecimiento, supervivencia, enfermedad, etc. se determinan como siniestro en los seguros de personas). Finalmente, beneficiario es la persona legitimada para obtener la indemnización que se va a pagar. Normalmente lo será el tomador, que asegura sus propios bienes o su supervivencia, pero puede serlo cualquier sujeto (por ejemplo, en los seguros de responsabilidad civil a menudo el beneficiario es un tercero, desconocido para el tomador y/o asegurado, al que se ha causado un daño sin relación contractual previa).

El contrato de seguro se concierta, en la inmensa mayoría de los casos, *a* través de un intermediario que bien pone en contacto a las partes, bien contrata por cuenta del asegurador. La norma que regula esta relación de intermediación es el RDL 3/2020 ya citado. Esta norma redenomina a todos los intermediarios como «distribuidores de seguros», y conserva la distinción clara entre dos tipos de mediadores, los agentes de seguros (que actúan en interés y por cuenta de uno o varios aseguradores) y los corredores de seguros (asesores imparciales que no están vinculados ni actúan por cuenta de ningún asegurador). Todos deben cumplir una serie de requisitos organizativos, estructurales y prudenciales. Pero además de los intermediarios, la actual operativa digital ha creado nuevas empresas auxiliares para el aseguramiento, que realizan labores muy diversas que facilitan bien la contratación, bien el seguimiento de los siniestros. Se trata, por ejemplo, de las web que actúan como «buscadores y comparadores de seguros» (que también son consideradas como «distribuidores de seguros»), o de las entidades que valoran el riesgo de cada cliente en función de los diversos datos que éste u otros sujetos u objetos proporcionan (entidades de *credit scoring*). A veces estas labores auxiliares también las opera la propia compañía, a través de grandes plataformas que permiten realizar múltiples operaciones (comparativa de seguros, contratación de seguros, seguimiento de los siniestros, etc.).

## 2. Celebración del contrato

### 2.1. Perfección del contrato de seguro

El art. 5 LCS establece que el contrato deberá ser formalizado por escrito, y de hecho se hace así siempre. Sin embargo, doctrina y jurisprudencia consideran que la forma escrita no es requisito de validez, sino forma *ad probationem*, de forma que si se prueba que existió consentimiento existirá seguro, aunque esté sin documentar. En la fase «precontractual» de invitación a la oferta y oferta de la compañía, el art. 96 LOSEAR, transponiendo las directivas comunitarias, exige que antes de celebrarse un contrato de seguro, debe informarse al tomador sobre una serie de aspectos como el Estado miembro y la autoridad a los que corresponde el control de la actividad de la propia entidad aseguradora, legislación aplicable a contrato, reclamaciones que pueden formularse, etc.

### 2.2. Condiciones generales en el contrato de seguro

La doctrina, por lo general, caracteriza al seguro como un contrato de adhesión, pues normalmente el tomador se adhiere a una serie de cláusulas prerredactadas por el asegurador. Si la contratación mediante condiciones generales es una necesidad del tráfico masificado actual (véase Lección 1, epígrafe 2.1.A), en el ámbito del seguro esa necesidad es aún mayor. No sólo es que deban economizarse los costes de negociación, sino que además el cálculo actuarial que es la base de toda actividad aseguradora exige que los seguros de una misma modalidad tengan igualadas sus condiciones y requisitos. Esta característica es la que justifica que en la Ley se realice una referencia expresa a las condiciones generales del contrato, estableciendo una serie de requisitos y reglas. Esta Ley fue, así, una precursora de la regulación de las condiciones generales de la contratación. De todas formas, esta regulación no excluye la aplicación de esa normativa general de protección frente a las condiciones generales de la contratación (véase epígrafe 2.1).

Conforme al art. 3 LCS, «Las condiciones generales y particulares se redactarán de forma clara y precisa» y «habrán de incluirse por el asegurador en la proposición de seguro si la hubiere y necesariamente en la póliza de contrato o en documento complementario, que se suscribirá por el asegurado y al que se entregará copia del mismo». Se trata de los «requisitos de inclusión», de forma que si no son claras ni han sido cognoscibles por el tomador, no le vincularían (véase 2.1.B).

En este art. 3 la Ley introduce, además, un «control de contenido» de las condiciones generales, estableciendo que en ningún caso podrán tener carácter lesivo para los asegurados (*sic*, por tomador-asegurado-beneficiario). Esta curiosa determinación es totalmente imprecisa, pues no se define qué deba entenderse por carácter lesivo. La doctrina, en general, considera que la norma no puede referirse a las cláusulas contrarias a norma imperativa (que son nulas de por sí *ex* art. 2 LCS y 6 CC), por lo que interpreta que serán lesivas las cláusulas totalmente desproporcionadas, inicuas o injustas, que coloquen al contratante en una situación de desequilibrio excesivo. Las cláusulas lesivas son nulas, según se desprende del art. 3 LCS, y cabe entender que será nula únicamente la cláusula, permaneciendo vigente el resto del contrato.

El precepto que comentamos establece, además, un régimen específico para las «cláusulas limitativas de derechos del asegurado». Las mismas no son ilegales, ni mucho menos nulas, pero dado que suponen una minoración del ámbito de cobertura, la Ley se preocupa porque los tomadores las conozcan específicamente. Se trata de un «control de incorporación», de un requisito para entender que el contratante conoce y acepta especialmente esas cláusulas. Para que no escapen a la atención del tomador la Ley quiere que se destaquen y se firmen expresamente (véase también art. 8.3 LCS, que ordena destacar tipográficamente las exclusiones y las limitaciones). En la práctica, ese «destaque» suele hacerse imprimiéndolas en negrita, o en subrayado (véase la doctrina jurisprudencial sobre cómo realizar tal destaque en la STS 06.10.2025). En cuanto a la firma específica («deberán ser específicamente aceptadas por escrito»), doctrina y jurisprudencia suelen exigir una firma distinta a la general del contrato. En la práctica, en las condiciones particulares o generales suele hacerse constar una cláusula específica en la que se señalan cuáles son las cláusulas limitativas, y el tomador afirma conocerlas y aceptarlas, firmando a continuación. Si no se cumplen estos requisitos, la cláusula no se «incorpora al contrato», esto es, se aplica la regla de nulidad parcial que ya vimos respecto de las cláusulas totalmente incomprensibles.

> El Tribunal Supremo ha acuñado la categoría de las «cláusulas delimitadoras del riesgo», que son válidas, como contrapuestas a las «cláusulas limitativas» (que exigen para su aplicación una aceptación específica). A juicio del Supremo, las cláusulas delimitadoras son las que especifican qué clase de riesgos se han constituido en objeto del contrato, las que definen y delimitan la cobertura del seguro, y comprenden las cláusulas de exclusión de riesgos. Mientras que las cláusulas limitativas son las que restringen derechos de los asegurados, operan para restringir, condicionar o modificar el derecho del asegurado a la indemnización una vez que el riesgo objeto del seguro se ha producido (véanse SsTS 20.04.2009, dos de 21.04.2025, o 18.07.2025. La primera de ellas consideró limitativa una cláusula que, en un seguro de accidentes, limitaba la cobertura a incapacidades declaradas dentro del año siguiente al accidente; la última de las citadas estimó limitativa la cláusula que exigía para la cobertura que por la noche el camión no se dejara en lugares no habitados sin vigilancia. Las de abril de 2025 consideraron delimitadora la que establecía que el lucro cesante se cubría para supuestos de incendio y robo, no para cualquier incidencia que impidiera la actividad del restaurante).

## 3. Régimen jurídico general

### 3.1. Declaración del riesgo y de las circunstancias modificativas del mismo

El deber de declaración del riesgo es uno de los fundamentales que corresponden al tomador, pues con base en esa declaración y en la delimitación del riesgo se determinará la posibilidad mayor o menor de que ocurra, y con ello también el precio de la prima. Si el riesgo es la causa del contrato, y debe determinarse, esa determinación resulta esencial que se realice de forma correcta. Si el tomador oculta datos importantes que hacen que el riesgo sea mayor que el que él declara, por ejemplo, esa falsedad afecta a la esencia del contrato porque incide precisamente en toda la proporcionalidad existente entre riesgo, interés, suma asegurada y prima; y, en un plano más general, en todo el cálculo actuarial del asegurador. Por todo ello la ley se preocupa especialmente de regular esta declaración.

El art. 10 LCS exige al tomador que, con carácter previo a la conclusión del contrato, manifieste al asegurador «todas las circunstancias por él conocidas que puedan influir en la valoración del riesgo». Pero este deber queda muy modulado por la existencia del cuestionario al que puede someter el asegurador al tomador. La alternativa es clara, según el precepto. Si el asegurador somete al tomador a un cuestionario, el tomador cumple con su obligación respondiendo de forma veraz al mismo, y no tiene por qué hacer declaración alguna respecto de cuestiones que no le sean preguntadas en dicho cuestionario. Cuando, en cambio, no existe cuestionario, la norma establece que el tomador «Quedará exonerado de tal deber». Al asegurador compete, según esta regla, elaborar un cuestionario completo y detallado, pues es quien más conoce qué aspectos resultan fundamentales para determinar el riesgo; si renuncia a ello, no puede exigirle al tomador una diligencia que aquél no ha tomado (sobre estos aspectos véanse SsTS 10.10.2018 u 11.02.2020).

Si ha existido reserva o inexactitud por parte del tomador, el asegurador podrá rescindir el contrato mediante declaración dirigida al tomador en el plazo de un mes desde que conozca dichas reserva o inexactitud. Si ocurre un siniestro antes de que el asegurador conozca la falsedad, o la conozca pero comunique la rescisión, existe una doble consecuencia alternativa: si medió dolo o culpa grave del tomador, el asegurador queda liberado del pago de la prestación; pero en otro caso, su prestación se reducirá proporcionalmente a la diferencia entre la prima convenida y la que se hubiese aplicado de haberse conocido la verdadera entidad del riesgo (aplica esta regla la STS 18.07.1989).

> Como es lógico, el deber de exactitud de la declaración dura toda la vida del contrato, en el sentido de que si el riesgo se agrava o disminuye de forma relevante durante el contrato, las condiciones de éste ya no son adecuadas para el riesgo real actual de ese momento. Por eso la Ley establece todo un sistema, relativamente complejo, para estos casos de agravación o reducción del riesgo (véanse arts. 11 y 13 LCS).

La competencia entre entidades ha ocasionado el surgimiento de nuevas técnicas de valoración del riesgo que permiten los llamados «seguros a la carta», mucho más ajustados a las circunstancias del cliente. Por ejemplo, en muchos casos se utiliza la técnica de *pay-per-use*, seguros para necesidades muy concretas en tiempos específicos: seguros para viajes, con diversos precios según posible cancelación, coberturas específicas, etc.; o seguros de hogar para tiempos muy reducidos –por ejemplo, alguna temporada en que lo alquilan sus propietarios, pero no para todo el año, como el seguro hogar tradicional–; o seguros de coche con primas en función de los kilómetros recorridos, los cuales se miden por dispositivos *Internet of Things* (IoT); o seguros de vida sólo para ciertas operaciones quirúrgicas, o para la práctica de ciertos deportes de riesgo. En el ámbito de seguros de salud también han surgido nuevos productos, como los que prestan asistencia médica por teléfono, o por videoconferencia, *chatbots* de asesoramiento médico o de salud, recetas por vía electrónica, etc. Y en el sector de automóviles, también hay seguros que toman datos de la conducción a través de dispositivos *IoT*, y personalizan la prima en función de la forma más o menos arriesgada de conducción, de los kilómetros recorridos, etc.

### 3.2. Obligaciones de pago de la prima y de pago de la indemnización

El pago lo hará el tomador (o, en su defecto, puede hacerlo el asegurado, art. 7.2 LCS). La prima puede ser única o periódica. Será única si es una sola para todo el periodo asegurado; y periódica si para un mismo periodo, la prima se fracciona en varios pagos (es el caso común de los seguros de vida, pactados para toda la vida del asegurado y con primas periódicas anuales). Las consecuencias del impago por culpa del tomador vienen fijadas en el art. 15 LCS, que distingue según la prima impagada sea la primera o única, o una de las primas periódicas.

El pago de la indemnización procede si ha ocurrido el siniestro asegurado, el contrato es válido y mantiene su cobertura. El art. 18 LCS establece, en primer lugar, que «El asegurador está obligado a satisfacer la indemnización al término de las investigaciones y peritaciones necesarias para establecer la existencia del siniestro y, en su caso, el importe de los daños que resulten del mismo». Ahora bien, la Ley establece un plazo mínimo para realizar, al menos, un «pago anticipado», un plazo de cuarenta días a partir de la recepción de la declaración de siniestro, en el cual deberá pagarse «el importe mínimo de lo que el asegurador pueda deber, según las circunstancias por él conocidas». Por último, el resto de la indemnización deberá pagarse en los tres meses siguientes al siniestro. Tanto la demora en el pago de lo mínimo, en cuarenta días, como del resto, supone mora del asegurador. Lógicamente, si los daños continúan pasados los tres meses (por ejemplo, lesiones que tardan en curar, o que causan secuelas de larga duración) el asegurador deberá seguir pagando los costes y daños amparados por la cobertura conforme se vayan produciendo.

La Ley tiene un especial interés en el pago a tiempo, y por eso establece un interés de demora especial. Durante los dos primeros años, si existe mora se pagará como interés el legal del dinero incrementado en el cincuenta por ciento. Transcurridos los dos años, y para los intereses que se devenguen a partir de entonces (STS 01.03.2007), el interés no podrá ser inferior al veinte por ciento. Este interés se impondrá por el tribunal de oficio, aunque no lo pidan las partes (art. 20.4º LCS), y no se producirá cuando la falta de satisfacción de la indemnización o de pago del importe mínimo esté fundada en una causa justificada o que no le fuere imputable (art. 20 LCS). Si el asegurador se ha negado a pagar, y ha sido preciso un proceso judicial en el cual se aprecia que su negativa ha sido justificada (porque la existencia de cobertura o la cuantía no eran claras), se suele aplicar esta excepción (véanse SsTS 27.03.2006, 10.12.2009 o 15.07.2020).

### 3.3. Exclusión de la garantía en el supuesto de causación del siniestro por mala fe del asegurado

El art. 19 establece que «El asegurador estará obligado al pago de la prestación, salvo en el supuesto de que el siniestro haya sido causado por mala fe del asegurado». Existen dos excepciones legales en los arts. 76 (seguro de responsabilidad civil, el asegurador responde frente al tercero perjudicado, con derecho de repetición frente al asegurado que causó dolosamente el daño) y 93 (suicidio del asegurado) LCS. Sólo en esos casos la provocación dolosa por el asegurado da lugar a indemnización del asegurador. Sin embargo, nótese que el supuesto del art. 76 LCS no es de cobertura del dolo: simplemente, la compañía responderá ante el perjudicado, pero luego podrá repetir contra el causante doloso del daño.

### 3.4. Duración, prescripción, juez competente

El art. 22.1 LCS establece que la duración del contrato será determinada en la póliza, no pudiendo exceder de diez años, salvo en los seguros de vida. Esto no impide que el contrato dure mucho más, pues pasado el periodo inicial pactado puede irse prorrogando por nuevos plazos no superiores a un año cada vez. El precepto establece, a continuación, una regla que se recoge en la inmensa mayoría de las pólizas, referente a la prórroga tácita del contrato. Las partes pueden pactar que llegado el fin del contrato, se prorrogue por un nuevo periodo no superior a un año; para evitar esa prórroga, las partes deben notificar su oposición a la prórroga con un plazo de, al menos, un mes de anticipación a la conclusión del período del seguro en curso cuando quien se oponga a la prórroga sea el tomador, y de dos meses cuando sea el asegurador.

Por lo que se refiere a la prescripción de acciones, conforme al art. 23 LCS las acciones que se deriven del contrato de seguro prescribirán en el término de dos años si se trata de seguros de daños, y de cinco años si el seguro es de personas. Por último, juez competente para el conocimiento de las acciones derivadas del contrato seguro será el del domicilio del asegurado, siendo nulo cualquier pacto en contrario (art. 24 LCS). Esta regla se halla en la línea de las que establecen fueros obligados cuando una de las partes es consumidor (art. 90.2 LGDCU).

## 4. Seguros de daños

### 4.1. Principios generales de los seguros de daños

En los seguros de daños se cubren, como regla general, los daños materiales causados a los bienes asegurados, que son daños objetivos y cuantificables. Esto produce que existan dos principios generales que los diferencias de los seguros d personas (en que se cubren daños personales: dolor, lesiones, muerte, etc., que no son cuantificables. Para éstos véase epígrafe 6.1).

Así, en primer lugar, procede la subrogación del asegurador. El asegurador, una vez pagado el asegurado, se subroga en las acciones que éste pueda tener contra el causante del daño (art. 43 LCS). Esto es así porque el asegurado ya no puede reclamar al causante (pues ha quedado indemne), pero éste tiene que seguir respondiendo por el daño causado. Además, con ello como el asegurador podrá recuperar la indemnización satisfecha, también podrá abaratar el coste de la prima.

En segundo lugar, rige el principio indemnizatorio. Éste establece que el seguro no puede suponer un enriquecimiento injusto del asegurado, de forma que se le pagará el daño efectivo sufrido, pero nada más. De acuerdo con ello se establecen una serie de distinciones en función de la relación entre la suma asegurada (la cuantía por la que se aseguró el interés) y el interés.

a) Si la suma asegurada es superior al interés (objeto que vale 100 y se asegura por 150), existe sobreseguro, y en caso de daño se pagará el valor del interés, y no de la suma asegurada. El tomador ha pagado una prima excesiva.

b) Si la suma asegurada es inferior al interés (objeto que vale 100 y se asegura por 70), existe infraseguro, y en caso de daño se satisfará en la misma proporción que existe entre interés y suma asegurada (en el ejemplo, se pagará un 7/10 del daño real).

c) Si suma asegurada e interés coinciden existe seguro pleno, y en caso de daño se pagará el daño real sufrido.

   Para evitar la aplicación de estas reglas, las partes pueden pactar las llamadas «pólizas estimadas», en las que fijan de forma incontestable que la suma asegurada es el valor del interés (art. 30.2 LCS. Se suele aplicar, por ejemplo, en supuestos de difícil valoración del bien, como obras de arte, o bienes de alto valor sentimental). De tal forma, en los casos de daño se aplicaría la regla del seguro pleno.

El principio indemnizatorio también tiene consecuencias en cuanto a pactar varios seguros sobre un mismo bien. Cuando un mismo riesgo se asegura en varias compañías, hay que comunicárselo a éstas para que en caso de daño se pongan de acuerdo para pagar, entre todas, el importe del daño (y no pagar, cada una, el importe íntegro del daño, pues entonces el tomador podría enriquecerse). Si el tomador no comunica, y lo hace de mala fe, pierde el derecho a cobrar (art. 32 LCS). Distinto es el caso del «coaseguro», en el que varias compañías de seguros se ponen de acuerdo para asegurar, entre todas, un único riesgo. Aquí existe un único contrato, y el tomador paga una prima única a una de las compañías, que se encarga de repartir la prima entre todas en función de los pactos internos entre ellas.

## 4.2. Determinación de la indemnización

La cuantía de la indemnización dependerá del daño real sufrido en el objeto, y de la relación entre suma asegurada e interés antes referida. Si existe acuerdo amistoso de las partes acerca del valor de la indemnización, se está al mismo. A falta de tal acuerdo, las partes pueden seguir un procedimiento especial que establece el art. 38 LCS, basado en informes periciales, o acudir a un procedimiento judicial. A estos efectos, la Ley considera que incumbe al asegurado la prueba de la preexistencia de los objetos, pero que el contenido de la póliza constituirá una presunción a favor del asegurado cuando razonablemente no puedan aportarse pruebas más eficaces (art. 38.2 LCS). Un comercio que ha sufrido un incendio, por ejemplo, podría aportar indicios, a través de los pedidos realizados en los últimos tiempos, de cuál era el valor de las mercancías existentes. En este sentido véanse SsTS 20.12.2002 y 09.02.2006, en las que se excluyeron valores reclamados de cuya preexistencia no existía constancia alguna.

## 4.3. Tipos de seguros de daños

La Ley establece varios tipos de seguros de daños, anudando algunas reglas específicas acordes con el riesgo asegurado. Esta tipificación, sin embargo, no excluye la posibilidad de pactar seguros con otros contenidos (de hecho, existen seguros que cubren la pérdida del carné de conducir o la asistencia en viaje que surgen de la práctica y no están contemplados legalmente). Los tipos son los siguientes:

a) Seguro de incendios (arts. 45-49 LCS). La Ley considera incendio la combustión y el abrasamiento con llama, capaz de propagarse, de un objeto u objetos que no estaban destinados a ser quemados en el lugar y momento en que se produce. La jurisprudencia ha admitido también la cobertura de los supuestos en que no exista llama (combustión de brasero, objetos que arden sin llama, etc. Véase STS 16.03.1988).

b) Seguro contra el robo (arts. 50-53 LCS). Cubre los daños derivados de la sustracción ilegítima por parte de terceros de las cosas aseguradas. Normalmente en las pólizas se excluye el hurto, por la dificultad que en tal caso entraña probar la sustracción, pero la Ley en principio incluye cualquier sustracción (que el precepto abarca toda sustracción lo remarca la STS 22.05.2003). Si el objeto se recupera, se indemnizarán los daños producidos al objeto.

c) Seguro de transportes terrestres (arts. 54-63 LCS). Puede cubrir los daños causados a la carga, al medio de transporte, o a ambos. A menudo se establece una «póliza flotante» en la que se cubren todas las cargas transportadas durante el tiempo que se especifica en la póliza.

d) Seguro de lucro cesante (arts. 64-67 LCS). Indemniza al asegurado la pérdida de rendimiento económico que hubiera podido alcanzarse en un acto, de no haberse producido el siniestro descrito en el contrato. Por ejemplo, ganancias que no se han obtenido por la cancelación de un concierto, o por la paralización de un buque, o por la existencia de huelga (si bien se discute la licitud de este último). Últimamente este seguro ha provocado numerosa litigiosidad por las paralizaciones provocadas por la pandemia del COVID-19 (véanse dos SsTS Pleno 21.04.2025, que consideran que la cláusula que limitaba la indemnización por lucro cesante a supuestos concretos como incendio, agua, rayo, actos vandálicos, explosión, o inundación es delimitadora, y por lo tanto no procedía indemnización por la paralización derivada de la pandemia).

e) Seguro de caución (art. 68 LCS). En este seguro el asegurador paga al asegurado si el tomador incumple las obligaciones que había asumido –en un negocio independiente al seguro– con el asegurado. Materialmente funciona como una garantía de indemnización en caso de incumplimiento de obligaciones negociales. Tomador puede ser el propio asegurado/acreedor, o el deudor.

f) Seguro de crédito (arts. 69-72 LCS). El asegurador indemniza al asegurado las pérdidas finales que experimente a consecuencia de la insolvencia definitiva de sus deudores. A diferencia del seguro de caución, el de crédito no cubre frente al incumplimiento, sino frente a la insolvencia, a la imposibilidad de pago. La Ley fija cuándo se entiende que existe insolvencia, siendo el supuesto paradigmático el de apertura de la liquidación en el concurso del asegurado.

g) Seguro de responsabilidad civil (arts. 73-76 LCS). Cubre el riesgo del nacimiento a cargo del asegurado de la obligación de indemnizar a un tercero los daños causados por hechos previstos en el contrato de cuyas consecuencias sea civilmente responsable el asegurado, conforme a derecho. Es muy común para el ejercicio de actividades profesionales, que pueden ocasionar daños personales o materiales a las contrapartes (por ejemplo, seguro de responsabilidad profesional de médicos, abogados, etc.).

Normalmente, se cubren los daños causados durante el tiempo de cobertura del seguro, aunque se exterioricen una vez terminado éste (por ejemplo, el seguro que tenía el médico en 2010 cubre los daños causados por operaciones realizadas en ese periodo, aunque las lesiones aparezcan en 2011). Pero cabe pactar límites a esta regla, como cláusulas limitativas (véase epígrafe 2.2), y dentro de los márgenes que permite la Ley (son las llamadas cláusulas *claim made*). Así, por ejemplo, cabe pactar que sólo se cubren las reclamaciones del perjudicado que tengan lugar dentro de un periodo de tiempo, no inferior a un año, desde la terminación del contrato (véase art. 73.2 LCS).

El perjudicado tiene una acción directa contra el asegurador (art. 76 LCS), de forma que podrá reclamarle sin necesidad de reclamar antes, ni a la vez, judicialmente al causante del daño. Si no fuera por la previsión legal, el perjudicado no podría reclamar al asegurador. Éste podrá luego repetir contra el tomador, o el causante del daño, si fue causado por dolo. El asegurador puede oponer, en esta acción directa, la culpa exclusiva del perjudicado y las excepciones personales que tenga contra éste.

> Sin embargo, en el seguro de automóviles no podrá oponer ciertas cláusulas que haya pactado, como la exclusión de cobertura si el conductor carece de permiso de conducción o si el ocupante supiera que el conductor se encontraba bajo los efecto del alcohol o de otra sustancia tóxica, pues lo impide el art. 6 RDLtvo 8/2004. En tales supuestos el asegurador debe pagar, y luego podrá repetir contra el conductor.

Un seguro específico de responsabilidad civil es el obligatorio de automóviles, regulado en la Ley sobre responsabilidad civil y seguro en la circulación de vehículos de motor, RDLtvo 8/2004. Es un seguro obligatorio para todo titular de un vehículo, que cubre daños a terceros con unos límites cuantitativos. El tomador puede ampliar las coberturas, y añadir otras al obligatorio (daños al automóvil, daños al conductor, etc.). Hay que recordar que en supuestos de accidentes de automóvil, exista o no seguro, las lesiones personales, muerte e invalidez se cuantifican según un baremo obligatorio incluido en esta Ley, que se actualiza anualmente, y cuya vinculación a los órganos judiciales –con alguna excepción– ha sido avalada por la STC 29.06.2000.

h) Seguro de defensa jurídica [arts. 76.a) a g) LCS]. El asegurador se obliga «a hacerse cargo de los gastos en que pueda incurrir el asegurado como consecuencia de su intervención en un procedimiento administrativo, judicial o arbitral, y a prestarle los servicios de asistencia jurídica judicial y extrajudicial derivados de la cobertura del seguro». El asegurado conserva el derecho a elegir el profesional que le defienda, el cual no estará sujeto a las órdenes del asegurador. El seguro cubre el coste de la defensa jurídica, no el pago de multas y la indemnización de gastos que ocasionen las posibles sanciones impuestas al asegurado.

## 5. Seguros de personas

### 5.1. Principios generales de los seguros de personas

En los seguros de personas no rigen los dos principios generales que vimos en los de cosas. La indemnización que reciba el perjudicado nunca compensa el daño real sufrido, que es un daño personal (dolor, lesiones, incapacidad, pérdida de un ser querido, etc.) y por tanto no cuantificable. Por ello el perjudicado podrá reclamar al causante del daño la indemnización que corresponda, pues la que ha recibido no le ha dejado indemne. Igualmente no se aplica el principio indemnizatorio, pues reciba la suma que reciba, nunca colmará el daño sufrido. Un tomador, por ejemplo, puede tener varios seguros sobre su propia vida, y el beneficiario cobrarlos todos. En estos seguros suele afirmarse bien que no existe «interés» (una relación económica objetiva con el bien perjudicado), bien que el «interés» (la vida humana, el dolor, la enfermedad...) tiene un valor infinito.

> Precisamente por ello, estas reglas no se aplican en seguros de personas que en realidad cubren el coste de objetos materiales, y que en este sentido son seguros mixtos. Así, respecto de los gastos de asistencia sanitaria la Ley reconoce expresamente que el asegurador sí puede subrogarse (art. 82 LCS), e igualmente se aplicaría el principio indemnizatorio.

En estos seguros el contrato puede celebrarse con referencia a riesgos relativos a un grupo de personas, delimitado por alguna característica común extraña al propósito de asegurarse (art. 81 LCS). Por ejemplo, el tomador empresario puede asegurar a todos sus trabajadores, de forma que la lista de asegurados va variando en función de altas y bajas en la empresa. Por otra parte, y al igual que en seguros de daños, cabe pactar seguros distintos a los tipificados, que cubren riesgos personales o los gastos por ellos ocasionados (como los seguros de asistencia en viaje, que suelen incluir prestaciones de asistencia sanitaria, gastos funerarios en caso de muerte, accidentes, etc., combinando así prestaciones propias de seguros de cosas y de personas).

### 5.2. Seguro de vida

El seguro de vida en realidad se desdobla o puede cubrir dos contingencias distintas: la muerte del asegurado, o la supervivencia (esto es, se le paga una cantidad a partir de una determinada edad, lo que normalmente se llama seguro de jubilación), o ambos aspectos. El seguro de muerte cubre, salvo pacto en contrario, el riesgo de suicidio del asegurado a partir del transcurso de un año del momento de conclusión del contrato. En los seguros de vida el tomador tiene la facultad unilateral de desistir del contrato sin penalización alguna dentro del plazo de 30 días siguientes a la fecha de entrega de la póliza [art. 83.a) LCS].

La Ley 20/2005 de 14 de noviembre, crea el Registro de Contratos de Seguros de cobertura de fallecimiento. Su finalidad es suministrar a los posibles interesados la información necesaria para que puedan conocer si una persona fallecida tenía contratado un seguro para caso de fallecimiento, así como la entidad aseguradora con la que lo hubiese suscrito.

En este seguro rige un régimen especial para el tema de declaración del riesgo, en el sentido de que el asegurador no podrá impugnar el contrato por reticencia e inexactitud una vez transcurrido el plazo de un año, salvo que el tomador del seguro haya actuado con dolo (véase art. 89 LCS). De esta forma, una enfermedad posterior que le sea descubierta al asegurado no supondría agravación del riesgo, y el asegurador debe soportar ese mayor riesgo de fallecimiento, véase STS 11.05.2007.

El asegurado no puede ser menor de catorce años o incapacitado, y si es menor de edad será necesaria la autorización por escrito de sus representantes legales. Cuando el asegurado es distinto del tomador en el seguro de muerte, será preciso el consentimiento expreso del asegurado por escrito, salvo que pueda presumirse de otra forma su interés por la existencia del seguro (art. 83 LCS. Ese interés se dará, por ejemplo, en el caso de seguros sobre la vida de familiares directos, o el seguro del acreedor para que en caso de muerte del deudor el asegurador pague la deuda).

De la figura del beneficiario cabe resaltar varios aspectos de su régimen jurídico. En primer lugar, su designación es revocable por el tomador, que en cualquier momento puede alterar su identidad; por esto se afirma que el beneficiario no tiene derecho al cobro, sino una simple expectativa. Sin embargo, el tomador también puede hacer una designación irrevocable, y en tal caso no cabrá modificación (art. 87 LCS). En segundo lugar, cuando se designa el beneficiario de forma genérica (por ejemplo, mi cónyuge, mis hijos, etc.), se entenderá que el beneficiario es quien o quienes cumplan esas condiciones al momento de ocurrir el siniestro, y no al momento de contratar (art. 85 LCS). En tercer lugar, si el beneficiario causa dolosamente la muerte del asegurado, la indemnización se integrará en el patrimonio del tomador (art. 92 LCS). Por último, la prestación del asegurador se entregará al beneficiario aun contra las reclamaciones de los herederos legítimos y acreedores, quienes en cambio sí podrían exigir al beneficiario el reembolso del importe de las primas abonadas por el contratante en fraude de sus derechos (art. 88 LCS).

En efecto, puede que las primas pagadas por el tomador hayan perjudicado a los herederos legitimarios (que, en el caso de sujeción al derecho común, tienen derecho a una parte fija del patrimonio del causante)
o a los acreedores, que no han podido cobrar porque el deudor gastó el
dinero en las primas del seguro. Pero en tales casos sí podrán reclamar
al beneficiario, mas no la indemnización, sino las primas del seguro que
hayan supuesto su perjuicio.

En los seguros de muerte el tomador tiene derecho al rescate, reducción, y anticipos (en los de supervivencia, sólo si se pacta expresamente). El rescate supone que
pasados dos años puede solicitar anticipadamente la entrega de la indemnización,
pero en tal caso recibirá únicamente lo que esté establecido en la póliza como «valor
de rescate» (dependerá de las primas ya satisfechas, y del riesgo asegurado). La reducción significa que puede reducir las primas, y con ello también la indemnización.
En cuanto a los anticipos, pasados dos años puede solicitar anticipos, en las cuantías
fijadas también en la póliza (art. 97 LCS). Pero el tomador perderá los derechos de
rescate, anticipo y reducción si designa al beneficiario irrevocablemente (art. 87.2
LCS). Por último, debe señalarse que el tomador podrá ceder o pignorar la póliza,
si no designó al beneficiario de forma irrevocable, de forma que será el cesionario
el nuevo tomador, y en caso de pignoración el acreedor pignoraticio el nuevo beneficiario –si bien sólo tendrá derecho a cobrar el importe de la deuda, y no toda la
indemnización– (art. 99 LCS).

## 5.3. Seguro de accidentes

Se entiende por accidente la lesión corporal que deriva de una causa violenta, sú-
bita, externa y ajena a la intencionalidad del asegurado, que produzca invalidez temporal o permanente o muerte (art. 100 LCS). De esta forma el accidente es distinto a
la enfermedad, que es una dolencia que proviene del propio cuerpo del perjudicado.
Es muy común que en estos seguros se excluya la cobertura en los supuestos de
practicarse deportes o actividades de alto riesgo, como el submarinismo o la ascen-
sión de alta montaña. Aquí la cuestión que más problemas causa es la delimitación
como accidente de supuestos que, como la muerte por infarto, pueden ser debidos a
un accidente (un hecho externo, como la angustia causada por hechos externos o por
estrés, o un exceso de ejercicio) o a una enfermedad (un corazón débil, por ejemplo).
La jurisprudencia, por lo general, considera que si se acredita que el infarto se debió
a un hecho externo y no a una dolencia coronaria previa sería accidente (y estaría
cubierto por el seguro de accidentes), pero tal prueba corresponde al beneficiario
que así lo pretende (véanse SsTS 10.12.2007, 21.02.2008 o 21.02.2018). La STS Pleno

15.06.2020 consideró cubierta como lesión causada por accidente la depresión ocasionada por haber encontrado al hijo ahorcado en casa y no haberle podido reanimar.

## 5.4. Seguro de enfermedad y de asistencia sanitaria

En el art. 105 LCS se contemplan dos seguros distintos. El de enfermedad cubre los gastos que ocasione una enfermedad (el pago de ciertas sumas –por ejemplo, una cantidad alzada diaria por cada día de hospitalización, o de baja laboral– y de los gastos de asistencia médica y farmacéutica, dice la Ley). En cambio el de asistencia sanitaria supone que es el propio asegurador, en concierto con entidades médicas, quien presta tal asistencia al beneficiario. Se trata de seguros mixtos de personas y daños, pues en parte se refieren a daños personales, y en parte a costes objetivos –coste de la asistencia médica, de los fármacos, etc.

## 5.5. Seguros de decesos y dependencia

Los arts. 106 bis, 106 ter y 106 quáter LCS regulan estos seguros que son mixtos, de daños y de personas. Tanto en estos seguros como en los de asistencia sanitaria, el asegurado debe tener libertad de elección del prestador de servicio, con unos límites fijados en la Ley.

Por el seguro de decesos el asegurador se obliga, dentro de los límites establecidos en la Ley y en el contrato, a prestar los servicios funerarios pactados en la póliza para el caso de que se produzca el fallecimiento del asegurado. Si el coste del servicio prestado por el asegurador es inferior a la suma asegurada, el exceso corresponderá al tomador o, en su defecto, a los herederos.

Por el seguro de dependencia el asegurador se obliga, dentro de los límites establecidos en la Ley y en el contrato, para el caso de que se produzca la situación de dependencia, al cumplimiento de la prestación convenida con la finalidad de atender, total o parcialmente, directa o indirectamente, las consecuencias perjudiciales para el asegurado que se deriven de dicha situación. Se entiende por situación de dependencia la prevista en la normativa reguladora de la promoción de la autonomía personal y atención a las personas en situación de dependencia. La prestación del asegurador podrá consistir en el pago de un capital o una renta; en el reembolso de los gastos derivados de la asistencia; o en garantizar al asegurador la prestación de los servicios de asistencia.

# Parte II
# Derecho de los títulos-valor

# Breve introducción a los títulos-valor y a los títulos-valor de pago

## 1. *Letra de cambio*

### 1.1. Generalidades

La letra de cambio es un título-valor emitido por un sujeto (llamado «librador») que ordena a otro (llamado «librado») que realice el pago de una cantidad a un tercero (denominado «tomador») o a quien éste designe, en un momento determinado. Se halla regulada por la Ley Cambiaria y del Cheque (en adelante LCCh) de 16 de julio de 1985.

La letra se emite porque entre librador y librado hay una relación que se denomina «relación subyacente» (por ejemplo, el librado debe un dinero al librador, y le paga aceptando una letra. La deuda es la relación subyacente). A su vez, entre librador y tomador hay otra relación que justifica la designación de esa persona como tomador (por ejemplo, el librador debe un dinero al tomador, y se propone pagarle designándole como acreedor del librado; o lo que es más común, el librador va a «descontar» la letra en el banco con el que tiene una línea de descuento, y por eso le designa como tomador. Sobre el descuento bancario véase Lección 5, epígrafe 4.2). Ambas relaciones subyacentes no constan en la letra, y como veremos al final, sólo en ocasiones son relevantes a la hora del pago de la letra. Véase el caso práctico para entender un supuesto real de emisión de una letra, y las relaciones que pueden existir entre librado –librador y entre librador– tomador.

El librado no está obligado a pagar por la orden del librador. Sólo surge obligación si acepta esta orden, y entonces se convierte en «librado aceptante». Si no acepta, es como si no existiera en la letra de cambio para él, pues no le es exigible ninguna obligación con base en el título cambiario. Normalmente, cuando el librador emite la letra pide en ese mismo momento al librado que la acepte, pero puede emitirse y dejarse la aceptación para un momento posterior.

A veces en la letra figura un avalista, para dar más seguridad al pago. Por ejemplo, el librador no se fía de la solvencia del librado, y para emitir la letra (v.gr., porque el librado le quiere comprar un bien) le exige al librado que aparte de aceptar una letra, ésta sea avalada por alguien de reconocida solvencia (normalmente, un socio muy solvente, el administrador solvente, etc.). El avalista puede avalar a cualquier obligado cambiario, pero lo normal es que avale al librado aceptante (más adelante se expondrá qué importancia tiene a quién avale).

El tomador puede esperar al vencimiento del título para cobrarlo. Pero también puede transmitirlo (por ejemplo, si debe dinero a un acreedor, y entonces le quiere transmitir el título para pagarle parcialmente esa deuda). Al negocio de transmisión cambiario se denomina «endoso». Al endosar, el tomador asume además la posición jurídica de endosante. Quien la adquiere de él se denomina endosatario. Este endosatario puede, a su vez, endosar la letra (con lo cual se convierte además en endosante), y así sucesivamente.

Al que está legitimado en un momento determinado según la letra para cobrarla se le denomina «tenedor». Al emitirse la letra lo es el tomador. Si la transmite, el nuevo tenedor será el endosatario. Y así sucesivamente.

## 1.2. Ventajas para el cobro de la letra de cambio

La utilidad de la letra de cambio como medio de pago radica en tres de sus características fundamentales: la posibilidad de exigencia a través de juicio cambiario; la solidaridad de los sujetos obligados; y la abstracción de su deuda.

En primer lugar, la letra es exigible judicialmente a través de un juicio especial, el juicio cambiario (arts. 819 a 827 LEC), en el cual a la vez que se le requiere al deudor para que pague se embargan sus bienes en cantidad suficiente para el pago del principal, intereses y costas. De esta forma el acreedor logra ya desde un principio la traba de bienes del deudor. Además, no tiene que demostrar que es acreedor: le basta con ser tenedor del documento. Por eso la demanda debe ser sucinta, y se acompaña el título, porque éste es «literosuficiente»: están todos los datos precisos, y la obligación de pago asumida por el aceptante y demás obligados cambiarios.

En segundo lugar, frente al tenedor de la letra en el momento de su vencimiento están obligados todos los sujetos que hayan firmado la letra como aceptante, librador, avalista o endosante (si bien el endosante puede, al realizar el endoso, excluir esta responsabilidad). Y esta obligación es solidaria. El tenedor puede reclamar a cualquiera de ellos la cuantía entera de la deuda, sin observar orden alguno. Por supuesto, primero intentará el pago voluntario por parte del aceptante o de los demás obligados; pero presentada la letra, e impagada, puede accionar contra cualquiera de los firmantes.

> Ello otorga una gran seguridad al cobro si hay más de dos obligados, pues todos se convierten en deudores solidarios, y el tenedor puede ir contra el que considere más solvente de entre todos ellos. Además, como ya se ha indicado, en la letra de cambio pueden intervenir avalistas, que aunque en principio intervienen avalando a un sujeto concreto (aceptante, librador, etc.), jurídicamente se convierten también en deudores solidarios.

A su vez, el cobro se facilita por cuanto frente a terceros la letra es autónoma; se cobra la letra en sí, con independencia de las relaciones que subyacen a la misma. La letra se emite porque entre librador y librado hay una relación que se denomina «relación subyacente, como he señalado. Pues bien, esta relación no se extingue con la emisión de la letra de cambio, sino que sigue existente. Frente a terceros sujetos cambiarios, tal relación no tiene relevancia alguna. Lo que ocurra en la deuda entre librado y librador no afecta al tomador y a los sucesivos sujetos cambiarios. Ello da mayor seguridad al cobro, pues el aceptante, librador, etc. se obligan a pagar (frente a sujetos cambiarios que sean terceros respecto de la relación subyacente) independientemente de la razón por la que en un principio se obligaron. Esto se explicará mejor en el caso final.

> El aceptante acepta pagar, y aunque luego se pruebe que la deuda por la que se obligó a pagar no existía, sigue estando obligado a pagar a todos los sujetos cambiarios (menos al librador, al que sí podría oponer esa relación subyacente para no pagar, o pagar menos). Y si paga, podrá repetir contra el librador mediante una acción declarativa o de enriquecimiento injusto.

De todas formas el uso de letras de cambio como forma de pago de deudas se ha visto muy disminuido en los últimos tiempos, siendo sustituido en parte por la emisión de pagarés o por otras formas de documentos. En muchos casos, y por razones que no cabe ahora explicar, el juicio cambiario (anteriormente, juicio ejecutivo) no es tan rápido y fácil para obtener el cobro como se desearía, y pese a la abstracción de la letra el número de excepciones oponibles al pago es tan amplio que se pierde la rapidez que debería caracterizar estos litigios.

## 1.3. Requisitos formales

En los estancos se venden unos impresos oficiales de letras de cambio (con diferente precio según vaya a ser la cuantía que se fije en la letra). La Ley cambiaria y del cheque no exige que el documento se extienda en tales impresos, pero sí lo hace la Ley sobre el Impuesto de actos jurídicos documentados. Si no se extendiera en este documento oficial (y, por lo tanto, no se pagara el citado impuesto) la letra no podría ser exigida en el juicio cambiario especial que regula la LEC, sino a través del procedimiento ordinario.

> En realidad, la norma fiscal dice que si no se extiende en el documento oficial se pierde la característica de ser título ejecutivo. Como desde la LEC 2000 las letras no son títulos ejecutivos (no dan acceso a un juicio ejecutivo, sino al cambiario), cabe entender que la «sanción fiscal» se refiere al juicio cambiario.

La Ley Cambiaria y del Cheque exige una serie de menciones en la letra de cambio, sin una de las cuales no habría verdadera letra de cambio, sino un documento privado regido por las reglas generales. Tales menciones son (véase art. 1 LCCh. Véase la letra que se ha rellenado en el caso práctico para comprobar cómo reúne los requisitos, y donde se suelen hacer constar éstos en el formato oficial):

a) En lo referente a los sujetos, el nombre del librado, el nombre del tomador (debe ser el nombre o denominación social, no cabe emitir letras de cambio «al portador»), y la firma del librador.

b) Orden de pago, que no puede ser condicional, de una suma determinada (en euros o moneda convertible). En el formato oficial ya figura la orden (el término «pagará»), y hay casillas para poner el importe en letras y números, y la moneda.

c) Denominación «Letra de cambio» (ya va impresa en el modelo oficial).

d) Fecha de libramiento de la letra (puede ser relevante a ciertos efectos: para determinar si el librador era capaz en ese momento, para fijar el vencimiento si la letra se emite a un plazo desde la emisión, etc.).

e) Lugar de pago. Es muy común designar como lugar de pago la cuenta corriente del aceptante en una entidad de crédito, para lo cual incluso hay un recuadro previsto en el documento oficial. Esto es, el pago se «domicilia» en una cuenta corriente, como se hace hoy en día con la inmensa mayoría de pagos que asumimos. En tal supuesto, a la entidad de crédito que realizará el pago se denomina *domiciliatario*. Pero no es un sujeto cambiario sino simplemente un lugar de pago.

f) Lugar de emisión.

g) Vencimiento.

Cuando el vencimiento se indica como «A la vista», quiere decir que la letra está vencida, y será exigible, al momento de aceptarse (pues entonces es cuando «la ve» el librado). Si el vencimiento es a un plazo desde la vista, el plazo se cuenta desde la aceptación. En estos casos, es importante que al aceptar la letra se haga constar la fecha de tal aceptación.

Para el libramiento es preciso que figuren en la letra estos nueve requisitos o menciones. Lo relevante es que figuren cuando la letra ya ha vencido. Al momento de emitirse alguna mención podría dejarse en blanco para rellenarla después (por ejemplo, la cuantía, o el nombre del tomador), pero si la letra vence y falta alguna de las menciones, no sería exigible como letra de cambio. Alguna de esas menciones puede constar de varias maneras (por ejemplo, si no consta el lugar de emisión, se entiende que es el domicilio del librador, véase art. 2 LCCh).

Para que exista aceptación es preciso que el librado firme la letra en el anverso. Hay un espacio habilitado para ello. Una letra en la que no figure la aceptación sigue siendo letra, pero sólo se podrá exigir al librador. También está previsto dejar constancia de la fecha de la aceptación, pero no sería imprescindible (salvo que la letra venza a la vista, o a un plazo desde la vista).

Para que exista un endoso válido, el requisito esencial es que conste la firma del endosante (que tiene que ser, a su vez, el tomador –en el primer endoso–, o el endosatario del endoso anterior –en endosos sucesivos al primero–). El endoso, y posibles endosos sucesivos, se hacen constar en el reverso de la letra. La Ley también prevé que se hagan constar otras menciones: endosatario, fecha del endoso, etc., pero no son imprescindibles.

Y para que exista un aval válido, el requisito esencial es que conste la firma del avalista, bien en el anverso, bien en el reverso (en el reverso hay un apartado específico, a la izquierda, para hacer constar el aval). Obviamente, será mejor también dejar constancia de la identidad del avalista, para facilitar posibles reclamaciones posteriores.

A menudo, las declaraciones cambiarias se realizan por un representante (por ejemplo, todas las realizadas por personas jurídicas, que en realidad serán firmadas por el representante legal o voluntario de la entidad). En estos casos es fundamental que se haga constar que el firmante actúa como representante, y no en nombre propio. Esto se realiza haciendo constar la antefirma, con la identidad del representado (a menudo poniendo el sello de la empresa, o si no, su nombre) y con las expresiones «P.P.», «P.A.» o «P.O.» («por poder», «por autorización», «por orden»).

### 1.4. El pago. Acciones para exigirlo

El tenedor se dirigirá para cobrar contra el aceptante, llegado el vencimiento. La Ley presupone que el tenedor se persona en el lugar de pago para exigirlo, pero en realidad el pago normalmente se ha domiciliado en una cuenta bancaria, de forma que la «presentación al pago» se realiza por el sistema de presentación electrónica que tienen los bancos entre sí (es una «presentación virtual»). Si la letra se paga, se hará constar tal pago en la letra (mediante un «recibí», o expresión similar) y se entregará al aceptante. En la vida real, el cargo en la cuenta bancaria en la que se domicilió el pago será prueba suficiente de la realidad de éste.

Si habiéndose dirigido contra el aceptante éste no hace voluntariamente efectiva la letra, el tenedor –acreditando la presentación y la falta de pago– podrá dirigirse contra cualquiera de los obligados cambiarios, sin necesidad de observar orden alguno. Normalmente el tenedor que no ha sido satisfecho intentará también que alguno de los obligados le pague voluntariamente, pero en cualquier caso tiene abierta la vía para ejercitar acciones judiciales. Es importante acreditar que se ha presentado la letra y no se ha pagado (si bien sólo para ejercitar la acción de regreso, como se expondrá), y para ello la Ley establece un sistema que, resumido e incompleto, es el siguiente:

a) En primer lugar, se halla el sistema del «protesto notarial», en que el tenedor acude al Notario para que éste dé fe de la falta de pago. El Notario emplaza al deudor para que alegue lo que desee, y si éste no paga, levanta el acta de protesto.

b) La Ley permite, en segundo lugar, que ciertas declaraciones puedan sustituir al protesto notarial, siempre que éste no se exija expresamente en la letra. Las declaraciones denominadas «sustitutorias» o «equivalentes» al protesto son tres: la del librado, firmada en la letra; la del domiciliatario; o la de la Cámara de Compensación (el sistema informático bancario de compensación electrónica). De esta forma se acredita de igual modo la falta de aceptación o pago, sin tener que acudir al Notario con la lentitud y los gastos que ello conlleva. De hecho, la inmensa mayoría de letras se protesta de esta manera.

Las acciones que cabe interponer para el cobro de la letra de cambio son la directa contra el aceptante y sus avalistas, y la de regreso contra los demás obligados cambiarios. Para la acción directa no hace falta protesto, pero sí para ejercer las acciones de regreso. Estas son las llamadas acciones cambiarias, pues nacen de la misma letra de cambio. La directa prescribe a los tres años desde el vencimiento. La de regreso, como regla prescribe al año desde el vencimiento (art. 88 LCCH). Las acciones cambiarias pueden ejercitarse por la vía ordinaria o por el juicio cambiario, suponiendo este último como vimos mayor facilidad al cobro, al procederse desde un principio al embargo de bienes del deudor.

El que pagó ante la reclamación del tenedor, si no es el aceptante, puede a su vez repetir el pago contra los sujetos «anteriores» a él, pero no contra los posteriores, que quedan ya liberados. Si el endosatario cobró al tomador, éste podrá repetir contra el librador (y sus avalistas, si los hubiere) o contra el librado aceptante (y sus avalistas si los hubiere). De esta forma, al final acaba pagando el obligado en último lugar, que es el aceptante. Nos remitimos al caso práctico 2, donde escenificamos esta cuestión.

## 1.5. Excepciones oponibles por el demandado

En cualquier caso, y para facilitar el cobro de la letra, la Ley limita las excepciones que el demandado pueda oponer a las pretensiones del tenedor, tanto en juicio ordinario como cambiario. Esta limitación resulta de crucial importancia para la letra de cambio, pues la seguridad del tráfico exige que los títulos-valor de pago sean de fácil cobranza, y por ello las excepciones oponibles a ello deben ser las mínimas exigibles.

En primer lugar, pueden oponerse las excepciones que nacen de las relaciones personales entre tenedor/demandante y demandado. Aquí entra en juego la relación subyacente que exista entre ambos sujetos, si es que existe alguna. Para entender esto mejor nos remitimos o al caso práctico 2, donde se escenifica esta cuestión. Cuando no hay relación personal alguna entre demandante y demandado, lógicamente nada cabe oponer (aunque el demandado sí tenga relaciones con otros sujetos cambiarios conforme a las cuales podría negarse al pago si le demandan éstos; pero sólo si le demandan éstos).

> Estas excepciones se suelen denominar personales, pues dependen de esa relación entre las partes, propia de ellas, y no en general de la relación cambiaria, que supone una serie de obligaciones iguales para todos los sujetos.

Junto a estas excepciones el art. 67 LCCh establece otras que ya no dependen de las relaciones personales entre sujetos, sino que dimanan de la propia relación cambiaria, y que por ello cierta doctrina denomina excepciones reales. Tales excepciones son, como regla general, oponibles a cualquier tenedor, a cualquier que ejercite la acción. El precepto citado establece cuatro grupos de estas excepciones:

\* La inexistencia o falta de validez de su propia declaración cambiaria (del demandado. Sería el caso, por ejemplo, de que fuera incapaz), incluida la falsedad de la firma (también que, por ejemplo, quien firma no es representante legítimo del sujeto por el que se firma).

\* La falta de legitimación del tenedor (quien presenta la letra no es el legítimo tenedor. Por ejemplo, una letra no endosada, en la que figura como tomador AAA, es presentada al cobro por BBB).

\* La falta de las formalidades necesarias de la letra de cambio, conforme a lo dispuesto en la Ley.

\* La extinción del crédito cambiario cuyo cumplimiento se exige al demandado. Por ejemplo, por prescripción, por pago, etc.

## 2. Cheque

El cheque es una orden de pago que el cliente (librador) de un Banco (librado) da a éste para que pague una cantidad determinada de dinero a la persona en él designada (tomador), siempre que exista una previa provisión de fondos del librador en poder del librado (esto es, siempre que el librador tenga fondos en su cuenta corriente bancaria). El cheque funciona así como un instrumento de pago que evita el manejo de dinero metálico. En general la normativa del cheque es muy parecida a la de la letra de cambio, y de hecho la Ley Cambiaria realiza remisiones a la regulación de la letra (en materia de endoso, de aval, etc.), por lo cual sólo haremos referencia a alguna diferencia.

En el cheque el librado es una entidad de crédito en la cual tiene abierta su cuenta el librador. Lo que hace éste es ordenarle al banco que «saque» dinero de la cuenta para dárselo al tomador. A diferencia de la letra, el librado no puede aceptar la orden, y no es un obligado cambiario. Sólo se compromete con el librador, cuando éste abre la cuenta, a atender los cheques si hay fondos. Pero no hay una «obligación cambiaria» del librado; si no paga el cheque no cabe ejercitar una acción judicial contra él con base en el cheque.

El cheque puede ser nominativo (designar a un tomador concreto, que lo puede a su vez transmitir mediante endoso) o al portador (en cuyo caso para transmitirlo basta su entrega). Además, siempre vence «a la vista», cuando se presente al cobro (aunque, por ejemplo, tenga una fecha de emisión posterior).

En el cheque no existe acción directa contra el librado, pues como queda dicho, éste no puede aceptar. Sí existen acciones de regreso contra el librador y, en caso de haberlos, contra posibles avalistas o endosantes (si el cheque es nominativo, se podría endosar).

## 3. Pagaré

El «pagaré» es un título-valor en el que tan solo intervienen dos sujetos. Uno de ellos, el que firma el pagaré (firmante), se compromete a pagar una cantidad al segundo sujeto (o a aquel que éste designe en el endoso) (beneficiario). Es, por lo tanto, la forma más sencilla de instrumentar una deuda en un título-valor. Al igual que la letra, el pagaré sólo puede designar al beneficiario de forma nominativa (no caben pagarés cambiarios «al portador»; un pagaré al portador podrá ser un título de algún tipo, pero no pagaré cambiario, con acceso al juicio cambiario de la LEC), y debe tener un vencimiento.

El firmante del pagaré responde de igual forma que el aceptante de una letra de cambio (art. 97.1 LCCh), mediante una acción directa (ejercitable en tres años, y sin necesidad de protesto). A su vez, si el beneficiario endosa el título, respondería como endosante por la acción de regreso (en plazo de un año, y exigiéndose protesto). La normativa de ésta es aplicable al pagaré (véase art. 96 LCCh, que establece que casi todas las normas de la letra de cambio son aplicables al pagaré: aval, endoso, etc.).

## 4. Los títulos-valor

Letra de cambio, cheque y pagaré son tres títulos-valor, esto es, tres tipos de «documentos que resultan necesarios y suficientes para ejercitar el derecho literal en ellos contenido». Los títulos-valor son documentos por su sola tenencia (si son al portador) o titularidad (si son nominativos) permiten el ejercicio de ciertos derechos. Hay títulos de pago (confieren un derecho a obtener dinero o bienes, como los billetes de banco, o la letra de cambio / cheque / pagaré, o las obligaciones emitidas por una sociedad de capital), de participación social (confieren el derecho de socio, como las acciones), y de tradición (confieren el derecho a obtener un bien, como –según cierta doctrina– los títulos que documentan un transporte).

En general, los títulos-valor (pensemos en el paradigma de título-valor, un billete de dinero oficial) se caracterizan por:

a) La literalidad: el derecho que confieren se plasma literalmente en el título, sólo se puede exigir lo que está puesto en el título. Se aprecia claramente en la letra de cambio / cheque / pagaré, y con menos claridad en las acciones (en realidad, la acción se remite a los estatutos).

b)  La legitimación: para ejercitar el derecho basta estar legitimado por el título (ser su portador, en títulos al portador, o el designado en él, en títulos nominativos), no hay que demostrar nada más (por el mero hecho de poseer un billete puedo pagar bienes con él, sin justificar la razón por la que ese billete llegó a mi poder).

c)  La autonomía: aunque haya algún vicio o problema en la tenencia de los tenedores anteriores, esto no afecta al titular actual (si yo adquirí legítimamente un billete, tengo derecho a pagar con él aunque haya sido robado o adquirido ilegítimamente por tenedores anteriores).

## Caso práctico de Letra de Cambio

### 1. Emisión de la letra

Un supermercado de Pamplona realiza a la empresa Vendedor un pedido de conservas de verduras, por un importe total de 4.000 euros. Vendedor no se fía mucho de la solvencia del supermercado, y le pone como condición para realizar la venta que el supermercado acepte una letra de cambio por 4.000 €, y que además actúe como avalista de dicha letra el gerente del supermercado, que sí es persona solvente y muy conocida en Pamplona. De acuerdo con esto, Vendedor emite una letra por 4.000 € contra Supermercado Pamplona XXX S.L., el 5 de julio de 2023, letra que es aceptada ese mismo día por el administrador de Supermercado Pamplona, Augusto, y que es avalada por Augusto igualmente como persona física gerente y administrador único de la empresa. El pago de la letra se domicilia en la cuenta bancaria del Supermercado en el Banco BBBB. Como fecha de vencimiento se puso el 5 de octubre de 2025.

Vendedor tiene una línea de descuento con su banco, Banco AAA, que le anticipa el importe de letras de cambio y pagarés no vencidos. Por eso, Vendedor pone como tomador al Banco, y le entrega la letra. Y el Banco AAA le paga 3.800 €.

Rellene la letra con todos los datos que son necesarios, inventándose los que faltan. No tenga en cuenta la cuantía, a efectos del timbre de la letra.

## 2. El pago de la letra por los botes de verduras

En el supuesto del caso anterior, al vencimiento de la letra, ésta se presentó al pago en la cuenta en la que estaba domiciliada, y no se pagó. Banco AAAA obtuvo la declaración del sistema de Compensación electrónica de que la letra había sido presentada y no pagada.

La razón de la falta de pago es que un 40 % de los tarros que Vendedor había entregado al Supermercado Pamplona XXX estaban con la mercancía en mal estado, lo cual fue advertido por el Supermercado, que hizo constar ese hecho ante Vendedor, que aceptó igualmente que existían esos defectos. Por eso Supermercado no se aviene a pagar los 4.000 €, ya que considera que sólo debe 2.400 €.

¿Contra quién podrá reclamar el pago Banco AAAA, y con qué acción? Si Banco AAAA reclama el pago al librador, ¿a quién podría luego reclamar éste, y con qué acción? Si Banco AAAA reclama el pago al avalista, Augusto, ¿a quién podría luego reclamar éste, y con qué acción? Frente a cada una de esas acciones, ¿cabría oponer con éxito que la letra no se paga porque el negocio subyacente a la emisión está mal cumplido?

### 2.1. Acciones ejercitables:

Banco AAAA podrá reclamar:

a) A Vendedor por ser librador, mediante la acción de regreso, en el plazo de un año, y si protestó la letra (que, sí, está protestada);

b) A AUGUSTO, por ser avalista, y por ser avalista del aceptante mediante una acción directa, en un plazo de tres años, y sin necesidad de protesto.

c) A SUPERMERCADO PAMPLONA XXX, por ser aceptante, mediante una acción directa, en un plazo de tres años, y sin necesidad de protesto.

## 2.2. Acciones de repetición del pago.

Si BANCO AAAA reclama el pago al librador, ¿a quién podría luego reclamar éste, y con qué acción? Podría reclamar: al avalista del aceptante, y al aceptante, en ambos casos mediante acción directa.

Si BANCO AAAA reclama el pago al avalista, Augusto, ¿a quién podría luego reclamar éste, y con qué acción? Augusto, por ser avalista del aceptante, si paga sólo podrá repetir contra el aceptante, mediante la acción directa. El librador queda liberado, Augusto no podría ir contra él.

## 2.3. Excepciones personales

Frente a cada una de esas acciones, ¿cabría oponer con éxito que la letra no se paga porque el negocio subyacente a la emisión está mal cumplido?

Esa excepción sólo la podría oponer, con independencia de que sea con éxito o no, el librado/aceptante SUPERMERCADO PAMPLONA XXX, pues es él quien ha «sufrido» ese mal cumplimiento del negocio subyacente.

Si le demandan el tomador, o el avalista (éste, porque pagó al tomador o al librador), y opone esta excepción, lo hará SIN ÉXITO. Porque no se trata de una «relación personal» con el demandante, sino de una relación personal con otro sujeto distinto al demandante. Por ello, pese a acreditar que realmente el negocio por el que él aceptó está mal cumplido, el juez le condenará a pagar los 4.000 €. Se le reclama la letra, esa letra que él aceptó pagar, y el negocio subyacente no trasciende a esta reclamación, porque quien le reclama no ha sido parte en el mismo.

Si le demanda el librador (porque pagó al tomador), y opone esta excepción, lo hará CON ÉXITO. Porque sí es una «relación personal» entre el demandante y el demandado, es el negocio que hubo entre VENDEDOR y SUPERMERCADO, que hizo que éste aceptara la letra. Por eso, el juez condenará a Supermercado a pagar 2.400 € como resultado de la relación existente entre las partes.

# Parte III
# Derecho concursal

# Derecho concursal (I). La declaración del concurso. Órganos del concurso

## 1. Concepto y régimen legal del Derecho concursal

### 1.1. El derecho concursal en el ordenamiento jurídico

El Derecho concursal es la parte del ordenamiento jurídico destinada a regular las consecuencias jurídicas derivadas de las dificultades económicas de un deudor con varios acreedores que no puede cumplir con el total de sus obligaciones financieras. En tal caso existe el peligro cierto de que los acreedores más precavidos o mejor informados (en cierta forma, los menos considerados con el deudor) cobren pronto sus créditos disminuyendo el patrimonio del deudor con lo cual los demás acreedores (más considerados o, simplemente, peor informados) pueden quedar perjudicados porque con el patrimonio restante no hay suficiente para satisfacer sus créditos. Se produciría una desigualdad no justificada.

La imposibilidad de pago puede venir: a) de que el deudor es solvente, contablemente hablando, pero no tiene liquidez suficiente para pagar (en muchos casos, porque a él no le pagan sus propios deudores, con lo cual los créditos que tiene en su activo no los puede hacer efectivos); b) de que el deudor es insolvente, tiene un activo inferior al pasivo.

En esta situación, lo que pueden hacer tanto el deudor como los acreedores es solicitar la apertura de un procedimiento judicial que tiene como efecto fundamental la paralización de las reclamaciones individuales (con carácter general, ya no cabe iniciar ejecuciones ni reclamaciones, y si hubiera alguna iniciada, se suspende o se acumula y decide en el proceso concursal). De esta forma tanto deudor como acreedores «ganan tiempo» para poder comprobar cuál es la verdadera situación económica del deudor y sus posibilidades de pago, sin el agobio ni la agravación de la situación que supondría el pagar las deudas ya vencidas. Y tras realizar esa comprobación, se adoptará una solución igual para la mayoría de los créditos del deudor. Con esta medida se evita que la actuación más pronta de unos perjudique a los demás. Esa igualdad que supone la sujeción de todos los acreedores a un único procedimiento de exigibilidad de sus créditos se denomina *par condicio creditorum* (igualdad de condición de los acreedores).

De esta forma, además, se logra una maximización del patrimonio del deudor. Si se suspende la posibilidad de ejecuciones individuales, y se estudian las posibilidades de pago o de continuidad de la entidad, se podrá acordar, por ejemplo, una serie de pagos escalonados que permitan al deudor seguir gestionando su empresa y continuar generando recursos con los que ir pagando las deudas. Si en vez de esto, simplemente los primeros que intentan cobrar agotan los bienes disponibles del deudor, una entidad viable se vería abocada a malvender sus bienes por un precio muchas veces inferior al que realmente tienen (y al que tiene la empresa en su conjunto), y la mayoría de acreedores (e incluso la economía del país) sale perdiendo. Por lo tanto, se trata no sólo de una lógica jurídica (igualdad de los acreedores) sino económica (maximización del patrimonio).

El Derecho Concursal es un área interdisciplinar: abarca tanto aspectos procesales, con un procedimiento específico para resolver la insolvencia del deudor; como del Derecho mercantil, civil, laboral, penal, tributario y administrativo. Dentro del Derecho mercantil tiene especial incidencia el Derecho de sociedades y el Derecho de la competencia. A su vez, el componente económico-financiero está adquiriendo con las últimas reformas normativas un mayor protagonismo en el ámbito concursal.

El Derecho Concursal se regula de manera unitaria en el Texto Refundido de la Ley Concursal de 2020 (en adelante LCon). La necesidad de refundición de la normativa concursal derivaba de las numerosas modificaciones, muchas de ellas de gran calado, que la Ley Concursal de 2003 tuvo durante su período de vigencia. En 2022 se produjo una reforma profunda del Texto Refundido a raíz de la transposición de la Directiva UE 2019/1023, que ha supuesto el desarrollo del Derecho preconcursal y de un procedimiento específico para las microempresas.

En el ámbito del Derecho concursal o de la insolvencia se pueden distinguir dos grandes áreas: el concurso de acreedores y los instrumentos o instituciones preconcursales. El Derecho español se ha centrado tradicionalmente en la primera de estas áreas, aunque las últimas reformas normativas en la materia se han dirigido a un mayor desarrollo de la segunda. Con todo, el Derecho concursal en España se tiende a asociar principalmente con el concurso o proceso concursal en sentido estricto.

## 1.2. Principios y funciones del Derecho concursal

Desde la aprobación de la Ley Concursal de 2003, el sistema español de insolvencia se articula sobre un principio general de unidad, que se proyecta en tres subprincipios: unidad legal, unidad de disciplina y unidad de sistema.

El principio de unidad legal implica que toda la normativa concursal, tanto la de carácter procesal como la sustantiva, queda integrada en un único cuerpo normativo. En la actualidad, dicha función la cumple el Texto Refundido de la Ley Concursal. No obstante, este principio se ve matizado por la existencia de regímenes especiales para determinados sectores, como el bancario o el asegurador, que cuentan con legislación específica en materia de insolvencia.

El principio de unidad de disciplina supone que existe un procedimiento común aplicable a cualquier deudor, sea o no comerciante. Este principio también ha experimentado modulaciones recientes, especialmente con la introducción en el texto refundido del procedimiento especial para microempresas, que incorpora reglas propias adaptadas a este tipo de operadores económicos.

El principio de unidad de sistema establece un régimen que engloba todas las situaciones de insolvencia, ya sean transitorias o definitivas. El concurso ofrece dos posibles soluciones: el convenio y la liquidación, precedidas habitualmente por una fase común destinada a determinar la masa activa y la masa pasiva del deudor.

Por otra parte, al Derecho Concursal se le reconocen varias funciones esenciales. La función solutoria tiene por objeto maximizar la satisfacción de los acreedores dentro de los límites del patrimonio del deudor. La función conservativa busca preservar la continuidad de aquellas empresas cuya viabilidad pueda mantenerse. A ellas se añade la función sancionadora, dirigida a reaccionar frente a conductas dolosas o gravemente negligentes que hayan contribuido a la situación de insolvencia. Todo ello se articula, además, bajo el principio de igualdad de trato entre los acreedores (*par condicio creditorum*).

Con el paso del tiempo, estas funciones han sido reinterpretadas a la luz de la evolución económica y social. Hoy se acepta que el Derecho de la insolvencia no responde a un objetivo único, sino a una combinación de finalidades económicas, sociales y jurídicas. Su orientación depende, en última instancia, de opciones de política legislativa destinadas a equilibrar los intereses de los distintos grupos implicados (acreedores, trabajadores y la sociedad en su conjunto).

## 2. La declaración de concurso: presupuestos, procedimiento y efectos

### 2.1. Presupuestos

Los presupuestos del concurso son los hechos o circunstancias necesarias para que pueda declararse a un sujeto en situación de concurso de acreedores. El texto refundido establece la necesidad de concurrir dos presupuestos, uno de carácter subjetivo, la existencia de un deudor, y otro de carácter objetivo, el estado de insolvencia.

### A. Presupuesto subjetivo

Bajo la premisa del principio de unidad de disciplina en el que se asienta la Ley Concursal, cualquier deudor, sea persona natural o jurídica (sociedades mercantiles, asociaciones, cooperativas y sociedades civiles) puede ser declarado en concurso (art. 1.1 LCon), si bien las microempresas quedan sujetas al procedimiento especial del Libro Tercero LCon.

> El texto refundido también prevé el concurso de ciertas entidades sin personalidad jurídica como la herencia, en tanto no haya sido aceptada pura y simplemente (art. 567 LCon). Así, queda recogido en el ámbito de aplicación de la norma la herencia aceptada a beneficio de inventario. En concordancia con esto, el fallecimiento del deudor en concurso de acreedores no es causa de conclusión del procedimiento, que continuará como concurso de herencia (art. 571 LCon).

> Por otra parte, el art. 1.3 LCon excluye del ámbito de aplicación de la ley a las entidades integrantes de la organización territorial del Estado, los organismos públicos y demás entes de derecho público, ya que no pueden ser declaradas en concurso. A modo de ejemplo, un Juzgado o un Ayuntamiento no pueden ser declarados en concurso.

### B. Presupuesto objetivo

El presupuesto objetivo del concurso es la insolvencia del deudor (art. 2.1 del LCon), que puede ser actual o inminente. La insolvencia actual aparece cuando el deudor no puede cumplir de manera regular con sus obligaciones exigibles, mientras que la insolvencia inminente surge cuando se prevé que no podrá atenderlas dentro de los tres meses siguientes, según el art. 2.3 LCon.

El legislador no toma en consideración la causa concreta que impide cumplir con las obligaciones, de modo que la imposibilidad de pago puede derivar tanto de un desequilibrio patrimonial (cuando el pasivo supera al activo) como de la falta de liquidez para convertir los activos en recursos disponibles, incluso si su valor excede el de las deudas. Lo relevante es que el deudor no puede hacer frente a las obligaciones vencidas y exigibles en la medida necesaria, sin que sea preciso que todas ellas hayan vencido, sino únicamente aquellas cuya cuantía impide atender los pagos. Por el contrario, no se considera en estado de insolvencia el deudor que, pudiendo cumplir, simplemente decide no hacerlo.

Aunque la Ley Concursal fija la insolvencia como único presupuesto objetivo para la declaración de concurso, parte de la doctrina y la jurisprudencia han identificado requisitos adicionales que consideran relevantes en la práctica. En primer lugar, la pluralidad de acreedores, que garantiza que el concurso responda a una situación de conflicto colectivo y no a una disputa aislada. En segundo lugar, la existencia de un activo mínimamente realizable que permita sufragar los costes indispensables del procedimiento. Este último elemento resulta especialmente significativo: declarar un concurso sin recursos suficientes para cubrir los gastos esenciales –como los salarios devengados durante el propio procedimiento o la retribución de la administración concursal– convertiría el concurso en un mecanismo ineficaz, costoso e inútil (véase epígrafe 2.4).

## 2.2. Procedimiento

El estado de insolvencia del deudor, por sí solo, no basta para que se inicie el concurso, ya que su apertura exige la solicitud de un sujeto legitimado. De ahí que parte de la doctrina considere dicha solicitud como un requisito formal imprescindible. El procedimiento concursal no se inicia nunca de oficio, sino que se rige por el principio rogado, de modo que solo se pone en marcha a instancia del deudor o de los acreedores legitimados.

La Ley Concursal reconoce legitimación a diversos sujetos: al propio deudor; a cualquier acreedor, salvo aquel que haya adquirido su crédito por actos *inter vivos* y a título particular después de su vencimiento dentro de los seis meses anteriores a la solicitud (art. 3.2 LCon); y, tratándose de un deudor fallecido, a sus acreedores, a los herederos y al administrador de la herencia. La posibilidad de solicitar el concurso por insolvencia inminente queda reservada exclusivamente al deudor, mientras que, en caso de insolvencia actual, tanto el deudor como cualquier acreedor están legitimados para instar su declaración.

Cuando el deudor sea una persona jurídica, la Ley Concursal establece la legitimación para pedir la declaración de concurso al órgano de administración o liquidación y a los socios, miembros o integrantes que sean personalmente responsables de las deudas de aquella. Por tanto, no tendrán legitimación los socios de las sociedades de capital, ya que la responsabilidad por las deudas está limitada al capital aportado y no responden personalmente.

Cuando el concurso lo solicita un acreedor, debe basarse en alguno de los hechos externos reveladores del estado de insolvencia del art. 2.4 LCon. Se trata de supuestos en los cabe pensar que el deudor es insolvente porque existe un embargo generalizado de sus bienes, un impago de ciertas obligaciones periódicas, etc.

Finalmente, es posible la declaración conjunta de concurso para varios deudores en ciertos casos específicos: cónyuges, socios o administradores total o parcialmente responsables de las deudas de una persona jurídica, sociedades pertenecientes al mismo grupo; deudores entre los que exista confusión de patrimonios, y pareja de hecho inscrita, en ciertos supuestos. Además, si los concursos de estas personas se han declarado inicialmente de manera separada, es posible acumularlos con posterioridad (art. 41 LCon).

La Ley Concursal recoge el deber del deudor de solicitar el concurso dentro de los dos meses siguientes a la fecha en la que hubiera conocido o debido conocer su estado de insolvencia, presumiéndose tal conocimiento, salvo prueba en contrario, cuando haya acaecido alguno de los hechos indiciarios previstos en el art. 2.4 (art. 5.1 y 2 LCon). En el ámbito de la sección de calificación del concurso, el incumplimiento por aquél de dicho deber constituye una de las presunciones de existencia de dolo o culpa grave en la generación o agravación del estado de insolvencia que se contemplan en el art. 444.1 LCon. Ello puede dar lugar a que el concurso se considere culpable, si bien ese precepto admite prueba en contrario, esto es, se trata de una presunción *iuris tantum*.

Una vez presentada la solicitud por alguno de los sujetos legalmente legitimados, el juez del concurso, en el mismo día o en el siguiente hábil al de su reparto, procederá a su examen y, si estimase que adolece de defectos, señalará un plazo de justificación o de subsanación que no podrá exceder de tres días. En cambio, si estuviera completa, proveerá según lo dispuesto en los arts. 6 a 12 o 13 a 27 LCon, según se trate de concurso voluntario o necesario, respectivamente.

a)  En el primer caso, declarará el concurso si de la documentación aportada, apreciada en conjunta, resulta que concurren los presupuestos subjetivo y objetivo para la declaración (art. 10.2 Con).

b)  En el segundo, una vez admitida a trámite la solicitud de concurso necesario, en la que el acreedor ha de expresar todos los datos relativos a su crédito y los medios de prueba de que pretenda valerse, como regla general tiene lugar la apertura de un incidente contradictorio.

No procede abrir incidente contradictorio, y el juez declara automáticamente el concurso, si la solicitud del acreedor se fundó: en la existencia de una previa declaración judicial o administrativa de insolvencia del deudor firme; en la existencia de un título por el que se hubiera despachado ejecución o apremio sin que del embargo hubieran resultado bienes libres conocidos bastantes para el pago; o en la existencia de embargos por ejecuciones pendientes que afecten de una manera general al patrimonio del deudor (art. 14.2.1º LCon).

En los demás casos se abre incidente contradictorio, y se emplaza al deudor. Si éste no comparece, comparece pero no se opone o se allana, el juez declarará el concurso sin más trámites (art. 19 LCon). Si el deudor comparece y se opone a la declaración de concurso, podrá basar la oposición en la falta de legitimación del solicitante, la inexistencia del hecho externo revelador del estado de insolvencia en que se fundamente la solicitud, o en que, aun habiéndose producido ese hecho, no se encontraba en estado de insolvencia o ya no se encuentra en ese estado (art. 20.1 LCon). Practicadas las pruebas solicitadas por las partes y declaradas pertinentes, el juez declarará el concurso o desestimará la solicitud mediante auto, cuyo pronunciamiento principal (el relativo a la estimación o desestimación de la solicitud de concurso) es recurrible en apelación, mientras que los demás pronunciamientos (por ejemplo, el relativo a la adopción de medidas cautelares) son recurribles en reposición.

## 2.3. El auto de declaración de concurso

La declaración de concurso reviste la forma de auto judicial, que marca el inicio del procedimiento concursal mediante la apertura de la fase común (art. 30.1 LCon). El contenido mínimo de dicho auto aparece definido en el art. 28.1 LCon e incluye, en primer lugar, la indicación de si el concurso es voluntario o necesario, atendiendo al sujeto que lo ha solicitado, así como, en su caso, la constancia de si el deudor ha presentado propuesta de convenio, ha solicitado la liquidación o ha aportado una oferta vinculante de adquisición de una o varias unidades productivas. Asimismo, el auto debe precisar los efectos de la declaración de concurso sobre las facultades de administración y disposición del deudor respecto de su patrimonio; el nombramiento y las facultades de la administración concursal; y el llamamiento a los acreedores para que comuniquen sus créditos en el plazo de un mes desde el día siguiente a la publicación del auto en el BOE. También debe recoger la publicidad que proceda conforme a los arts. 35 y ss. LCon. Cuando el concurso haya sido instado por un acreedor, el auto incluirá un requerimiento al deudor para que aporte la documentación exigida en los arts. 7 y 8 LCon, propia del concurso voluntario. Finalmente, el juez podrá acordar cualquier medida cautelar que estime necesaria para asegurar el patrimonio del deudor hasta la aceptación del cargo por parte de la administración concursal (art. 28.3 LCon).

## 2.4. El concurso sin masa

El concurso sin masa constituye un procedimiento específico de la Ley Concursal para aquellos supuestos en los que el deudor, además de encontrarse en situación de insolvencia, carece de activos suficientes para afrontar los costes mínimos del propio proceso concursal. Se parte de una insuficiencia patrimonial absoluta que impide desplegar el procedimiento ordinario, pues no existen bienes realizables con los que satisfacer a los acreedores ni cubrir los gastos indispensables del concurso, incluidos los honorarios de la administración concursal o determinados créditos laborales. Desgraciadamente en los últimos años un número importante de los concursos se declaran sin masa, de forma que es una figura mucho más común de lo que cabría pensar.

La lógica del sistema es evitar la tramitación de un procedimiento que, desde su inicio, se revela inútil y gravoso, protegiendo a los acreedores frente a cargas adicionales que no tendrían ninguna expectativa razonable de recuperación. En estas circunstancias, la falta de masa activa impide tanto alcanzar alguna de las soluciones propias del concurso (el convenio o la liquidación) como sufragar los costes generados por la tramitación, de modo que el concurso sin masa se configura como una respuesta eficiente para clausurar rápidamente procedimientos abocados al fracaso desde su origen.

El concurso sin masa opera en aquellos supuestos en los que concurre alguna de las circunstancias previstas en el art. 37 bis LCon: cuando el deudor carece de bienes y derechos legalmente embargables; cuando el coste de realización de su patrimonio resulte manifiestamente desproporcionado en relación con el valor previsible de dicho patrimonio; cuando los bienes y derechos libres de cargas tengan un valor inferior al previsible coste del propio concurso o, finalmente, cuando los gravámenes y cargas que pesan sobre los bienes del deudor superen su valor de mercado. En todos estos casos, la inexistencia material o funcional de masa activa impide sufragar los costes mínimos del procedimiento y justifica la tramitación abreviada propia del concurso sin masa.

Bajo esta premisa, corresponde al juez del concurso valorar si concurre la inexistencia o insuficiencia de masa activa, utilizando para ello los datos aportados en la solicitud y pudiendo requerir cualquier información adicional que resulte necesaria conforme al art. 11.1 LCon. Si el juez aprecia que no existen activos realizables o que la tramitación del procedimiento careciera de efectividad, declarará el concurso sin masa. Una vez declarado el concurso sin masa, adquiere especial relevancia la facultad de los acreedores que representen al menos el cinco por ciento del pasivo para solicitar el nombramiento de un administrador concursal con el fin de que emita un informe razonado y documentado sobre los extremos previstos en el art. 37 bis.1, *in fine* LCon. El plazo para la solicitud de nombramiento de un administrador concursal es de quince días desde la publicación del edicto Si los acreedores no ejercen esta facultad dentro del plazo, el procedimiento concluirá de manera inmediata, por lo que la continuidad o no del concurso sin masa queda en manos de los propios acreedores.

Por último, la Ley Concursal distingue entre los supuestos en los que la falta de masa se aprecia en el momento de la declaración del concurso y aquellos en los que la insuficiencia patrimonial aparece en una fase posterior del procedimiento (insuficiencia sobrevenida de la masa activa). En este segundo escenario, una vez satisfechos o consignados los créditos contra la masa ya devengados, corresponde a la administración concursal solicitar al juez la conclusión del concurso, de acuerdo con lo previsto en el art. 473.1 LCon.

## 3. Los órganos del concurso

Junto al deudor y a los acreedores, que constituyen sujetos imprescindibles para la existencia misma del concurso, el procedimiento concursal cuenta con dos órganos necesarios: el juez del concurso, encargado de la dirección y control jurisdiccional del procedimiento, y la administración concursal, responsable de la gestión y supervisión de las operaciones patrimoniales del deudor. Junto a ellos, la Ley Concursal prevé la intervención del Ministerio Fiscal en determinados supuestos, configurándolo como un órgano no necesario cuya participación se activa solo en casos tasados por la ley. Además, la más reciente reforma concursal ha suprimido la tradicional junta de acreedores con el fin de simplificar y agilizar el procedimiento, de modo que cualquier referencia a este órgano debe considerarse eliminada del sistema vigente.

### 3.1. Juez del concurso

La competencia para conocer de los procedimientos de concurso corresponde a los Juzgados de lo Mercantil, órganos jurisdiccionales creados por la Ley Orgánica 8/2003, de 9 de julio, para la Reforma Concursal, e integrados en el orden civil. Se trata de juzgados unipersonales, servidos por un único magistrado, y dotados de una marcada especialización en materia concursal y en distintas áreas del derecho civil y mercantil. Esta especialización exige una sólida formación no solo jurídica, sino también económica y contable, dado el carácter técnico de muchas de las cuestiones que deben resolver. Asimismo, la Ley Orgánica 6/1985, de 1 de julio, del Poder Judicial, prevé que una o varias secciones de las Audiencias Provinciales puedan especializarse en asuntos concursales para conocer de los recursos que se interpongan contra las resoluciones dictadas por dichos juzgados.

> A pesar de su denominación, los Juzgados de lo Mercantil no se ocupan únicamente de materias estrictamente mercantiles. Su competencia incluye también determinados ámbitos civiles, como los litigios sobre condiciones generales de la contratación o cuestiones relativas a la propiedad intelectual o industrial. Sin embargo, su ámbito competencial en materia mercantil no es omnicomprensivo: ciertos conflictos contractuales de naturaleza mercantil quedan excluidos de su conocimiento y continúan siendo competencia de los Juzgados de Primera Instancia, que actúan como órganos jurisdiccionales civiles de carácter general. Cabe destacar que las competencias de los Juzgados de lo Mercantil han experimentado diversas modificaciones a lo largo del tiempo y, por tanto, es presumible que en el futuro vuelvan a ajustarse.

En el ámbito concursal resulta especialmente relevante la jurisdicción exclusiva y excluyente que corresponde al juez del concurso, conforme a lo dispuesto en el art. 86 ter LOPJ y en los arts. 52 a 56 LCon. Dicha jurisdicción alcanza materias que, aun excediendo lo estrictamente concursal, inciden directamente en el patrimonio del deudor. Entre estas materias se comprenden las acciones relativas a la extinción, modificación o suspensión colectiva de los contratos de trabajo del deudor, así como las relativas a la suspensión o extinción de los contratos de alta dirección. Del mismo modo, el juez del concurso asume de manera exclusiva la competencia sobre las ejecuciones que afecten a los bienes y derechos del concursado, con determinadas excepciones, y sobre la adopción de medidas cautelares, salvo aquellas acordadas en procesos civiles vinculados a capacidad, filiación, matrimonio y menores.

### 3.2. La administración concursal

La Ley Concursal dedica un Capítulo completo al régimen de la administración concursal. Cabe resaltar cuatro características generales acerca de la administración concursal.

a) En primer lugar, se trata de un órgano necesario. Por un lado, porque su nombramiento no es potestativo para el juez del concurso, sino que constituye uno de los pronunciamientos del auto de declaración de concurso (art. 28.1.3º LCon); y, por otro, porque la Ley Concursal atribuye determinadas funciones con carácter exclusivo a ese órgano concursal, entre ellas, la elaboración de su informe (arts. 290 a 296 LCon).

b) En segundo lugar, es un órgano unipersonal como regla, si bien cabe el nombramiento de un segundo administrador acreedor en los concursos de especial trascendencia (véase art. 58 LCon).

c) En tercer lugar, tiene carácter eminentemente técnico, en la medida en que se requiere una determinada cualificación profesional (salvo para los casos de segundo administrador).

d) Finalmente, es un órgano auxiliar del juez del concurso que completa la capacidad de trabajo de éste.

*A. Nombramiento*

El juez procede a nombrar a la administración concursal en el propio auto de declaración del concurso. Según el art. 60.1 LCon, solo pueden ser designadas como administradores concursales las personas, físicas o jurídicas, que estén inscritas en la sección cuarta del Registro Público Concursal, cuyo fin es garantizar que cumplen los requisitos necesarios para ejercer sus funciones en el procedimiento.

> Respecto a las personas físicas, el art. 61.1 del LCon exige poseer una titulación específica y haber superado un examen de aptitud profesional conforme a lo previsto en el Reglamento de la administración concursal. Con ello se asegura que únicamente profesionales preparados, con conocimientos en Derecho, Economía y gestión empresarial, puedan asumir este papel esencial en el concurso.

> En cuanto a las personas jurídicas, también pueden inscribirse como administradores concursales si cumplen los requisitos fijados en el reglamento correspondiente (art. 61.2 LC). No obstante, es imprescindible que sus socios o representantes legales reúnan las mismas exigencias de titulación y cualificación que se requieren para las personas físicas.

Estos requisitos para ser administrador concursal han sido introducidos por la Ley 16/2022, que contempla un desarrollo reglamentario relativo a los requisitos para obtener la titulación y a la retribución de la administración concursal. Conforme a su disposición final decimocuarta, dicho reglamento debía aprobarse en un plazo de seis meses desde la entrada en vigor de la ley. No obstante, este plazo se ha cumplido y todavía está pendiente de aprobación. En consecuencia, en materia de requisitos y nombramiento continúa vigente la normativa anterior a las sucesivas reformas concursales. Este régimen exige que el administrador concursal sea abogado en ejercicio, economista, auditor de cuentas o titulado mercantil (requisito subjetivo), y cuente con una experiencia profesional mínima de cinco años (requisito temporal).

El sistema de designación del administrador concursal previsto en la Ley Concursal también depende del citado desarrollo reglamentario. La norma establece como regla general que el nombramiento recaiga en la persona inscrita que corresponda por turno correlativo, según la clase de concurso de que se trate (art. 62.1 LCon). No obstante, «en los concursos de mayor complejidad el nombramiento recaerá en la persona natural o jurídica inscrita en el Registro Público Concursal habilitada para ejercer las funciones propias del cargo en dichos concursos que el juez designe, debiendo motivar la designación en la adecuación de la experiencia, los conocimientos o la formación de la persona nombrada a las particularidades del concurso, en los términos que se determinen reglamentariamente» (art. 62.2 LCon).

> Ahora bien, como se ha señalado, mientras no se apruebe el reglamento destinado a regular los requisitos y la retribución de los administradores concursales, continúa vigente el régimen legal anterior. En este contexto, el nombramiento del administrador concursal corresponde al juez, quien selecciona a los profesionales inscritos en el Registro Oficial de Auditores de Cuentas o en el colegio profesional correspondiente. Aunque este sistema ofrece cierta flexibilidad, exige que el juez procure una distribución equilibrada de las designaciones entre los profesionales inscritos. Sin embargo, también le permite, y en algunos supuestos le impone, nombrar a administradores con mayor experiencia cuando se trate de concursos de especial complejidad.

La Ley Concursal regula con detalle el régimen de incompatibilidades y prohibiciones que recae sobre los administradores concursales (arts. 64 y 65 LCon), quienes deberán aceptar o rechazar el encargo dentro de los cinco días siguientes al recibo de la comunicación del nombramiento (art. 66 LCon), pudiendo ser recusados (arts. 72 a 74 LCon). Finalmente, se prevé la posibilidad de delegación de funciones concretas en los denominados auxiliares delegados, con la pertinente autorización del órgano judicial (arts. 75 a 79 LCon).

### B. *Estatuto jurídico*

La ley aborda aspectos como la retribución (arts. 84 a 89 LCon), cuya disciplina permanece igualmente pendiente de desarrollo reglamentario en ciertos extremos. Hasta que dicho desarrollo se produzca, continúa aplicándose el RD 1860/2004, aunque debe entenderse derogado en lo que resulte incompatible con el texto refundido. La Ley Concursal configura un sistema retributivo basado en arancel, cuyas reglas esenciales se recogen en el art. 86. La cuantía será fijada por el juez mediante auto, pudiendo ser modificada en cualquier fase del procedimiento cuando exista justa causa (arts. 87 y 88 LCon). Para garantizar el cobro de dicha retribución incluso cuando el concurso carezca de activo suficiente, se establece una cuenta de garantía arancelaria, alimentada por las aportaciones obligatorias de los administradores concursales (arts. 91 a 93 LCon). En los supuestos en que la retribución no pueda satisfacerse por insuficiencia del activo, podrá acudirse a esta cuenta para hacer efectivo el pago.

La administración concursal y los auxiliares delegados responderán frente al deudor y los acreedores de los daños y perjuicios causados a la masa por los actos y omisiones contrarios a la Ley o realizados incumpliendo los deberes inherentes al desempeño del cargo sin la debida diligencia (arts. 94 a 99 LCon). Igualmente, si concurre justa causa, puede ser separada del cargo, procediéndose, en tal supuesto, a efectuar un nuevo nombramiento (arts. 100 y 101 LCon).

Las funciones de la administración concursal, dispersas a lo largo del texto legal, son numerosas. De forma muy básica, pueden agruparse en tres categorías: autorizar las decisiones del deudor en el concurso voluntario o asumir su sustitución en el concurso necesario; elaborar el informe concursal, en el que se determina la situación patrimonial y las causas del concurso, además de emitir los informes correspondientes en las decisiones relevantes (propuestas de convenio, calificación, etc.); y, por último, supervisar y gestionar el desarrollo del concurso, lo que incluye tareas como comunicar a los acreedores, recibir sus escritos y realizar las actuaciones necesarias para el buen funcionamiento del procedimiento. Con todo, cabe destacar que la participación de la administración concursal varía sustancialmente dependiendo de que el ejercicio de las facultades patrimoniales del deudor se encuentre sujeto a intervención o a suspensión, siendo más intensa en este último caso.

## 4. Derecho preconcursal

El Derecho concursal se ocupa tanto del procedimiento de concurso como de los mecanismos diseñados para intervenir en etapas previas a su declaración, conocidos como instrumentos preconcursales. Estos instrumentos, también denominados paraconcursales, han ganado en los últimos años un papel protagonista, especialmente debido a su potencial para actuar como herramientas preventivas ante situaciones de insolvencia. Su finalidad principal es ofrecer al deudor alternativas viables para superar sus dificultades económicas sin tener que recurrir necesariamente al concurso de acreedores.

Los instrumentos preconcursales están concebidos para promover la continuidad de la actividad económica y empresarial, ya que una resolución temprana de los problemas financieros puede preservar la operatividad de la empresa y minimizar el impacto económico en sus acreedores y empleados. Aunque se utilice comúnmente el término «preconcursales», su denominación más adecuada es «paraconcursales», pues están orientados, no a preparar el concurso, sino a evitarlo. Esto refleja una evolución legislativa y jurisprudencial que apuesta por la economía procesal, la protección del tejido empresarial y el impulso a soluciones negociadas como elemento clave del Derecho concursal moderno.

El Derecho preconcursal vigente proviene de la transposición de la Directiva (UE) 2019/1023, y supone un cambio importante respecto de los instrumentos que recogía la Ley Concursal antes de la reforma. Desaparecen los acuerdos de reestructuración y el acuerdo extrajudicial de pagos, y se incluyen los planes de reestructuración, que se consolidan como una pieza esencial en la prevención de la insolvencia empresarial. Se evidencia así la evolución normativa hacia un modelo más preventivo y menos punitivo en el tratamiento de las dificultades económicas. Este enfoque se alinea con la necesidad de priorizar la viabilidad empresarial cuando sea posible y, en definitiva, promover soluciones que beneficien a todas las partes implicadas.

La idea general de los planes de reestructuración es facilitar que empresas viables, pero con una estructura de endeudamiento inadecuada, puedan salvar una situación de insolvencia previsible o actual gracias a un acuerdo con la mayoría del pasivo que modifique la estructura de su deuda. Si la empresa es viable y el plan está bien estructurado, los acreedores tienen un incentivo claro para aceptarlo. Desde esta perspectiva, los planes de reestructuración son una herramienta para que los acreedores puedan recuperar más parte de la deuda a medio y largo plazo que si la compañía entrara en concurso, donde la liquidación tiende a reducir considerablemente el valor de los activos y, por ende, el cobro de los créditos. El plan puede incluir el perdón de deudas y/o el aplazamiento de las mismas, pero pese a ese sacrificio inicial el resultado final de cobro presumiblemente será mayor.

Los beneficios de estos planes no se limitan únicamente a los acreedores. La economía en su conjunto se ve favorecida, ya que la continuidad de empresas viables con problemas financieros evita la pérdida de empleo, mantiene la cadena de valor en los sectores en los que operan y contribuye al dinamismo económico. La preservación de estas empresas también fomenta la confianza en el mercado financiero, al mostrar que existen soluciones eficaces para reestructurar las deudas sin recurrir a procesos de liquidación que suelen ser más perjudiciales para todas las partes implicadas.

Por otra parte, el uso de instrumentos extrajudiciales presenta varias ventajas procesales. En primer lugar, contribuye a aliviar la carga de los juzgados, ya que evita el trámite de expedientes que podrían resolverse fuera del ámbito judicial. Este enfoque permite una mayor agilidad y eficacia en la gestión de los conflictos derivados de situaciones de insolvencia, especialmente en los casos en que las partes logran alcanzar acuerdos de manera consensuada. Además, los derechos de las partes involucradas están plenamente garantizados. En efecto, aunque el procedimiento se lleve a cabo de forma extrajudicial, se establece la posibilidad de impugnación judicial de los acuerdos alcanzados si se considera que vulneran de manera inaceptable los derechos de alguno de los afectados.

En segundo lugar, aunque el trámite sea extrajudicial, la mera comunicación de negociaciones con los acreedores puede lograr una suspensión de las ejecuciones sobre bienes necesarios. Esta medida es crucial para preservar la viabilidad de la empresa en crisis, ya que evita la pérdida de activos necesarios para su funcionamiento, permitiendo así que el deudor continúe operando mientras se buscan soluciones para reestructurar su pasivo.

### 4.1. La comunicación de apertura de negociaciones con los acreedores

La Ley permite al deudor que se encuentre en dificultades financieras que comunique al juzgado competente para la declaración de concurso la existencia de negociaciones con sus acreedores, o la intención de iniciarlas de inmediato, para alcanzar un plan de reestructuración que permita superar la situación en que se encuentra (art. 585 LCon). Con esa simple comunicación se logran varios efectos importantes, de los que destacaremos dos: como regla general, se impide continuar o iniciar ejecuciones sobre bienes necesarios para la continuidad de la actividad empresarial o profesional del deudor (arts. 600 a 606 LCon); y las solicitudes de concurso necesario que pudieran presentar los acreedores no se tramitarán (art. 610 LCon). De esta forma, se logra que el deudor pueda negociar con cierta «tranquilidad» durante un plazo razonable para aprobar un plan de reestructuración que le permita salvar la situación. El plazo durante el cual rigen estos efectos es de tres meses desde la comunicación, prorrogables por otro periodo de igual duración (arts. 607 y 608 LCon). Y para evitar un «abuso» de este instituto, una vez formulada la comunicación, no podrá presentarse otra por el mismo deudor en el plazo de un año, a contar desde la presentación (art. 609 LCon).

Evidentemente, al realizar esta comunicación el deudor ya reconoce estar en dificultades, pero los beneficios merecen la pena. Ahora bien, pasado el plazo señalado, si el deudor se halla en estado de insolvencia actual (porque no ha tenido éxito en las negociaciones, o porque mantiene o ha agravado su insolvencia), deberá solicitar el concurso (art. 611.1 LCon). La comunicación supone lograr un «tiempo muerto» para negociar, pero no evita que si la insolvencia existe, se active (o se mantenga) el deber de solicitar la declaración de concurso.

## 4.2. Planes de reestructuración

La segunda de las instituciones preconcursales es el «plan de reestructuración», que es aquel que tiene por objeto «la modificación de la composición, de las condiciones o de la estructura del activo y del pasivo del deudor, o de sus fondos propios, incluidas las transmisiones de activos, unidades productivas o de la totalidad de la empresa en funcionamiento, así como cualquier cambio operativo necesario, o una combinación de estos elementos» (art. 614 LCon). Se trata, en definitiva, de que el deudor llegue a un acuerdo con una parte relevante de su pasivo para cambiar la estructura de deuda: obtener perdones o aplazamientos de deuda, convertir pasivo en capital, vender ciertas unidades productivas, etc. Con ello se busca que esa empresa viable modifique la estructura del pasivo y pueda desarrollar una actividad normal sin la carga financiera inadecuada que tenía hasta ahora. Lógicamente, si la empresa no es rentable no logrará ningún plan de reestructuración, porque los acreedores advertirán que no va a poder cumplirlo; pero es que incluso si una empresa no viable llegara a un acuerdo con la mayoría de su pasivo, ese acuerdo se podría impugnar con éxito (véase art. 654.4.º y 7.º LCon).

> La negociación de un plan de reestructuración puede o no ir acompañada de una comunicación al juzgado de las contempladas en el art. 585 LCon. Será conveniente, e incluso necesaria, si las dificultades financieras del deudor son graves, con créditos vencidos impagados, y quiere evitar posibles ejecuciones de bienes importantes que puedan frustrar la reestructuración, o impedir declaraciones de concurso solicitadas por los acreedores. Pero no será necesaria, ni conveniente, en otros supuestos de menor gravedad, cuando no existen peligros de ejecuciones ni de solicitudes de concurso necesario.

> Aunque pueda parecer extraño que una «refinanciación» incluya una remisión de deuda, en la práctica no es raro que sea así. Cuando deudor y acreedor ven que es imposible el pago de la totalidad de la deuda, puede ser conveniente perdonar parte de la misma, y alargar el vencimiento de la que se mantenga, con tal de poder obtener el cobro de ésta. Esto es aún más interesante (para el deudor y esos acreedores) si, además, pueden obligar al resto de acreedores a soportar esas esperas y esas quitas.

Toda la tramitación para la aprobación de este plan es extrajudicial (si bien puede ir acompañada, como queda señalado, de una «comunicación» del art. 585 LCon). El deudor propone un plan (véase el contenido mínimo en el art. 633 LCon), que se comunica a los acreedores, en el cual éstos irán agrupados por «clases», agrupación que «debe atender a la existencia de un interés común a los integrantes de cada clase determinado conforme a criterios objetivos» (pero que queda a la discrecionalidad razonable del deudor, sin que la Ley establezca ni una tipología ni unos criterios fijos). Hay algunos acreedores que no pueden quedar afectados por el plan (como ciertos acreedores por alimentos y ciertos acreedores de derecho público). La votación se realiza por escrito, y el plan se aprobará, como regla general, si dos tercios del pasivo de cada clase vota a favor (art. 629 LCon). Además, cuando el plan contenga medidas que requieran el acuerdo de los socios de la deudora (por ejemplo, hay que ampliar capital, para convertir parte de los créditos en acciones o participaciones), se estará a lo establecido para el tipo legal que corresponda (art. 631.1 LCon).

Si el plan se aprueba, vincula a los acreedores que votaron a favor. Pero se puede lograr que tenga una virtualidad mayor si se pide la «homologación judicial», que es conceptualmente distinta (y posterior) a la aprobación. La homologación será precisa cuando se pretenda extender sus efectos a acreedores o clases de acreedores que no hubieran votado a favor del plan o a los socios del deudor persona jurídica, o cuando se quiera resolver contratos en interés de la reestructuración, o se busque proteger la financiación prevista en el plan de posibles acciones rescisorias (art. 635 LCon). Aquí ya existe intervención judicial, debiendo comprobar el órgano judicial que se cumplen los requisitos legales fijados en el art. 638 LCon (entre otros, requisitos de corrección formal, pero también otros materiales como que el plan ofrezca una perspectiva razonable de evitar el concurso y asegurar la viabilidad de la empresa en el corto y medio plazo).

> Hay que tener en cuenta que esta homologación y extensión de efectos puede afectar también a acreedores titulares de créditos hipotecarios o de otras garantías que no votaron a favor, en este caso si una mayoría amplia de ese pasivo garantizado (de tres cuartos del pasivo, superior a la del resto de clases, art. 629.2 LCon) estuvo de acuerdo en conceder la refinanciación, y el juez comprueba el cumplimiento del resto de requisitos.

Por ende, si el juez homologa el plan, existe una posible actuación posterior, y es que alguno de los acreedores afectados por la extensión que supone esa homologación (normalmente, un acreedor que no votó a favor del plan, y ahora queda vinculado a consecuencia de la homologación) la impugne. Esa impugnación se resuelve por la Audiencia Provincial, que podrá estimarla, entre otras razones, y aparte de por posibles incumplimientos de requisitos legales de forma o contenido, porque «el plan no ofrezca una perspectiva razonable de evitar el concurso y asegurar la viabilidad de la empresa en el corto y medio plazo» o «no supere la prueba del interés superior de los acreedores» (art. 654.4.º y 7.º). Como se aprecia, por lo tanto, el expediente es básicamente extrajudicial, pero se garantiza el interés de los posibles acreedores afectados mediante una intervención judicial cuando se quiere «extender» el plan, o cuando se pretende impugnar la «extensión» del plan ya realizada. De esta forma se intenta combinar de forma adecuada la flexibilidad y falta de formalismos del expediente extrajudicial, con la garantía de derechos cuando se va a afectar a acreedores o socios que no han votado a favor del plan.

Si el plan de reestructuración se cumpliera, el deudor pagaría así los créditos afectados, con las modificaciones operadas en los mismos por el plan. Si no se cumpliera, y ello fuera a causa de la insolvencia del deudor, cualquier persona legitimada podrá solicitar la declaración de concurso (art. 671.2 LCon).

Por último, debe destacarse la figura del «experto de la reestructuración», que es una persona con «conocimientos especializados, jurídicos, financieros y empresariales, así como experiencia en materia de reestructuraciones o que acredite cumplir los requisitos para ser administrador concursal conforme a esta ley» (art. 674 LCon). No es obligatorio su nombramiento en todos los casos, pero sí cuando (entre otros supuestos) se quiere lograr la homologación del plan, algo que sucederá en la mayoría de casos. El experto es propuesto por quien solicita su nombramiento (puede ser el deudor o acreedores que supongan un cierto porcentaje de pasivo), y su labor consiste en asistir al deudor y a los acreedores en las negociaciones y en la elaboración del plan de reestructuración, y redactar y presentar al juez los informes exigidos por la ley y aquellos otros que el juez considere necesarios o convenientes (art. 679 LCon).

### 4.3. La venta de unidades productivas (pre-pack)

La Ley Concursal, en sede de procedimiento concursal (Libro I), recoge una serie de preceptos sobre la venta de unidades productivas (arts. 215-225). Una unidad productiva es el «conjunto de medios organizados para el ejercicio de una actividad económica esencial o accesoria» (art. 202.2 LCon). La reforma de 2022 ha introducido la posibilidad del deudor de solicitar del juzgado el nombramiento de un experto para buscar compradores de unidades productivas de las que fuere titular. A este instrumento destinado a la venta de unidades productivas se le ha denominado en la práctica como «*pre-pack* concursal».

A pesar de regularse sistemáticamente la figura del *pre-pack* dentro del procedimiento de concurso, los términos en los que se regula la solicitud del nombramiento de experto para la venta de unidades productivas permiten concebirla como un instrumento preconcursal. A este respecto, el presupuesto objetivo para la solicitud de experto es la probabilidad de insolvencia, de insolvencia inminente o de insolvencia actual. Por tanto, los presupuestos para los planes de reestructuración (art. 584 LCon) y para la solicitud de nombramiento de experto para la venta de unidades productivas (art. 224 ter LCon) son similares. Con todo, la norma establece una diferencia importante entre ambos instrumentos, ya que la solicitud de experto no exime al deudor del deber de solicitar el concurso cuando se encuentra en estado de insolvencia actual (art. 224 quinquies LCon), mientras que la comunicación de negociaciones o la solicitud de homologación de un plan de reestructuración hace decaer esa obligación.

El experto encargado de buscar ofertas para la venta de unidades productivas es nombrado por el juzgado competente para la declaración del concurso a solicitud del deudor (art. 224 ter LCon). El cargo podrá recaer en persona natural o jurídica que reúna los requisitos para ser nombrado experto en reestructuraciones o administrador concursal (art. 224.1 quater LCon). En la resolución, que se mantendrá reservada, el juez fijará la duración del encargo y la retribución correspondiente, que podrá ser total o parcial en función del resultado (art. 224.2 quater LCon).

Conviene destacar que, aunque la labor del experto en la búsqueda de ofertas para la venta de unidades productivas se desarrolla fuera del procedimiento concursal, la operación solo queda amparada por la protección de la normativa concursal si se lleva a cabo dentro del propio concurso. Por ello, aunque el *pre-pack* se conciba como un mecanismo preconcursal, una parte de su tramitación debe realizarse en el seno del concurso.

# Derecho Concursal (II). Efectos de la declaración del concurso

## 1. Efectos sobre el deudor

La declaración de concurso genera un haz de efectos que se proyectan tanto sobre la esfera personal como patrimonial del deudor. Por un lado, desde la admisión a trámite de la solicitud de concurso necesario, a instancias del legitimado para instarlo, o desde la declaración de concurso, de oficio o a instancia de cualquier interesado, es posible la adopción judicial de medidas relativas al secreto de la correspondencia, la libertad personal o a la inviolabilidad del domicilio; medidas que, por su incidencia directa en los derechos y libertades fundamentales del deudor, se encuentran previstas en una norma con rango de ley orgánica, en concreto, en el art. primero LORC. Por esto el art. 105 LCon se remite a aquélla en cuanto a los efectos de dicha declaración sobre las comunicaciones, residencia y libre circulación del deudor.

Por otro, el auto declaratorio del concurso trae consigo otros efectos que afectan al ejercicio de sus facultades patrimoniales, limitándolas con diferente intensidad según se trate de concurso voluntario o necesario (art. 106 LCon). Como regla general, el deudor mantiene dichas facultades en el concurso voluntario, pero necesita autorización de la administración concursal para ejercerlas. En el concurso necesario se suspenden las facultades del deudor y es sustituido por la administración concursal. Este régimen no es automático o rígido: el juez del concurso tiene la facultad de acordar, siempre motivadamente, la suspensión en caso de concurso voluntario o la mera intervención cuando se trate de concurso necesario, con indicación de los riesgos que se pretendan evitar y las ventajas que se quieran obtener (art. 106.3 LCon). Además, podrá acordar en cualquier momento el cambio de las situaciones de intervención o suspensión, a solicitud de la administración concursal y oído el concursado (art. 108.1 LCon). De cualquier forma, la infracción de tales limitaciones no tiene aparejada la nulidad del acto realizado por el deudor, siendo meramente anulables a instancia de la administración concursal, siempre que no los hubiese convalidado o confirmado (art. 109.1 LCon).

En última instancia, la finalidad de estas medidas de carácter patrimonial es procurar la conservación y administración de la masa activa del modo que resulte más conveniente para los intereses del concurso. De ahí que esté prohibida, sin autorización del juez, la enajenación o gravamen de los bienes y derechos que la integran hasta la aprobación del convenio o la apertura de la fase de liquidación (art. 205 LCon). Como esta regla puede resultar excesiva, el art. 206 LCon establece ciertos supuestos en los que cabría realizar tal enajenación por la administración concursal sin autorización judicial previa: los inherentes a la continuación de la actividad profesional o empresarial del deudor, los que sean indispensables para satisfacer las exigencias de tesorería que requiera la tramitación del concurso de acreedores, y los indispensables para garantizar la viabilidad de los establecimientos o unidades productivas. Por lo tanto, se podrán enajenar bienes del circulante en la actividad ordinaria, o para obtener tesorería si fuera necesario, pero la enajenación de los bienes necesarios para la actividad ordinaria (el llamado «inmovilizado») o de unidades productivas requiere autorización judicial.

En lógica relación con todo lo señalado hasta ahora, la Ley concursal parte de que el concurso no supone la interrupción de la actividad empresarial del concursado. El legislador parte de que la declaración de concurso se solicita en un momento tempestivo, en que aún la empresa es viable, y por eso su actividad se mantiene. Cuestión distinta es que esa actividad ya se efectúa bajo el régimen ya señalado de autorización o de sustitución de la administración concursal. En el primer supuesto, de autorización, la administración concursal debe autorizar las decisiones del deudor, si bien puede determinar las operaciones propias del tráfico de aquella actividad que, por razón de su naturaleza o cuantía, puedan ser realizados por el concursado o por su director o directores generales. En el segundo, es a la administración concursal a quien corresponde la adopción de las medidas necesarias para la continuación de la actividad. Además, hasta la aceptación de la administración concursal el concursado podrá realizar los actos que sean imprescindibles para la continuación de la actividad, siempre que se ajusten a las condiciones normales del mercado. No obstante, frente a la regla general de continuidad de la actividad de la empresa, el juez del concurso tiene la facultad de acordar su suspensión o cese, total o parcial, así como el cierre de todas o parte de las oficinas, establecimientos y explotaciones de titularidad del deudor, siempre a solicitud de la administración concursal y previa audiencia del deudor y de los representantes de los trabajadores (art. 114 LCon). Ello puede ser aconsejable cuando el desarrollo de la actividad genere pérdidas sustanciales, siendo contraproducente para los intereses del concurso su mantenimiento.

La Ley Concursal vincula a la declaración de concurso una serie de deberes generales cuyo cumplimiento corresponde al deudor. Así, tiene que comparecer personalmente ante el juzgado y ante la administración concursal cuantas veces sea requerido y colaborar e informar en todo lo necesario para el interés del concurso (art. 135.1 LCon). Relacionado con este deber de colaboración e información se encuentra el de puesta a disposición de la administración concursal de los libros de llevanza obligatoria y cualesquiera otros libros, documentos y registros relativos a los aspectos patrimoniales de la actividad profesional o empresarial (art. 134.1 LCon). Además, durante la tramitación del concurso subsiste la obligación de formular y auditar las cuentas anuales, recayendo sobre el deudor, en caso de intervención, aunque bajo la supervisión de los administradores concursales, y sobre estos últimos en el supuesto de suspensión (arts. 115 y 116 LCon).

Finalmente, la Ley Concursal dedica un régimen especial para el deudor persona física (arts. 123 a 125 LCon) y otro para el deudor persona jurídica (arts. 126 a 133 LCon). Respecto de aquél, le garantiza el derecho a alimentos con cargo a la masa activa a lo largo del concurso si existen bienes bastantes, si bien la apertura de la fase de liquidación trae consigo su extinción (arts. 123, 124 y 413.2 LCon). En cuanto al deudor persona jurídica, durante la tramitación del concurso sus órganos coexistirán con la administración concursal hasta que, en su caso, se abra la fase de liquidación, que tiene aparejada, como otro de sus efectos, el cese de aquéllos (arts. 126, 127 y 413.3 LCon). Pero, en el ámbito de las personas jurídicas, sin duda la especialidad más importante es la relativa a la posibilidad de embargo de los bienes de los administradores y liquidadores, de derecho y de hecho, y directores generales de la persona jurídica concursada así como de quienes hubieran tenido esa condición dentro de los dos años anteriores a la declaración de concurso, si de lo actuado existen indicios fundados de que en la sentencia de calificación las personas a las que afecte el embargo serán condenadas a la cobertura del déficit resultante de la liquidación (art. 133 LCon). La razón es que, en tales circunstancias, aquéllos pueden resultar finalmente responsables del pago de las mismas (art. 456 LCon, véase Lección 12, epígrafe 3).

## 2. Efectos sobre los acreedores

Una vez declarado el concurso, se produce la integración de todos los acreedores en la masa pasiva concursal (art. 251.1 LCon), lo que constituye una muestra del carácter universal de este proceso, inspirado en el ya referido principio de la *par conditio creditorum* o igualdad de tratamiento de los créditos de los acreedores. La Ley Concursal distingue entre los efectos sobre las acciones individuales y los efectos sobre los créditos.

## 2.1. Efectos sobre las acciones individuales

Tras la declaración de concurso cabe la posibilidad de iniciar nuevos procesos declarativos, que deberán sustanciarse ante el juez del concurso si las materias sobre las que versan entran dentro de su competencia objetiva, de conformidad con los arts. 52 y 53 LCon. Consecuencia de ello, los Jueces del orden civil y social ante los que se interponga una demanda de la que deba conocer aquél se abstendrán de darle trámite y, de hacerlo, las actuaciones practicadas carecerán de validez, habiéndose de proceder al archivo de todo lo actuado (art. 136.1 y 2 LCon). En cuanto a los procesos declarativos en curso al tiempo de la declaración de concurso, continuarán ante el mismo tribunal que los estuviere conociendo hasta la firmeza de la sentencia, con algunas salvedades (art. 137 LCon); y una vez la sentencia haya adquirido firmeza, será vinculante para el juez del concurso, debiendo darle el tratamiento concursal correspondiente (art. 141 LCon). Como excepción, se suspenderán las reclamaciones que se hayan instado contra los administradores de la sociedad por no haber cumplido los deberes impuestos en caso de concurrencia de causa de disolución (véase art. 367 LSC), y las derivadas del art. 1597 CC (art. 139 LCon).

En materia de ejecuciones y apremios, la regla general es la imposibilidad de inicio de nuevas ejecuciones singulares, judiciales o extrajudiciales, y apremios, administrativos o tributarios, después de la declaración del concurso (art. 142 LCon). Los que se encuentren pendientes en este momento, por su parte, quedarán en suspenso (art. 143 LCon). En consecuencia, los acreedores no tienen un derecho de ejecución separada, salvo algunas excepciones (con precisiones, ciertas ejecuciones laborales y procedimientos administrativos de ejecución que versen sobre bienes no necesarios para la continuidad de la actividad profesional o empresarial del deudor, art. 144.1 LCon).

Por lo general, los bienes de mayor valor del concursado suelen estar gravados con garantías reales que aseguran el pago de deudas frente a acreedores profesionales, como entidades bancarias o Administraciones públicas. Esto genera un conflicto en el procedimiento concursal, pues si tales garantías pudieran ejecutarse de modo ordinario, los bienes afectados quedarían excluidos de la masa activa, reduciendo de forma significativa los activos disponibles para atender las deudas de acreedores no profesionales. Además, en muchos casos estos bienes resultan esenciales para la continuidad de la actividad empresarial o profesional del concursado. Si fueran ejecutados por los acreedores garantizados, podría frustrarse la posibilidad de alcanzar una solución viable al concurso, como un convenio o la venta de una unidad productiva.

La normativa concursal afronta este conflicto mediante un sistema equilibrado que protege tanto los derechos de los acreedores garantizados como los intereses generales del concurso. Conforme al art. 146 LCon, las garantías reales sobre los bienes del deudor se mantienen tras la declaración de concurso cuando no recaen sobre bienes necesarios para la continuidad de la actividad empresarial o profesional del concursado. Sin embargo, cuando dichos bienes sí son necesarios, se prohíbe su ejecución. También se paraliza cualquier ejecución ya iniciada antes de la declaración del concurso si recae sobre bienes necesarios. Esta suspensión o paralización tiene un límite temporal: se mantiene hasta que surta efecto un convenio que no limite el ejercicio del derecho de ejecución separada o hasta que transcurra un año desde la declaración del concurso sin que se haya abierto la fase de liquidación (art. 148 LCon). Ahora bien, la administración concursal también podrá pagar los créditos garantizados, para así liberar los bienes de estos gravámenes, si lo ven adecuado al interés del concurso (art. 430.2 LCon).

## 2.2. Efectos sobre los créditos

La compensación es una forma de extinción de las obligaciones prevista en el Código Civil (art. 1195 CC), que opera cuando dos personas sean recíprocamente deudoras y acreedoras la una de la otra. Sin embargo, en el ámbito concursal carece de eficacia (art. 153 LCon). Y es que, si se permitiese la compensación de créditos y deudas en el concurso, el acreedor-deudor del concursado favorecido por la aplicación de este instituto jurídico vería su crédito satisfecho, total o parcialmente, escapando del principio de comunidad de pérdidas que rige el proceso concursal. Por eso se le obliga a pagar íntegramente su deuda y a concurrir conjuntamente con los demás acreedores. Lógicamente sí procederá la compensación si sus requisitos ya concurrían con anterioridad a la declaración de concurso. Además, también procederá si los créditos y deudas proceden de la misma relación jurídica (por ejemplo, el caso más común lo constituye la liquidación de un contrato de obra, que genera créditos y deudas correspectivos).

La Ley Concursal establece la regla general de que, desde la declaración de concurso, queda suspendido el devengo de intereses, legales o convencionales. Las únicas excepciones son las correspondientes a los créditos salariales, que devengarán intereses conforme al interés legal del dinero, y los créditos con garantía real, que devengarán los intereses remuneratorios pactados hasta donde alcance el valor de la garantía (art. 152 LCon). También queda en suspenso el derecho de retención que pueda haber sobre bienes y derechos integrados en la masa activa (art. 154 LCon). Por último, con carácter general, desde la declaración de concurso hasta su conclusión, queda interrumpida la prescripción de las acciones contra el deudor por créditos anteriores a la declaración de concurso, interrupción que no producirá efectos frente a los deudores solidarios, fiadores y avalistas (art. 155 LCon).

## 3. Efectos sobre los contratos

### 3.1. Contratos con obligaciones recíprocas

En línea con la regla de que se continúa la actividad empresarial o profesional, la Ley establece como regla general que la declaración de concurso no es causa de resolución anticipada del contrato, y se tendrán por no puestas las cláusulas que establezcan la facultad de suspensión, modificación resolución o extinción del contrato por esa sola causa (art. 156 LCon). Por lo tanto, los contratos pendientes de ejecución se mantienen vigentes. Esto no afecta al ejercicio de la facultad de denuncia unilateral reconocidos en la Ley, ni tampoco al ejercicio de la facultad resolutoria en caso de incumplimiento posterior a la declaración de concurso (arts. 159 y 160 a 165 LCon, con importantes matices).

La Ley distingue los casos en los que una sola de las partes ha cumplido su prestación, de aquellos otros en los que ninguna de las partes lo ha hecho.

a) Cuando al declararse el concurso una de las partes ha cumplido íntegramente sus obligaciones y la otra tuviese pendiente el cumplimiento total o parcial de las que fueran a su cargo, el crédito o la deuda que corresponda al concursado se incluirá, según proceda, en la masa activa o pasiva concursal (art. 157 LCon). Por tanto, si el que cumplió fue el concursado, la contraparte (denominada parte *in bonis*) tendrá que cumplir con su obligación. Por el contrario, si cumplió esta última, concurrirá en el concurso junto a los demás acreedores para recibir su contraprestación, sometida a la «ley del dividendo».

b) Cuando ninguna de las partes haya cumplido sus obligaciones recíprocas en el momento de la declaración del concurso el contrato continúa vigente, y la prestación del concursado será crédito contra la masa y, por lo tanto, deberá cumplirse por entero (art. 242.12º LCon). Pero la administración concursal, en caso de suspensión, o el concursado, en caso de intervención, pueden solicitar la resolución del contrato si lo estimaran necesario o conveniente para el interés del concurso. En este último supuesto, se produce un incidente que será resuelto por el juez tras oír a las partes, con diversas precisiones (art. 165 LCon).

## 3.2. Rehabilitación de contratos

En determinados supuestos es posible la rehabilitación de contratos que hayan sido resueltos en los momentos previos a la declaración de concurso. Puede pasar, en efecto, que poco antes de declararse el concurso se hayan resuelto contratos que eran importantes para la continuidad de la actividad empresarial, y entonces la declaración de concurso permite rehabilitarlos, pagando las cuotas pendientes, y satisfaciendo el resto por entero a su vencimiento como créditos contra la masa. Esto lo prevé la Ley para tres supuestos de contratos resueltos dentro de los tres meses previos a la declaración de concurso: contratos de crédito, préstamo y demás de financiación; contratos de compraventa; y contratos de arrendamiento de inmuebles cuya acción de desahucio se ejercitó en el citado plazo (arts. 166 a 168 LCon).

## 3.3. Contratos de trabajo

Es muy común que la empresa quiera reducir su actividad, y por lo tanto suspender o extinguir parte de los contratos de trabajo; o extinguirla. Por eso la Ley concursal contempla un expediente, comúnmente conocido como «ERE concursal», que posibilita la suspensión o extinción colectiva de relaciones laborales, así como la modificación sustancial de las condiciones de trabajo (por ejemplo, reducciones de jornada o salarios), incluidos los traslados colectivos. Este expediente, a diferencia de un «ERE ordinario», se desarrolla ante el juez del concurso (véanse arts. 169 a 185 LCon). Así, previa solicitud de alguno de los sujetos legitimados (el concursado, la administración concursal y los trabajadores de la empresa concursada a través de sus representantes legales), aquél convocará al concursado, a los representantes de los trabajadores y a la administración concursal a un periodo de consultas, en el que deberán negociar de buena fe para la consecución de un acuerdo. De alcanzarse uno, el juez aceptará las medidas propuestas en el mismo, salvo en algunos supuestos. Si no existe tal acuerdo, el juez determinará lo que proceda conforme a la legislación laboral. El concurso también incide en la relación con el personal de alta dirección, de forma que durante la tramitación el concurso la administración concursal, por propia iniciativa o a instancia del concursado, podrá extinguir o suspender los contratos de éste con el personal de alta dirección; y en caso de extinción, el juez del concurso podrá moderar la indemnización que corresponda, quedando sin efecto en ese caso la que se hubiera pactado en el contrato, con el límite de la indemnización establecida en la legislación laboral para el despido colectivo (arts. 186 y 187 LCon).

# Derecho Concursal (III). Fase común del concurso

## 1. La fase común

El auto de declaración de concurso, que produce todos sus efectos de inmediato, abre la fase común de tramitación del concurso (art. 30.1 LCon). Y es que, con independencia de que el mismo se dirima a través de un convenio o la liquidación, que constituyen soluciones alternativas, siempre debe desarrollarse aquella fase, que, como su denominación indica, es «común» a todo proceso concursal. La fase común del concurso comprende las actuaciones previstas en los seis primeros títulos del Libro primero del Texto refundido, entre las que merecen ser destacadas las tendentes a la determinación de la masa activa y pasiva del concurso, recogidas en los títulos IV y V, que culminan en la elaboración del inventario y de la lista de acreedores, respectivamente. Una vez conocidos los bienes y las deudas del deudor, esto es, su situación patrimonial, las partes involucradas en el proceso tendrán la información necesaria para optar por una u otra solución. No obstante, desde el inicio del concurso, el deudor puede decantarse por el convenio presentando una propuesta anticipada, que se tramitará durante la fase común; o por la liquidación, cuya petición puede realizarse en cualquier momento y que abre, desde entonces, la fase de liquidación (que se tramitaría a la vez que la común, si bien lógicamente ciertas operaciones de liquidación sólo podrán realizarse una vez determinada la masa pasiva –como los pagos de los créditos que no tengan privilegio especial–).

## 2. El informe de la administración concursal

Una de las funciones fundamentales de la administración concursal es la elaboración del informe dirigido, por un lado, a la determinación y análisis de la situación patrimonial del concursado, para lo que se llevará a cabo un examen de la documentación aportada por éste, incluida la contable, si estuviera obligado a llevar contabilidad; y, por otro, a la puesta de manifiesto de las decisiones y actuaciones llevadas a cabo por ese órgano concursal. El informe debe ser presentado en el plazo de dos meses a contar desde la aceptación del administrador concursal (art. 290 LCon).

> No obstante, el referido plazo es susceptible de ser prorrogado si concurren circunstancias excepcionales, a solicitud de la administración concursal presentada antes de que expire el plazo legal, por tiempo no superior a dos meses, con una serie de matices (véase art. 291.2 LCon). El transcurso del plazo de dos meses y, si procede, de la prórroga sin presentación del informe por los administradores da lugar a la pérdida de la remuneración y a la devolución de las cantidades percibidas, sin perjuicio de la responsabilidad por los daños y perjuicios causados y la posibilidad de su separación (art. 296 LCon).

El informe de la administración concursal ha de responder al siguiente contenido (art. 292 LCon): a) análisis de la memoria acompañada por el deudor con su solicitud, o aportada cuando se declara el concurso necesario; b) exposición del estado de la contabilidad del concursado y, en su caso, el juicio sobre los documentos contables y complementarios; c) una memoria de las principales decisiones y actuaciones de la administración concursal; y d) una exposición motivada acerca de la situación patrimonial del concursado y de cuantos datos y circunstancias pudieran ser relevantes para la tramitación del concurso. Al informe deben unirse, además, el inventario de la masa activa, la lista de acreedores y, en su caso, el escrito de evaluación de las propuestas de convenio (art. 293 LCon), siendo publicado en el tablón de anuncios del Juzgado y en el Registro público concursal (art. 294 LCon).

## 3. La masa activa

### 3.1. La masa activa concursal

De acuerdo con el principio de universalidad (art. 192.1 LCon), la masa activa en el procedimiento concursal incluye todos los bienes y derechos que integren el patrimonio del deudor en la fecha de la declaración del concurso, así como aquellos que se reintegren a ese patrimonio o se adquieran hasta la conclusión del procedimiento. No obstante, existen excepciones a esta regla general, como los bienes legalmente inembargables (art. 192.2 LCon).

La masa activa será administrada por el deudor y/o la administración concursal, según el sistema de intervención-sustitución acordado. Hasta la aprobación judicial del convenio o la aprobación del plan apertura de la fase de liquidación, los bienes y derechos que integran la masa activa no se podrán enajenar sin autorización del juez (art. 205 LCon); pero esta regla admite diversas excepciones que ya expusimos en la Lección 10, epígrafe 1).

Junto con estas reglas generales, se enuncian dos regulaciones específicas para la enajenación de bienes o derechos afectos a privilegio especial, y de unidades productivas. En cuanto a la segunda de ellas, la regulación de la venta de unidades productivas (puede ser de toda la empresa del concursado, o de una o varias unidades productivas que se puedan integrar dentro de esa empresa) se recoge en los arts. 209 a 224 LCon. Antes de que se introdujera esta regulación en 2015, no existía régimen legal alguno, y la jurisprudencia se había afanado por buscar soluciones efectivas a la transmisión de la unidad productiva, dado que por la aplicación de la teoría general la enajenación requeriría cumplir los requisitos de transmisión para cada bien, derecho y relación negocial. Ahora el art. 222 LCon establece que el adquirente se subrogará en la posición contractual de la concursada sin necesidad de consentimiento de la otra parte. Además, la transmisión no llevará aparejada obligación de pago de los créditos no satisfechos por el concursado antes de la transmisión, ya sean concursales o contra la masa, salvo que el adquirente la hubiera asumido expresamente o existiese disposición legal en contrario y sin perjuicio de la posible existencia de una sucesión de empresa (art. 224 LCon). Esta exclusión no se aplicará cuando los adquirentes de las unidades productivas sean personas especialmente relacionadas con el concursado

Una vez la masa activa del concurso ha quedado determinada se elaborará el inventario por la administración concursal, en el que se reflejará la naturaleza, características, lugar en el que se encuentre y, en su caso, datos registrales de cada uno de los bienes y derechos ahí relacionados, además de los gravámenes, trabas y cargas que recaigan sobre ellos (art. 199 LCon). A continuación es necesario proceder a su avalúo, siempre con arreglo al valor de mercado (art. 201 LCon). Obviamente, para realizar tal valoración resulta indispensable tener en cuenta los derechos, gravámenes, trabas o cargas que les afecten. A tal objeto, es posible que la administración concursal acuda al asesoramiento de expertos independientes, cuyos honorarios deben ser asumidos por tal administración concursal (art. 203 LCon).

## 3.2. Acciones de reducción y reintegración de la masa activa

Para la determinación de la masa activa deben realizarse dos actuaciones por parte de la administración concursal: la separación y la reintegración. De este modo, se consigue pasar de la masa de hecho a la masa de derecho. La masa de hecho la constituyen los bienes que de hecho están en poder del concursado al ser declarado en concurso, y mediante la separación y la reintegración se configura la masa de derecho.

La separación o reducción de la masa activa consiste en excluir de ella los bienes que no pertenecen al deudor. El texto refundido prevé dos supuestos concretos de separación: a) la entrega de bienes de propiedad ajena (art. 239 del LCon), que obliga a la administración concursal a devolver a sus legítimos titulares los bienes que estén en poder del concursado pero no integren su patrimonio, siempre que no exista sobre ellos un derecho de uso, garantía o retención a favor del concursado; y b) la separación de buques y aeronaves (art. 241 del LCon), que permite a los titulares de créditos privilegiados sobre estos bienes ejercitar las acciones específicas previstas en la legislación especial aplicable.

La operación de reintegración consiste en devolver a la masa aquellos bienes que han salido del patrimonio del deudor y que deberían permanecer en él. Para ello, la Ley concursal adopta un enfoque preventivo y correctivo frente a los actos perjudiciales realizados por el deudor antes de la declaración de concurso. Este enfoque se basa en el principio de rescisión concursal, previsto en los arts. 226 y ss. LCon, que permite a la administración concursal solicitar la rescisión de los actos realizados en los dos años anteriores al concurso cuando resulten perjudiciales para la masa activa. Debe subrayarse que el perjuicio no exige fraude o dolo, sino que basta con que el acto haya ocasionado una pérdida patrimonial que afecte al deudor. Respecto a la prueba del perjuicio en los actos impugnables dentro del concurso, el texto refundido establece distintos grados de presunción según el tipo de acto. Así, determinados actos, como las donaciones –salvo las liberalidades de uso–, se consideran automáticamente perjudiciales para la masa activa, sin admitir prueba en contrario (art. 227 LCon).

Las acciones de reintegración tienen naturaleza rescisoria, esto es, tienden a la rescisión de actos perjudiciales para la masa activa. Por eso, una vez estimada judicialmente la demanda de reintegración, la sentencia dará lugar a la ineficacia del acto y a la restitución de las prestaciones realizadas, con sus frutos e intereses (art. 235 LCon). Es decir, se consigue la recuperación de lo entregado, con la contrapartida de la devolución de lo recibido (la contraparte que realizó el acto perjudicial recuperará su prestación como crédito contra la masa, art. 236 LCon). Ello sin perjuicio de la protección de los terceros de buena fe, así como de las normas sobre irreivindicabilidad y registrales.

> Cabe recordar que ciertas refinanciaciones/reestructuraciones de deuda pactadas con el deudor no se podrán rescindir si luego éste cae en concurso (aunque se pudiera demostrar que han sido perjudiciales).

Se trata de los supuestos en que se pactó un plan de reestructuración, y además se homologó judicialmente, pues tal homologación los convierte, con ciertos requisitos, en irrescindibles (véanse arts. 665 a 670, Lección 9, epígrafe 4.2). De esta forma las entidades de crédito pueden refinanciar deuda, con ciertos requisitos, sin el peligro de que luego esos negocios se vean rescindidos si el deudor cae en concurso

### 3.3. Créditos contra la masa

Los créditos contra la masa son, con carácter general, los que se derivan de la sustanciación del concurso (por ejemplo, los gastos procesales o los honorarios de los administradores concursales) o del mantenimiento, tras la declaración de concurso, de la actividad profesional o empresarial que viniera desarrollando el concursado. Se trata de créditos extraconcursales, esto es, quedan fuera del concurso, y prededucibles, ya que, con carácter previo al pago de los créditos concursales, deben apartarse de la masa activa las cuantías necesarias para satisfacer aquéllos (pero tal deducción no puede hacerse sobre los bienes afectos a privilegio especial, arts. 244 y 430 LCon, véase Lección 12, epígrafe 2.4.A). La prededucibilidad no hay que identificarla con el reconocimiento de un privilegio, que es una característica de algunos créditos concursales. En caso de que la masa activa sea insuficiente para pagar los créditos contra la masa ya generados, procede concluir el concurso, y los créditos se pagarán conforme a un orden de prelación fijado legalmente (arts. 249, 250 y 473-476 LCon, véase Lección 9, epígrafe 2.4).

El elenco de créditos contra la masa se recoge en el art. 242 LCon, a cuya lectura remitimos. Señalaremos los más comunes, aparte de que la norma prevé que lo sean cualesquiera otros créditos a los que esta ley atribuya expresamente tal consideración (lo cual abre las puertas a futuros supuestos nuevos en reformas legislativas):

1º Los créditos anteriores a la declaración de concurso por responsabilidad civil extracontractual por muerte o daños personales, así como los créditos anteriores o posteriores a la declaración del concurso por indemnizaciones derivadas de accidente de trabajo y enfermedad profesional, cualquiera que sea la fecha de la resolución que los declare (pero si los daños estuvieran asegurados, el crédito del asegurador por subrogación, regreso o reembolso tendrá la consideración de crédito concursal ordinario).

2º Los créditos por salarios correspondientes a los últimos treinta días de trabajo efectivo realizado antes de la declaración de concurso, en cuantía que no supere el doble del salario mínimo interprofesional. Aunque el nacimiento de estos créditos se produjo antes de la declaración de concurso, su reconocimiento obedece a razones de protección del colectivo de trabajadores de la empresa concursada.

3º Los de alimentos del deudor y de las personas respecto de las cuales tuviera el deber legal de prestarlos (por ejemplo, el cónyuge, en caso de separación o divorcio, o los hijos menores), conforme a lo dispuesto en esta ley devengados antes o después de la declaración de concurso.

4º Los créditos por costes ocasionados por la tramitación del concurso: costas en caso de declaración de concurso necesario; publicidad de la declaración de concurso y de cualquier otra resolución judicial que acuerde el juez, así como los relativos a la adopción de medidas cautelares; asistencia y representación del concursado y de la administración concursal durante toda la tramitación del procedimiento; gastos y las costas judiciales ocasionados por la asistencia y representación del concursado, de la administración concursal o de acreedores legitimados en los juicios que, en interés de la masa, continúen o inicien conforme a lo dispuesto en esta ley; o condenas al pago de las costas como consecuencia de la desestimación de las demandas que se hubieran presentado o de los recursos que se hubieran interpuesto en interés del concurso.

5º Los créditos por la retribución de la administración concursal, así como los créditos por la retribución del experto para recabar ofertas de adquisición de la unidad productiva.

6º Los créditos que resulten de obligaciones válidamente contraídas durante el procedimiento por la administración concursal o, con la autorización o conformidad de esta, por el concursado sometido a intervención.

7º Los créditos generados por el ejercicio de la actividad profesional o empresarial del concursado tras la declaración del concurso hasta la aprobación judicial del convenio o, en otro caso, hasta la conclusión del concurso.

8º Los créditos que, conforme a lo dispuesto en esta ley, resulten de prestaciones a cargo del concursado en los contratos con obligaciones recíprocas pendientes de cumplimiento que continúen en vigor tras la declaración de concurso, y los créditos por incumplimiento posterior a la declaración de concurso por parte del concursado (véase Lección 10, epígrafe 3.1).

9º Los créditos que resulten de obligaciones nacidas de la ley o de responsabilidad extracontractual por todo tipo de daños causados con posterioridad a la declaración de concurso y hasta la conclusión del mismo distintos de aquellos a los que se refiere el ordinal 1º.

10º Los créditos que, en los casos de pago de créditos con privilegio especial sin realización de los bienes o derechos afectos, en los de rehabilitación de contratos o de enervación de desahucio y en los demás previstos en esta ley, correspondan por las cantidades debidas y las de vencimiento futuro a cargo del concursado (véase Lección 10, epígrafes 2.1 y 3.2).

## 4. La masa pasiva

### 4.1. Confección de la lista de acreedores

De acuerdo con el principio de universalidad, la masa pasiva del concurso la integran todos los créditos contra el deudor, ordinarios o no, a la fecha de la declaración del concurso, estén o no reconocidos en el procedimiento (art. 251.1 LCon).

La inclusión de los créditos concursales dentro de la masa pasiva del concurso se realiza de conformidad con las siguientes reglas. En primer lugar, los acreedores deben realizar la preceptiva comunicación de los créditos de que sean titulares, lo que se conoce como «insinuación». Uno de los pronunciamientos del auto de declaración de concurso es, precisamente, el llamamiento a aquéllos para que pongan en conocimiento de la administración concursal la existencia de sus créditos, para lo que disponen del plazo de un mes a contar desde el día siguiente a la publicación en el «Boletín Oficial del Estado» de la referida resolución judicial (art. 28.1.4º LCon). La comunicación ha de formularse por escrito o por medios electrónicos, y debe dirigirse a la administración concursal, con los datos identificativos del acreedor y los relativos al crédito (concepto, cuantía, fechas de adquisición y vencimiento y calificación pretendida), acompañándose copia del título o documento acreditativo del mismo (arts. 256 y 257 LCon. La administración podrá exigir después el original o copia autenticada, salvo que los títulos o documentos figuren inscritos en un registro público).

Con fundamento en las comunicaciones y documentación aportada por los acreedores, la administración concursal procede al reconocimiento de los créditos, es decir, a su inclusión o exclusión de la lista de acreedores, que comprenderá una relación de los incluidos y otra de los excluidos. No obstante, ese órgano también ha de incluir los créditos que resulten de los libros y documentos del deudor o por cualquier otra razón constaren en el concurso, aunque los acreedores titulares nos los hayan insinuado. La Ley Concursal recoge una serie de créditos de inclusión necesaria, que son los reconocidos por resolución procesal o laudo, aunque no fueran firmes; los asegurados con garantía real inscrita en registro público; los que consten en documento con fuerza ejecutiva; los que consten en certificación administrativa; y los créditos de los trabajadores cuya existencia y cuantía resulten de los libros y documentos del deudor o por cualquier otra razón consten en el concurso (art. 260.1 LCon). Y si el concursado es persona casada en régimen de gananciales, la administración concursal determinará, respecto de cada crédito, si sólo puede hacerse efectivo sobre el patrimonio privativo o también sobre el común (art. 286.4 LCon).

## 4.2. Clasificación de los créditos

Los créditos reconocidos deben, además, ser clasificados. Según se ha apuntado ya, el concurso se encuentra regido por el principio de la *par conditio creditorum*, cuya operatividad requiere la privación a los acreedores de sus acciones ejecutivas individuales, siendo sustituidas por una sola que se ejercita conjuntamente al constituirse la masa pasiva concursal. Ello sin perjuicio de lo supuestos legales en los que se reconoce el derecho de ejecución separada. Sin embargo, dicho principio se encuentra relativizado por el régimen legal de prelación de créditos, en cuya virtud algunos disfrutan de preferencias en el concurso, mientras otros son objeto de postergación. En concreto, la Ley Concursal prevé tres tipos de créditos concursales, a saber, privilegiados (con privilegio especial o general), subordinados y ordinarios. En la medida en que no existe una relación legal que identifique estos últimos, todos aquellos que no tengan la consideración de privilegiados o subordinados serán, por exclusión, créditos ordinarios. Como se puede ver, la graduación afecta a los créditos y no a sus titulares, pudiendo existir acreedores que ostenten varios créditos de la misma o distinta categoría.

> En esta lista los créditos con privilegio general o especial respectivamente deberán incluirse en alguna de las siguientes clases: créditos de derecho público, créditos laborales (con una serie de precisiones y exclusiones), créditos financieros (los procedentes de cualquier endeudamiento financiero por parte del deudor, con independencia de que los titulares de esos créditos estén o no sometidos a supervisión financiera); y los restantes créditos (art. 287 LCon). Esta subclasificación es relevante porque luego una mayoría de acreedores privilegiados de cada una de estas subclases puede vincular a los demás de la misma subclase al convenio, véase art. 397.3 LCon, y Lección 12, epígrafe 1.5). Por eso no hay que efectuar esta subclasificación si se abrió la fase de liquidación.

### A. *Créditos con privilegio especial*

Son aquellos créditos cuyo pago se encuentra asegurado por la existencia de una garantía real. Se trata, por tanto, de créditos que afectan a determinados bienes o derechos, de forma que el acreedor cobrará sobre el producto de su venta. Si cuando se ejecuten los bienes y se paguen los créditos afectos sobra dinero, se destinará a pagar el resto de créditos; y si falta, por la parte no satisfecha el acreedor concurrirá con los demás créditos ordinarios. Estos créditos tienen derecho a no quedar afectados por el posible convenio, con ciertos límites (véase Lección 12, epígrafe 1.5), y recuérdese la posibilidad de que se suspenda su ejecución si afectan a bienes destinados a la actividad empresarial (Lección 10, epígrafe 2.1).

Ahora bien, el privilegio especial estará limitado al valor razonable del bien o derecho sobre el que se hubiera constituido la garantía, calculado de la forma determinada en la Ley (véanse arts. 273 a 277 LCon. Por ejemplo, en un crédito hipotecario en el que la deuda sea de 150, si el bien afecto es tasado como de valor 100, el crédito hipotecario se reconocerá en 90 como privilegiado especial, y en 60 como ordinario. Es una forma de advertir que en realidad la garantía no cubre todo el importe del crédito, porque lo relevante es el valor real del bien afecto, no el importe del crédito. El importe del crédito que exceda del reconocido como privilegiado especial será calificado según su naturaleza).

> La limitación del crédito al «valor razonable» opera sólo a los efectos de hacer la lista, y de evaluar la posibilidad real que tiene el acreedor de cobrar antes que los demás. Pero a la hora de enajenarse el bien, y pagar con el producto de la venta al acreedor con privilegio especial, no opera la limitación: en el ejemplo puesto anteriormente –crédito hipotecario de 150, y bien hipotecado de valor 100, de forma que se califica como privilegiado especial un importe de 90–, si el bien se enajenara posteriormente por 110, el acreedor cobraría 110 con cargo al privilegio (es el valor real obtenido), y por el resto no cobrado actuaría como acreedor ordinario. Por eso mismo, si el bien se enajenara por 150 el acreedor cobraría íntegramente su crédito antes que los demás, con cargo al bien.

La Ley Concursal enumera los siguientes créditos con privilegio especial (art. 270 LCon):

a) Los créditos garantizados con hipoteca legal o voluntaria, inmobiliaria o mobiliaria, o con prenda sin desplazamiento, sobre los bienes o derechos hipotecados o pignorados.

b) Los créditos garantizados con anticresis, sobre los frutos del inmueble gravado.

> La anticresis es un derecho real de garantía en virtud del cual el acreedor adquiere el derecho a percibir los frutos de un bien inmueble perteneciente al deudor (por ejemplo, una cosecha), asumiendo la obligación de aplicarlos, primeramente, al pago de los intereses y, con posterioridad, a la amortización del capital.

c) Los créditos refaccionarios, sobre los bienes refaccionados, incluidos los de los trabajadores sobre los objetos por ellos elaborados mientras sean propiedad o estén en posesión del concursado.

Con carácter general, se trata de créditos reconocidos en distintas leyes (básicamente, en el Código Civil, la legislación hipotecaria, tributaria y el Estatuto de los Trabajadores) que se originan como consecuencia de la fabricación, rehabilitación, reparación o reedificación de un bien inmueble.

d) Los créditos por contratos de arrendamiento financiero o de compraventa con precio aplazado de bienes muebles o inmuebles, a favor de los arrendadores o vendedores y, en su caso, de los financiadores, sobre los bienes arrendados o vendidos con reserva de dominio, con prohibición de disponer o con condición resolutoria en caso de falta de pago. Sobre el arrendamiento financiero véase Lección 4, epígrafe 4, y respecto de la venta a plazos con reserva de dominio, Lección 2, epígrafe 1.3).

Como se aprecia, estos acreedores no son «acreedores con garantía real», sino acreedores que por la configuración contractual tienen ciertos derechos de recuperación o de ejecución de los bienes cedidos en *leasing* o vendidos a plazos. Según la doctrina mayoritaria, estos acreedores (con una serie de matices) tienen dos opciones: recuperar el bien, en su caso (pues normalmente es lo pactado para el supuesto de incumplimiento en los contratos de arrendamiento financiero), o cobrar con preferencia respecto de los demás acreedores sobre el precio que se obtenga al vender el bien.

e) Los créditos con garantía de valores representados mediante anotaciones en cuenta, sobre los valores gravados.

f) Los créditos garantizados con prenda constituida en documento público, sobre los bienes o derechos pignorados que estén en posesión del acreedor o de un tercero.

g) Los créditos a favor de los tenedores de bonos garantizados, respecto de los préstamos y créditos, y otros activos que los garanticen, integrados en el conjunto de cobertura, conforme al Real Decreto-ley 24/2021, de 2 de noviembre.

### B. *Créditos con privilegio general*

Se trata de créditos que se cobran antes que los ordinarios y subordinados, con cargo a la generalidad de los bienes del concursado. También tienen derecho a no quedar afectados por el convenio, con las mismas precisiones expuestas respecto de los créditos con privilegio especial. Cada «escalón» es preferente respecto de los siguientes, de forma que no se pasará al siguiente escalón hasta haber satisfecho por entero al anterior. De acuerdo con la Ley Concursal (art. 280 LCon), son los que siguen:

1º Los créditos anteriores a la declaración de concurso por salarios que no tengan la consideración de créditos contra la masa ni reconocido privilegio especial, en la cuantía que resulte de multiplicar el triple del salario mínimo interprofesional por el número de días de salario pendientes de pago; por indemnizaciones derivadas de la extinción de los contratos, en la cuantía correspondiente al mínimo legal calculada sobre una base que no supere el triple del salario mínimo interprofesional; y por los capitales coste de seguridad social de los que sea legalmente responsable el concursado, y los recargos sobre las prestaciones por incumplimiento de las obligaciones en materia de salud laboral devengadas con anterioridad a la declaración de concurso.

Recuérdese que los salarios o indemnizaciones devengadas después de la declaración de concurso constituyen créditos contra la masa, junto a los correspondientes a los treinta últimos días de trabajo previos a dicha declaración.

2º Las cantidades correspondientes a retenciones tributarias y de seguridad social debidas por el concursado en cumplimiento de una obligación legal.

Se trata del supuesto en el que el empleador retuvo las cuantías correspondientes en las nóminas de sus trabajadores, pero luego no procedió a su ingreso en Hacienda o la Seguridad Social.

3º Los créditos de personas naturales derivados del trabajo personal no dependiente (por ejemplo, como consecuencia de la celebración de un contrato de agencia mercantil, véase Lección 3, epígrafe 3.4) y los que correspondan al propio autor por la cesión de los derechos de explotación de la obra objeto de propiedad intelectual (véase Lección 2, epígrafe 3.2), devengados durante los seis meses anteriores a la declaración de concurso.

4º Los créditos tributarios, los créditos de la seguridad social y demás de derecho público que no tengan privilegio especial ni el privilegio general del número 2.º de este artículo. Respecto de los créditos públicos señalados, este privilegio general solo alcanzará al cincuenta por ciento del importe de los respectivos créditos, con una serie de precisiones.

5º Los créditos por responsabilidad civil extracontractual por daños causados antes de la declaración de concurso distintos de aquellos a que se refiere el número 1.º del artículo 242, las liquidaciones vinculadas a delito contra la Hacienda Pública reguladas en el Título VI de la Ley 58/2003, de 17 de diciembre, General Tributaria, y los créditos por responsabilidad civil derivada del delito contra la Hacienda Pública y contra la Tesorería General de la Seguridad Social, cualquiera que sea la fecha de la resolución judicial que los declare.

6º El cincuenta por ciento del importe de los créditos derivados de la financiación interina o de la nueva financiación concedidos en el marco de un plan de reestructuración homologado cuando los créditos afectados por ese plan representen al menos el cincuenta y uno por ciento del pasivo total, con una serie de precisiones. Como se recordará (véase Lección 9, epígrafe 4.2), los planes de reestructuración son figuras preconcursales que buscan evitar la declaración de concurso; pero si se aprobaron, y finalmente, pese a ello, se declaró el concurso de la entidad, parte de la financiación concedida para aquella reestructuración se considera crédito privilegiado.

7º Los créditos de que fuera titular el acreedor a instancia del cual se hubiere declarado el concurso, excluidos los que tuvieren el carácter de subordinados, hasta el cincuenta por ciento de su importe. A través de esta norma se incentiva a los acreedores para que provoquen una tempestiva apertura del proceso, en evitación de un agravamiento del estado de insolvencia del deudor.

### C. *Créditos subordinados*

Son créditos que, por la concurrencia de determinadas circunstancias legalmente previstas, se encuentran en una situación de postergación. Cobrarán después de privilegiados y ordinarios, y «escalón por escalón», y además no tienen derecho de voto en el convenio. La Ley Concursal relaciona los siguientes (art. 281.1 LCon):

1º Los créditos que se comuniquen extemporáneamente, salvo que se trate de créditos de reconocimiento forzoso, o por las resoluciones judiciales que resuelvan los incidentes de impugnación de la lista de acreedores y por aquellas otras que atribuyan al crédito esa clasificación.

2º Los créditos que por pacto contractual tengan el carácter de subordinados respecto de todos los demás créditos contra el concursado, incluidos los participativos.

Por ejemplo, cuando la sociedad concursada emite deuda subordinada por medio de determinados títulos como pagarés de empresa u obligaciones, en virtud de los cuales su suscriptor adquiere el derecho a recibir el principal y los intereses pactados, pero con posterioridad al pago del resto de las deudas sociales. Obviamente, el éxito de la emisión dependerá de la solvencia y credibilidad de aquélla en el mercado.

3º Los créditos por recargos e intereses de cualquier clase, incluidos los moratorios, salvo los correspondientes a créditos con garantía real hasta donde alcance la respectiva garantía.

Esta norma se refiere a los intereses generados con anterioridad al concurso, puesto que, tras su declaración, queda suspendido su devengo, salvo los correspondientes a créditos con garantía real, hasta donde alcance la misma, y los salariales (art. 152 LCon).

4º Los créditos por multas y demás sanciones pecuniarias.

5º Los créditos de que fuera titular alguna de las personas especialmente relacionadas con el concursado en los términos establecidos en esta ley.

Se trata de una subordinación por proximidad personal o profesional al concursado, en virtud de la cual se presume que las operaciones realizadas, por un lado, con familiares, y, por otro, con administradores o determinados socios (aquellos con responsabilidad personal por las deudas sociales o con una participación relevante en el capital social), según aquél sea una persona natural o jurídica, respectivamente, han sido llevadas a cabo para no capitalizar adecuadamente a la empresa, o defraudar a los acreedores. Véase la relación de «personas especialmente relacionadas con el deudor» recogida en el art. 283 LCon.

Cabe cuestionar la idoneidad de esta medida tanto para la financiación de empresas familiares y consumidores con problemas económicos, cuyos familiares son, en muchas ocasiones, los únicos con voluntad de arriesgar su dinero, como la de Pymes en dificultades, en las que los socios mayoritarios son quienes, normalmente, se atreven a invertir; medida que, desde luego, no constituye un incentivo a hacerlo.

La regla admite algunas excepciones, que se recogen en el apartado segundo de este art. 281 LCon.

6º Los créditos que como consecuencia de rescisión concursal resulten a favor de quien en la sentencia haya sido declarado parte de mala fe en el acto impugnado (véase dentro de esta Lección epígrafe 3.2).

7º Los créditos derivados de los contratos con obligaciones recíprocas, a cargo de la contraparte del concursado, o del acreedor, en caso de rehabilitación de contratos de financiación o de adquisición de bienes con precio aplazado, cuando el juez constate, previo informe de la administración concursal, que el acreedor obstaculiza de forma reiterada el cumplimiento del contrato en perjuicio del interés del concurso (por ejemplo, con ciertos requisitos el suministrador de energía que, ante las dificultades de pago, decide cortar el suministro. Véase Lección 10, epígrafe 3.1).

### 4.3. Impugnación del inventario y la lista de acreedores y modificación de la lista definitiva

El inventario y la lista de acreedores pueden ser objeto de impugnación por las partes personadas en el plazo de diez días (que se cuentan desde la recepción de la notificación del juzgado, o desde la última de las publicaciones realizadas, art. 297.2 LCon). La impugnación del inventario puede tener por objeto la inclusión o la exclusión de bienes o derechos, así como el aumento o disminución del avalúo de los incluidos. Por su parte, la impugnación de la lista de acreedores puede referirse a la inclusión o exclusión de créditos y a la cuantía o clasificación de los reconocidos. Las impugnaciones de uno u otro documento se tramitan ante el juez del concurso por la vía del incidente concursal, pudiendo ser acumuladas para su resolución conjunta. Evidentemente, la estimación judicial de la impugnación o impugnaciones presentadas dará lugar a la modificación del inventario o lista de acreedores provisional. La sentencia que ponga fin al incidente es recurrible en apelación, que carece de efectos suspensivos, es decir, el proceso sigue adelante su curso sin esperar a la resolución del recurso (sobre la impugnación véanse arts. 297 a 302 LCon).

Por último, se admite la posibilidad de modificar incluso la lista definitiva de acreedores (esto es, la que incorpora las posibles rectificaciones admitidas por el juez) en ciertos casos tasados y justificados (por ejemplo, iniciación de procesos administrativos de comprobación o inspección posteriores a la elaboración de la lista, o el cumplimiento de las condiciones en créditos que estaban reconocidos como condicionados suspensivamente). Los arts. 308 a 314 LCon regulan esta institución, de forma que sería posible la inclusión de nuevos créditos hasta que se apruebe la propuesta de convenio por el juez o se presenten los informes de liquidación.

# Derecho concursal (IV). Soluciones del concurso. Calificación, conclusión y reapertura del concurso

## 1. La fase de convenio

### 1.1. Concepto y contenido del convenio

El convenio concursal puede ser definido como un negocio jurídico, cuya eficacia está condicionada a su aprobación judicial, celebrado entre el deudor concursado y la colectividad de los acreedores. Tiene por objeto fundamental la satisfacción de los créditos de los acreedores, para lo que se acuerda su remisión, la dilación en el pago o ambas conjuntamente, u otro contenido, siempre con sujeción a los límites legales. En la medida en que la empresa sea viable, también se procura atender a otras finalidades como la conservación de la actividad empresarial o profesional del concursado y la de los puestos de trabajo de la misma dependientes.

El convenio es la solución del concurso que el legislador trata de facilitar a través de medidas como la agilización de la tramitación de las propuestas de convenio y la flexibilidad en la regulación de su contenido. De todas formas, desde el inicio de vigencia de la Ley el convenio ha sido una solución muy minoritaria de los concursos: menos del 10 % de los concursos llegan a aprobar un convenio, e incluso en una buena parte de ellos, el convenio se incumple y se acaba abriendo la fase de liquidación. Por lo tanto, por muy bienintencionado que sea el legislador, la estadística muestra que el concurso constituye, en la inmensa mayoría de casos, una liquidación ordenada del patrimonio del concursado.

En toda propuesta deben respetarse los requisitos de forma y contenido establecidos en la Ley Concursal. En cuanto a los primeros, toda propuesta debe formularse por escrito y con la firma del deudor o acreedores proponentes (o por sus respectivos representantes con poder suficiente) y, en su caso, de los terceros que asuman compromisos de pago, presten garantías o financiación o asuman cualquier otra obligación (art. 316 LCon). Por lo que se refiere a los segundos, la Ley Concursal contempla una serie de normas de carácter imperativo, esto es, de obligado cumplimiento, eventualmente acompañadas de algunas excepciones, y otras permisivas de contenidos concretos. Concretamente, la propuesta de convenio:

a) Deberá contener proposiciones de quita, de espera o de quita y espera. La espera no podrá ser superior a diez años (art. 317.1 LCon).

Además, la propuesta de alguno de estos tipos podrá contener, para todos o algunos acreedores o créditos, proposiciones adicionales, como: la posibilidad de fusión, escisión o cesión global de activo y pasivo de la persona jurídica concursada; medidas prohibitivas o limitativas del ejercicio por el deudor de las facultades de administración o disposición, durante el periodo de cumplimiento del convenio; la atribución de funciones a la administración concursal del ejercicio de funciones determinadas durante el periodo de cumplimiento del convenio; o previsiones para la enajenación de bienes o derechos afectos a créditos con privilegio especial (arts. 317 a 323 LCon).

b) La propuesta podrá consistir en la adquisición por una persona, determinada en la propuesta, bien del conjunto de bienes y derechos del concursado afectos a su actividad empresarial o profesional o de determinadas unidades productivas, con asunción por el adquirente del compromiso de continuidad de esa actividad durante el tiempo mínimo establecido en la propuesta, y de la obligación de pago, total o parcial, de todos o de algunos de los créditos concursales (art. 324 LCon).

c) Podrá contener, además, proposiciones adicionales o alternativas para todos o algunos de los acreedores, con excepción de los acreedores públicos. Entre las proposiciones adicionales o alternativas, se podrán incluir: las ofertas de conversión del crédito en acciones, participaciones o cuotas sociales, obligaciones convertibles, préstamos participativos, etc.; la cesión en pago de bienes o derechos de la masa activa a los acreedores, siempre que no sean los necesarios para la continuación de la actividad profesional o empresarial del concursado; la cesión a uno o varios acreedores o clases de acreedores de las acciones de reintegración de la masa activa, o la modificación estructural de la entidad concursada (arts. 325 a 330 LCon).

d) En ningún caso la propuesta podrá consistir en la alteración de la cuantía de los créditos (sin perjuicio de los efectos de las posibles quitas); la alteración de la clasificación de los créditos establecida en la Ley; ni la liquidación de la masa activa para satisfacción de los créditos (art. 318 LCon, que añade otras prohibiciones relativas a créditos públicos y laborales).

Las propuestas deberán presentarse acompañadas de un plan de pagos con detalle de los recursos previstos para su cumplimiento, incluidos, en su caso, los procedentes de la enajenación de determinados bienes o derechos del concursado (art. 331 LCon). Cuando para atender al cumplimiento del convenio se prevea contar con los recursos que genere la continuación, total o parcial, en el ejercicio de la actividad profesional o empresarial, la propuesta deberá ir acompañada, además, de un plan de viabilidad (art. 332 LCon).

## 1.2. Presentación, admisión a trámite y evaluación de la propuesta de convenio

La reforma operada en 2022 ha alterado de manera muy relevante la configuración del convenio. Anteriormente existía una doble forma de tramitación, de «propuesta anticipada» y «propuesta ordinaria» de convenio, y un procedimiento general de junta de acreedores que emiten su voto (junto con otro especial de tramitación escrita). Pero en la regulación actual existe una única tramitación, y las adhesiones de acreedores se manifiestan únicamente por escrito, sin celebración de junta alguna.

La propuesta o propuestas de convenio pueden presentarla deudor o acreedores que representen una quinta parte del pasivo. El concursado puede presentarla junto con la solicitud de declaración de concurso, o en cualquier momento posterior siempre que no hayan transcurrido quince días a contar desde la presentación del informe de la administración concursal (art. 337 LCon); los acreedores, desde la declaración de concurso hasta ese mismo plazo fijado para el deudor (art. 338.1 LCon). Si finaliza ese término y no se han presentado propuestas, el juez de oficio acordará mediante auto la apertura de la fase de liquidación (art. 340 LCon).

Presentadas las propuestas por una u otra modalidad, existe una fase de admisión por el juez, que debe comprobar que se cumplen los requisitos legales de tiempo, forma y contenido establecidas en la Ley (arts. 341 a 346 LCon). No se podrán admitir a trámite si el concursado hubiera solicitado la liquidación (art. 342.3 LCon). Una vez admitidas a trámite, de cada propuesta de convenio presentada se da traslado a la administración concursal para que emita su evaluación en el plazo de diez días (arts. 347 a 350 LCon).

## 1.3. Aceptación de la propuesta de convenio por el deudor y los acreedores

Existiendo, por lo tanto, alguna propuesta de convenio admitida a trámite, y evaluada por la administración concursal, la Ley contempla una forma única de adhesión de los acreedores, que es por escrito. La norma establece los requisitos de forma de la adhesión (véase art. 355 LCon). El plazo para adherirse es el de los dos meses siguientes a contar desde la fecha de la admisión a trámite de cada propuesta (pero no hace falta agotarlo, pues cuando las adhesiones sean suficientes, el concursado podrá dar por finalizado el plazo comunicándolo al juzgado, art. 358 LCon). En cualquiera de los supuestos, los titulares de créditos subordinados no tienen derecho de voto (en cuanto a tal crédito subordinado, pero si en cuanto sean titulares de otros créditos no subordinados); y los titulares de créditos privilegiados tienen derecho de voto, pero como regla general, si no votan a favor, no quedan vinculados por un posible convenio que se apruebe (véase más adelante epígrafe 1.5).

En cuanto a las mayorías necesarias para la aceptación de la propuesta de convenio, la regla general es superar el cincuenta del pasivo ordinario del concurso (es la mayoría para propuestas que contengan quitas iguales o inferiores a la mitad del importe del crédito, o esperas no superiores a cinco años. Hay otras mayorías, inferior o superior, en función de contenidos menos o más gravosos, art. 376 LCon). De no alcanzarse ninguna mayoría para la o las propuestas presentadas, el juez abrirá de oficio la fase de liquidación (art. 409.1.2° LCon).

El convenio también debe ser aceptado por el deudor. Si la propuesta partió de él, es obvia su aceptación; pero en el supuesto de propuesta/s de los acreedores, podrá aceptarla dentro del plazo para las adhesiones (y puede aceptar propuesta/s de los acreedores aunque él haya presentado una propia, y en tal caso la aceptación no supone revocación de su propuesta). En defecto de aceptación, el convenio al que la propuesta o propuestas de los acreedores se refieran no podrá ser aprobado por el juez (art. 359 LCon).

## 1.4. Aprobación judicial del convenio

Es la administración concursal la que efectúa los recuentos, y elabora un escrito sobre el resultado de las adhesiones, que remite al concursado y a los acreedores de cuya dirección electrónica tenga conocimiento (art. 361 LCon). Si se ha aceptado alguna propuesta, el letrado de la Administración de Justicia proclamará el resultado mediante decreto (art. 380 LCon). En tal caso, se abre un trámite de posible oposición (impugnación) al convenio alcanzado, por unos motivos tasados que son, fundamentalmente, de infracción de reglas formales, pero que también incluye la inviabilidad objetiva del cumplimiento del convenio o que quien formule oposición podría obtener en la liquidación de la masa activa una cuota de satisfacción superior a la que obtendría con el cumplimiento del convenio (arts. 382 a 387 LCon). Si no se formula impugnación, o si se formula pero se desestima por el juez en el incidente concursal que tal oposición ocasiona, el juez puede también de oficio rechazar el convenio aceptado si apreciare la existencia de motivo de oposición (véase art. 392 LCon). En otro caso, en fin, el juez dictará sentencia aprobando el convenio, a la que se dará la misma publicidad que al auto de declaración del concurso (art. 390 LCon). El convenio se podrá modificar con ciertos requisitos, si existe un riesgo de incumplimiento que no sea imputable al deudor (art. 401 bis LCon).

### 1.5. Eficacia y cumplimiento del convenio

Como regla general, desde la fecha en la que recaiga la sentencia aprobatoria, el convenio adquiere plena eficacia. La aprobación judicial del convenio hace que los créditos queden extinguidos en la parte a que alcance la quita, aplazados en su exigibilidad por el tiempo de espera y, en general, afectados por el contenido del convenio (art. 398 LCon). Desde el punto de vista subjetivo, los efectos del convenio se extienden al deudor y los acreedores ordinarios y subordinados, respecto de los créditos que fuesen anteriores a la declaración de concurso, aunque, por cualquier causa, no hubiesen sido reconocidos. En cuanto a los privilegiados, quedarán vinculados si se adhirieron al convenio. Cuando alguno de los créditos concursales se encuentre afianzado o existan codeudores solidarios, el convenio no producirá efectos respecto de los derechos de los acreedores frente a tales fiador o codeudor solidario, salvo que el acreedor haya votado a favor del convenio (art. 399 LCon).

> Como excepción, el convenio podrá obligar a acreedores privilegiados si, dentro de cada una de sus clases, ha votado a favor del convenio el sesenta por ciento o el setenta y cinco por ciento –según el contenido del convenio– del pasivo privilegiado de esa subclase (art. 397.2 LCon). Las clases de créditos privilegiados, a estos efectos, se recogen en el art. 287 LCon. De esta forma, la Ley facilita la vinculación de acreedores privilegiados si dentro de cada clase hay una mayoría importante de pasivo a favor del convenio (a estos efectos, cada clase opera de forma separada, de forma que puede haber grupos de acreedores privilegiados vinculados, y grupos que no lo estén).

Una vez el convenio deviene eficaz, cesan los efectos de la declaración de concurso, siendo sustituidos por los establecidos en el convenio (art. 394 LCon), y los administradores concursales cesan en su cargo (art. 395 LCon, si bien conservan legitimación para continuar algunos incidentes). Durante el periodo de cumplimiento del convenio, el concursado tiene que informar semestralmente al órgano judicial (art. 400 LCon) y, si lo estima íntegramente cumplido, presentará el correspondiente informe con la justificación adecuada y solicitará la declaración judicial de cumplimiento (art. 401 LCon). Si el juez lo estima cumplido, lo declarará mediante auto, al que se le dará la misma publicidad que a la aprobación del convenio (art. 401 LCon). En los dos meses siguientes, cualquier acreedor puede solicitar que se declara el incumplimiento del convenio, acreditando tal incumplimiento; pero si nadie lo pide, o se solicita pero el juez desestima la petición en el incidente concursal que se abre a continuación, la declaración de cumplimiento es causa de conclusión del concurso (art. 465.3º LCon).

Si existe un incumplimiento del convenio (por ejemplo, no se producen los pagos acordados en los plazos convenidos), cualquier acreedor puede solicitar del juez la declaración de incumplimiento (incluso aunque el juez haya dictado auto de cumplimiento del convenio, si bien en tal caso la declaración de incumplimiento deberá solicitarse antes de que pasen dos meses desde el dictado de dicho auto). Además, el deudor debe también solicitar la liquidación desde que conozca la imposibilidad de cumplir los pagos comprometidos en el convenio y las obligaciones contraídas con posterioridad a su aprobación (art. 407 LCon). Si el juez declara incumplido el convenio a instancias del acreedor, esto supone la apertura de oficio de la fase de liquidación (art. 403.3 y 409.1.5º LCon). De hecho, la estadística concursal muestra que es bastante frecuente que se declare judicialmente el incumplimiento del convenio, o que el deudor mismo pida la apertura de la liquidación. En esa liquidación, las obligaciones generadas en la fase de eficacia del convenio serán créditos concursales (art. 414 bis LCon).

## 2. La fase de liquidación

La liquidación constituye una de las dos soluciones posibles en el concurso de acreedores, de carácter alternativo a la de convenio. Puede ser definida como el conjunto de actos procesales que se suceden a partir de su apertura, momento que puede variar en cada procedimiento dependiendo de que la misma se produzca a instancias del deudor, de acreedor o de oficio, según el desenvolvimiento del proceso concursal de que se trate; y tiende, por un lado, a la realización del patrimonio del deudor siguiendo las reglas especiales y generales establecidas en la Ley; por otro, a su posterior reparto entre los acreedores con arreglo al orden de prelación de créditos que la misma establece. Por tanto, puede afirmarse que la fase de liquidación está compuesta de dos subfases: la primera dirigida a la conversión en metálico de los bienes y derechos integrantes de la masa activa concursal; la segunda, a distribuir lo obtenido entre los acreedores según el orden legalmente previsto.

### 2.1. Apertura de la fase de liquidación

El deudor puede pedir la liquidación en cualquier momento, y en tal caso automáticamente el juez deberá dictar autor de apertura de la fase de liquidación dentro de los diez días siguientes (art. 406 LCon). De esta forma, cabe la posibilidad de que la fase de liquidación se tramite a la vez que la fase común, si bien ciertos actos de aquélla sólo podrán realizarse una vez finalizada ésta (por ejemplo, no podrá realizarse la mayoría de pagos hasta no tener la lista definitiva de créditos y de su graduación). Por otra parte, el deudor deberá pedir la liquidación cuando, durante la vigencia del convenio, conozca la imposibilidad de cumplir los pagos comprometidos y las obligaciones contraídas con posterioridad a la aprobación de aquél (art. 407 LCon).

Fuera de estos casos, la Ley Concursal recoge la procedencia de la apertura de la liquidación de oficio en su artículo 408, en una serie de supuestos caracterizados por suponer el fracaso de la vía de convenio que se intentó. En resumen, la apertura de la fase de liquidación tiene lugar siempre que lo pida el deudor; o cuando fracase la solución de convenio, en su caso, a instancias de cualquier acreedor en ciertos supuestos, o de oficio.

> Los supuestos del art. 408 LCon son: a) no haberse presentado dentro de plazo legal ninguna de las propuestas de convenio o no haber sido admitidas a trámite las que hubieren sido presentadas; b) no haberse aceptado por los acreedores ninguna propuesta de convenio; c) haberse rechazado por resolución judicial firme el convenio aceptado por los acreedores; d) haberse declarado por resolución judicial firme la nulidad del convenio aprobado por el juez; e) haberse declarado por resolución judicial firme el incumplimiento del convenio.

## 2.2. Efectos de la liquidación

La Ley Concursal regula dos tipos de efectos, generales y específicos, de la liquidación. El artículo 411 establece la regla general de la continuidad en esta fase de los efectos de la declaración de concurso. Así, las normas de su Título III siguen siendo de aplicación en cuanto no se opongan a las específicas del Capítulo regulador de la liquidación. Por lo que se refiere a los efectos específicos, hay que distinguir los relativos al concursado y a los créditos.

### A. Efectos sobre el concursado

Se produce la suspensión del ejercicio de sus facultades patrimoniales, si no estaba acordada con anterioridad. Tiene carácter automático y obedece a que las actuaciones que conlleva la liquidación corresponden a la administración concursal, no al deudor. Se repondrá a la administración concursal, si fue cesada en el cargo tras la aprobación de un convenio, que trae consigo esta consecuencia, sin perjuicio de las funciones que en el mismo pudieran encomendarse a todos o alguno de ellos (art. 412 LCon).

La apertura de esta fase provoca la extinción del derecho a alimentos del concursado persona natural; salvo cuando fuere imprescindible para atender a las necesidades mínimas del concursado o de ciertos parientes fijados en la Ley. En el caso de persona jurídica, la resolución judicial que abra la fase de liquidación contendrá la declaración de disolución societaria si no estuviese disuelta. No se trata de una medida judicial, ya que el juez del concurso se limita a declararla en el auto de apertura de la fase de liquidación, que carece de carácter constitutivo, junto al cese del órgano social de administración o liquidación, que será sustituido por la administración concursal para proceder al desarrollo de las actuaciones propias de aquella fase (sin embargo, los administradores sociales o los liquidadores, según el caso, continúan en la representación de la concursada en el procedimiento y en los incidentes en los que sea parte).

### B. Efectos sobre los créditos concursales

En primer lugar, se produce el vencimiento anticipado de los créditos concursales aplazados (art. 414 LCon). La regla es aplicable a todos los créditos concursales, esto es, privilegiados, ordinarios y subordinados, quedando fuera los créditos contra la masa, que son satisfechos a su vencimiento. No obstante, hay que precisar que el hecho de que los créditos concursales sujetos a plazo venzan anticipadamente no significa que sean inmediatamente realizables, ya que habrá que esperar a que se desarrollen las operaciones liquidativas y el consiguiente pago por el orden de prelación legal. Finalmente, el vencimiento original del crédito concursal aplazado continúa desplegando efectos, ya que, si a la apertura de la fase de liquidación aquél no ha llegado todavía, el eventual pago deberá efectuarse mediante la aplicación del correspondiente descuento (art. 436 LCon). En segundo lugar, se convierten en dinero los créditos concursales que consistan en otras prestaciones.

### 2.3. Operaciones de liquidación

La reforma operada en 2022 ha modificado de manera relevante la regulación de las operaciones de liquidación. Desde la redacción original de la Ley en 2003 procedía que la administración concursal elaborase un «plan de liquidación», que tras ciertos trámites era finalmente aprobado por el juez. En la realidad, los planes resultaban puro voluntarismo (pues suele resultar difícil encontrar ofertas de precio adecuado), y su aprobación dilataba mucho el proceso, por lo que se ha abandonado esta configuración legal. Con el texto actual lo que se establece es que: a) el juez podrá fijar reglas especiales de liquidación; y b) en su defecto, rigen unas reglas generales supletorias.

En cuanto a las reglas especiales de liquidación, con carácter general el artículo 450 LCon establece que al acordar la apertura de la liquidación de la masa activa o en resolución posterior, el juez, previa audiencia o informe del administrador concursal, podrá establecer las reglas especiales de liquidación que considere oportunas. Como ejemplo de regla especial está el autorizar la venta individualizada de bienes o la venta mediante formas distintas a la subasta electrónica, existiendo una discrecionalidad judicial en función del tipo de bienes y la conformación de la masa activa.

Las reglas generales supletorias constituyen el conjunto de normas encaminadas a sentar las pautas y criterios para la realización de los bienes y derechos que conforman de la masa activa del concurso cuando el juez no ha fijado reglas especiales. La Ley Concursal recoge, en concreto, cuatro reglas.

a) El administrador concursal realizará los bienes y derechos de la masa activa del modo más conveniente para el interés del concurso, sin más limitaciones que las establecidas en los artículos siguientes y en el capítulo III del título IV del libro primero (art. 421 LCon).

b) Los establecimientos, explotaciones y cualesquiera otras unidades productivas de bienes o de servicios pertenecientes al deudor se enajenarán como un todo, salvo que el juez, al establecer las reglas especiales de liquidación, hubiera autorizado la enajenación individualizada, o que la administración concursal obtenga del juez autorización para esa venta individualizada («regla del conjunto», art. 422 LCon).

La regulación de la venta de unidades productivas (puede ser de toda la empresa del concursado, o de una o varias unidades productivas que se puedan integrar dentro de esa empresa) se regula en los arts. 209 a 224 LCon. Véase Lección 9, epígrafe 4.3, y Lección 11, epígrafe 3.1.

c) La realización durante la fase de liquidación de la masa activa de cualquier bien o derecho o conjunto de bienes o derechos que, según el último inventario presentado por la administración concursal tuviera un valor superior al cinco por ciento del valor total de los bienes y derechos inventariados, se realizará mediante subasta electrónica, salvo que el juez, al establecer las reglas especiales de liquidación, hubiera decidido otra cosa («regla de la subasta», art. 423 LCon).

d) Para la subasta de bienes hipotecados o pignorados realizada a instancias del acreedor, y cuando no existen postores (algo bastante común), se establecen reglas específicas de adjudicación (véase art. 424 LCon).

## 2.4. Pago a los acreedores

### A. *Pago de los créditos contra la masa*

Estos créditos gozan de prioridad sobre los concursales y se satisfacen a sus respectivos vencimientos, salvo los salariales por los últimos treinta días de trabajo anteriores a la declaración de concurso, que se pagarán inmediatamente (porque ya están vencidos). Se trata de créditos extraconcursales y prededucibles, según se explicó en líneas precedentes, y entre ellos no hay preferencias. Los créditos contra la masa se abonan antes que los concursales, con una única excepción, a saber, que éstos tengan aparejado un privilegio especial, es decir, exista un bien o derecho que garantice su pago, en cuyo caso el producto de la realización del mismo se destina con preferencia a la satisfacción del crédito privilegiado especial y, si hay sobrante, a la de los créditos contra la masa (art. 244 LCon).

> En ocasiones, la insolvencia del concursado se encuentra tan agravada que su patrimonio resulta insuficiente, incluso, para atender al pago de los créditos contra la masa. En tales casos procede concluir el concurso (la conclusión puede decretarse incluso a la vez que la declaración de concurso, si ya desde un inicio el juez aprecia la insuficiencia de bienes), y la Ley establece una prelación específica para los pagos en el art. 250 LCon (pues es posible que no alcance siquiera para pagar por entero todos los créditos contra la masa ya devengados). Véanse arts. 249, 250 y 473-476 LCon, y Lección 9, epígrafe 2.4.

### B. *Pago de los créditos concursales*

El pago de los créditos con privilegio especial no se realiza, necesariamente, en la fase de liquidación, sino que es posible en un momento anterior. La Ley concursal permite a la administración concursal el ejercicio de la opción de rescate de bienes y derechos afectos abonando el importe del crédito garantizado (art. 430 LCon, véase Lección 10, epígrafe 2.2). Este tipo de créditos gozan de preferencia sobre todos los demás créditos, concursales o contra la masa, en el cobro del producto de lo obtenido mediante la venta de los bienes y derechos afectos. Eso sí, en caso de concurrencia de dos o más créditos con privilegio especial sobre el mismo bien o derecho, rige el principio de prioridad temporal (*prior in tempore, potior in iure*). Finalmente, la satisfacción de este tipo de créditos puede producirse como consecuencia de la ejecución separada de la garantía real, una vez se apruebe un convenio cuyo contenido no afecte al ejercicio de este derecho o transcurra un año desde la declaración de concurso sin que se haya producido la apertura de la liquidación (art. 148 LCon), o conjuntamente con los demás bienes y derechos integrantes de la masa activa.

Los créditos con privilegio general se satisfarán después de deducidos de la masa activa los importes necesarios para el pago de los créditos contra la masa, pero nunca con cargo a bienes y derechos afectos, salvo que quede remanente tras saldar los correspondientes créditos concursales garantizados y los créditos contra la masa. El pago se realizará por el orden establecido en el art. 280 LCon, esto es, no cobran los acreedores titulares de los créditos recogidos en cada número sin que lo hayan hecho los del anterior, y a prorrata dentro del número de que se trate.

La satisfacción de los créditos ordinarios se realiza con cargo a los bienes y derechos que resten tras atender el pago de los créditos contra la masa y los créditos concursales privilegiados, y a prorrata. Excepcionalmente, el juez del concurso, a solicitud de la administración concursal, puede autorizar el pago de créditos ordinarios si estima suficientemente cubiertos el de los créditos contra la masa y concursales privilegiados. Por último, el pago de los créditos subordinados se produce después del correspondiente a los créditos contra la masa y concursales privilegiados y ordinarios, por el orden del artículo 281 LCon y a prorrata dentro de cada número.

Como regla general, las deudas no satisfechas en el concurso no se extinguen, de forma que si hubiera un activo sobrevenido en la persona jurídica se reabriría el concurso sólo para efectuar los pagos procedentes (arts. 503 a 507 LCon); y la persona física sigue adeudando lo no pagado. Esta situación resulta un tanto injusta, pues la persona jurídica se cancela tras la liquidación, pero la persona física –por razones obvias– no, de forma que sigue «lastrada» por las deudas no satisfechas. Por eso los arts. 486 a 502 LCon permiten la exoneración de las deudas insatisfechas en el caso de persona física, sea o no empresario. Se trata de una medida que ya estaba en la Ley concursal antes de la reforma de 2022, pero que ha sido modificada porque la citada Directiva 2019/1023 establece una regulación específica que potencia y facilita esta exoneración. Con la nueva regulación existen dos modalidades para obtener la exención: a) con sujeción a un plan de pagos, y sin previa liquidación de la masa activa (se puede así, por ejemplo, conservar la vivienda habitual, si se van realizando los pagos planificados. El plan de pagos supone normalmente esperas de los créditos, y también puede suponer quitas, y lo aprueba el juez después de un trámite de posible impugnación por los acreedores); y b) con liquidación de la masa activa. Hay una serie de requisitos comunes para obtener esta exención (por ejemplo, que no se haya obtenido una exención de este tipo en los dos años anteriores, véanse arts. 487 y 488 LCon), y algunos créditos a los que no afecta la extinción (véanse arts. 489 a 492 ter LCon).

## 3. La calificación del concurso

La formación de la sección de calificación del concurso procede en todo concurso. Se trata de indagar si ha existido dolo o culpa en la generación o agravamiento del estado de insolvencia, pues en tal caso podrían establecerse consecuencias negativas o sancionatorias para los responsables de tal actuación dolosa o culpable.

Cuando se pruebe la existencia de dolo o culpa grave en la generación o agravamiento del estado de insolvencia, el concurso será calificado como culpable (art. 442 LCon) y, de lo contrario, como fortuito, en cuyo caso de la sentencia de calificación no se deriva ninguna consecuencia para aquél. La Ley Concursal enumera dos tipos de supuestos en los que se presume la existencia de dolo o culpa grave, pero en unos no se admite la prueba en contrario (véase art. 443 LCon) y en otros cabe esta posibilidad (véase art. 444 LCon).

Si la sentencia de calificación considera el concurso culpable, deberá determinar las personas afectadas (por ejemplo, el concursado persona natural y sus parientes o los administradores de la sociedad concursada, véase la relación de posibles personas afectadas por la calificación en el art. 455.2 LCon). Los efectos que para ellas se derivan son, por un lado, la inhabilitación para administrar bienes ajenos y representar o administrar a cualquier persona durante un periodo de dos a quince años; y, por otro, la pérdida de cualquier derecho que tengan como acreedores concursales o de la masa, además de la condena a devolver los bienes o derechos que hubieran obtenido indebidamente del patrimonio del deudor o de la masa activa y a indemnizar (con o sin solidaridad) los daños y perjuicios causados.

> Aparte de estos sujetos que pueden ser declarados personas «afectadas», todos los que, con dolo o culpa grave, hubieran cooperado con el deudor o los sujetos señalados a la realización de cualquier acto que haya fundado la calificación del concurso como culpable podrán ser declarados «cómplices», y condenados a indemnizar los daños y perjuicios causados (arts. 445 y 455.2.4° LCon).

Mención especial merece la denominada «responsabilidad concursal». Es una posibilidad que se produce si ha habido liquidación (no, por lo tanto, si se aprobó y cumplió un convenio). En tal caso, el juez podrá condenar a una serie de sujetos, si hubieran sido declarados personas afectadas por la calificación, a la cobertura, total o parcial, del déficit, en la medida que la conducta que ha determinado la calificación culpable haya generado o agravado la insolvencia (art. 456 LCon, de excepcional importancia práctica). El órgano judicial no debe condenar a todos, pero sí a los que hayan ocasionado o agravado la insolvencia, habiendo de tener en consideración las circunstancias concurrentes (por ejemplo, la falta de diligencia en la gestión de la empresa o si se han enriquecido a costa de la misma).

> Los sujetos que pueden haber sido declarados personas afectadas, en el caso de deudor persona jurídica, son: los administradores o liquidadores, de derecho o de hecho, los directores generales y quienes, dentro de los dos años anteriores a la fecha de la declaración de concurso, hubieren tenido cualquiera de estas condiciones. Aunque se permite extender la condena a los administradores o liquidadores que cesaron en el cargo en los dos años anteriores a la declaración de concurso, éstos podrán probar su falta de participación en la generación o agravamiento del estado de insolvencia (por ejemplo, porque en el momento de su cese la empresa se encontraba saneada o ya habían dejado el cargo cuando se tomaron las decisiones que llevaron a aquélla a la situación de insolvencia en la que se halla).

## 4. La conclusión del concurso

La Ley Concursal distingue las soluciones del concurso, convenio y liquidación, de las causas de conclusión del mismo. Es posible llegar a ella a través de aquellas soluciones, aunque por sí mismas no significan la terminación definitiva del proceso. Las causas de conclusión del concurso son de muy distinta naturaleza, en concreto (art. 465 LCon):

a) La firmeza del auto de la Audiencia Provincial que, estimando la apelación, revoque el auto de declaración de concurso.

b) Cuando de la lista definitiva de acreedores resulte la existencia de un único acreedor.

c) Cuando, terminada la fase común del concurso, alcance firmeza la resolución que acepte el desistimiento o la renuncia de los acreedores reconocidos, a menos que tras el desistimiento o renuncia resulte la existencia de un único acreedor en cuyo caso se estará a lo dispuesto en el ordinal anterior.

d) Cuando, dictado auto de cumplimiento del convenio, transcurra el plazo de caducidad de las acciones de declaración de incumplimiento o, en su caso, sean rechazadas por resolución judicial firme las que se hubieren ejercitado (véase 1313).

e) Cuando, en cualquier estado del procedimiento, se compruebe el pago o la consignación de la totalidad de los créditos reconocidos o la íntegra satisfacción de los acreedores por cualquier otro medio.

f) Cuando se hayan liquidado los bienes y derechos de la masa activa y aplicado lo obtenido en la liquidación a la satisfacción de los créditos.

g) Cuando, en cualquier estado del procedimiento, se compruebe la insuficiencia de la masa activa para satisfacer los créditos contra la masa, y concurran las demás condiciones establecidas en esta ley.

h) Cuando, en los casos admitidos por la ley, la sociedad declarada en concurso se hubiera fusionado con otra u otras o hubiera sido absorbida por otra, se hubiera escindido totalmente o hubiera cedido globalmente el activo y el pasivo que tuviere.

## 5. *Aspectos procesales y de Derecho Internacional Privado*

### 5.1. Aspectos procesales

La Ley Concursal recoge en su Título XII del Libro Primero una serie de normas de carácter procesal que deben observarse durante el desarrollo del concurso, que se divide en seis secciones distintas, sin perjuicio de que, dentro de cada una de ellas, pueda ordenarse la formación de una o varias piezas separadas. La división del concurso en secciones tiene por objeto una mejor ordenación de las actuaciones, posibilitándose que cuestiones de naturaleza distinta se tramiten y documenten separadamente. Véanse las distintas secciones en el art. 508 LCon.

La norma regulaba hasta 2022 la existencia de un procedimiento abreviado para empresas de tamaño reducido, pero la reforma operada en 2022 ha derogado esta regulación, estableciendo un procedimiento específico para las que denomina «microempresas». Será aplicable a los deudores que sean personas naturales o jurídicas que lleven a cabo una actividad empresarial o profesional y que reúnan las siguientes características (con una serie de precisiones): emplear una media anual de menos de diez trabajadores; y volumen de negocio anual inferior a setecientos mil euros, o pasivo inferior a trescientos cincuenta mil euros (art. 685 LCon). Se aplica no sólo a empresas en estado de insolvencia inminente o actual, también cuando exista probabilidad de insolvencia. A diferencia de la regulación anterior, se trata de un procedimiento bastante distinto al concursal (aunque basado en muchos conceptos y categorías propias del concurso). Aparte de la posibilidad de comunicar la apertura de negociaciones con los acreedores, con un sistema similar al estudiado para los «planes de reestructuración» (art. 690 LCon. Sobre dichos planes véase Lección 9, epígrafe 4.2), la solicitud de apertura puede partir del deudor o de los acreedores, y se realiza mediante un formulario normalizado. Se regulan dos tipos de procedimiento especial: de liquidación, o de continuación (art. 693 LCon). El de continuación exige proponer una continuidad de la empresa con algunas modificaciones de los créditos (normalmente quitas y/o esperas), y debe ser aprobado tanto por el deudor (si lo presentan los acreedores) como por una mayoría del pasivo, que se adhiere en un procedimiento escrito, con una fase posterior de homologación judicial (arts. 697-704 LCon). El procedimiento de liquidación procederá: si así se pide en la solicitud; o si se pidió un procedimiento de continuación, pero se frustró (no se aprobó, se aprobó pero no se homologó, o se homologó pero se incumplió). Supone la liquidación de la masa activa para el pago de los créditos hasta donde alcance (arts. 705-720 LCon). En definitiva, esta regulación busca una mayor flexibilidad para gestionar las dificultades financieras o las insolvencias de microempresas, sin el coste desmesurado de organización que supone el concurso normal.

> Como regla general, que admite numerosas excepciones, el deudor mantendrá las facultades de administración y disposición sobre su patrimonio, aunque solo podrá realizar aquellos actos de disposición que tengan por objeto la continuación de la actividad empresarial o profesional, siempre que se ajusten a las condiciones normales de mercado (art. 694.1 LCon). También como regla general no se nombra administrador concursal, salvo –entre otras excepciones– que el procedimiento sea de liquidación, y el deudor no asuma él mismo el proceso de liquidación (art. 707.1 LCon).

Una de las piezas fundamentales de la Ley Concursal para agilizar la tramitación del proceso es el incidente concursal, que evita que cuestiones accesorias que puedan surgir a lo largo del concurso perturben u obstaculicen su normal desarrollo, sirviendo de cauce procesal para resolverlas. Precisamente, por su carácter incidental, la regla general es que no conlleva la suspensión de las actuaciones, aunque el órgano judicial puede, de oficio o a instancia de parte, acordar la de aquéllas que podrían verse afectadas por la sentencia que ponga fin al incidente. Se prevén dos modalidades, a saber, el común y el laboral, si bien a través del incidente concursal también se tramitan asuntos que no tienen naturaleza estrictamente concursal ni laboral. En concreto, el art. 532.1 LCon establece que «Todas las cuestiones que se susciten durante el concurso y no tengan señalada en esta ley otra tramitación, así como las acciones que deban ser ejercitadas ante el juez del concurso, se tramitarán por el cauce del incidente concursal».

El incidente concursal inicia con la interposición de una demanda, que ha de contestarse en el plazo de diez días en la forma prevista para el juicio ordinario (art. 405 LECiv). Una vez contestada o transcurrido el plazo para ello, el procedimiento continúa con los trámites específicos fijados en los arts. 538 y 539 LCon y finaliza por medio de sentencia. El incidente concursal laboral sigue un modelo más sencillo y más parecido al del proceso laboral ordinario, si bien con elementos del juicio verbal civil.

Según se desprende de la lectura del apartado X de la Exposición de Motivos de la Ley Concursal, el sistema de recursos ahí previsto tiene un cierto carácter restrictivo. Ello, unido a la existencia de un incidente concursal creado para la resolución de las múltiples controversias que puedan surgir a lo largo del proceso, hace posible el mantenimiento de la rapidez y simplicidad que se han de imprimir en su desarrollo. Los arts. 544 a 551 LCon regulan el régimen de los recursos contra las diversas resoluciones que se dicten en el proceso concursal.

La ley crea el Registro Público Concursal, accesible gratuitamente desde Internet, en el que se da publicidad y difusión a todas las resoluciones concursales respecto a las cuales se exija en la Ley Concursal, así como a aquellas que declaren concursados culpables y acuerden la designación o inhabilitación de los administradores concursales (actualmente la regulación se halla en los arts. 560 a 566 LCon). Con ello se facilita que cualquier persona tenga conocimiento de la existencia y el desarrollo de los concursos judicialmente declarados. La regulación reglamentaria de este Registro se ha realizado por el RD 892/2013, de 15 noviembre. Pese a la calificación como «Registro», los datos en él publicados no alcanzan oponibilidad a terceros con carácter general: «La publicación de las resoluciones judiciales o sus extractos tendrá un valor meramente informativo salvo en aquellos casos en los que esta ley le atribuya otros efectos» (art. 565 LCon).

## 5.2. Aspectos de Derecho internacional privado

El Libro III del texto refundido de la Ley Concursal constituye un bloque de normas dirigido a la regulación de la insolvencia transfronteriza, sin perjuicio de la aplicación del Reglamento Europeo sobre procesos de insolvencia 1346/2000, y de las demás normas comunitarias que regulen la materia. Y es que la declaración de un concurso en España puede afectar a los bienes que tenga el deudor en el extranjero. Inversamente, un concurso declarado en el extranjero puede desplegar efectos sobre los bienes del deudor localizados en España. En concreto, las cuestiones que se regulan en el citado Libro, dividido en cinco títulos, son las siguientes: los aspectos generales (arts. 721 y 722); la ley aplicable (arts. 723 a 741); el reconocimiento de procedimientos extranjeros de insolvencia (arts. 742 a 748); la coordinación entre procedimientos extranjeros de insolvencia (arts. 749 a 752); y las especialidades del Derecho preconcursal (arts. 753 a 755).